전남 보성 지역의 언어와 생활

전남 보성 지역의 언어와 생활

초판 인쇄 2016년 11월 30일
초판 발행 2016년 12월 7일

지 은 이 이기갑

펴 낸 이 이대현
펴 낸 곳 도서출판 역락

주   소 서울시 서초구 동광로46길 6-6(반포4동 577-25) 문창빌딩 2층
등   록 1999년 4월 19일 제303-2002-000014호
전   화 02-3409-2058, 2060
팩   스 02-3409-2059
이 메 일 youkrack@hanmail.net

값 35,000원

ISBN 979-11-5686-696-1
      979-11-5686-694-7 (세트)

이 도서의 국립중앙도서관 출판예정도서목록(CIP)은 서지정보유통지원시스템 홈페이지(http://seoji.nl.go.kr)와
국가자료공동목록시스템(http://www.nl.go.kr/kolisnet)에서 이용하실 수 있습니다.(CIP제어번호: CIP2016028568)

전남 보성 지역의 언어와 생활

이 기 갑

역락

이 책은 2008년 전남 보성군 노동면 봉화마을 토박이인 박성만(남. 조사 당시 77세)이 자신이 사는 마을과 자신의 살아온 생애, 생업과 주변 광산에 대해, 그리고 6·25 당시의 이곳 사정에 관한 이야기를 구술한 것을 국어학자 이기갑이 소리나는 대로 전사하고 주석을 붙인 것이다.

전사는 음운 차원에서 이루어졌으며, 읽는 이의 편의를 돕기 위해 표준어 대역과 주석 작업이 추가되었다. 주석은 구술발화에 포함된 어휘의 뜻풀이나 언어학적 설명 등이 주를 이룬다. 따라서 우리는 이 구술발화를 통하여 이 지역의 자연스러운 낱말의 쓰임새를 알 수 있으며, 다양한 방언적 표현들에 접할 수 있다. 그러므로 이 구술발화는 21세기 초엽의 전남 보성 지역어에 대한 생생한 담화 자료인 셈이다.

한편 구술발화가 담고 있는 생업과 광산에 대한 이야기는 이 지역의 생활상을 보여 주는 유용한 자료로 쓰일 수 있다. 금세기 이 지역 사람들이 어떻게 살고 있는지, 그리고 어떻게 살아왔는지를 있는 그대로 보여 주기 때문이다. 여기에 덧붙여 6·25라는 민족의 비극이 이 지역에서 어떻게 진행되었는지를 알려 주기도 한다.

이처럼 구술발화 자료는 이 지역의 생활상과 이 지역 사람들의 삶의 모습을 보여 주는 데 기여할 뿐 아니라 언어학적으로도 유용하게 쓰일 수 있다. 무엇보다도 이 자료는 자연스러운 담화 자료를 보여 주므로 이를 통하여 전남 보성 지역의 말하기 방식에 대한 이해를 할 수 있기 때문이다. 예를 들어 입말의 말하기 방식, 담화표지 등과 같은 담화적 연구의 일차 자료로 이용될 수 있다. 그뿐만 아니라 음운, 문법, 어휘의 차원에서 이 지역 방언의 특징을 생생하게 보여 주므로 이러한 차원의 방언 연구의 보조 자료로 이용될 수 있을 것이다.

글쓴이는 이미 전남의 곡성, 진도, 영광 지역의 언어와 생활에 대한 단행본을 펴낸 바 있다. 따라서 이번 보성 지역의 구술발화는 이러한 일련의 작업의 한 부분인 셈이다.

이 작업은 애초에 국립국어원이 기획한 한반도 지역어 조사 및 전사 사업의 일환으로 수행된 것이었다. 따라서 국립국어원의 재정적 도움이 없었더라면 이루어지기 어려운 작업이었음을 밝혀 그 고마움을 표하고자 한다. 또한 박민규 선생의 헌신적인 행정적 도움과 전남 이외의 지역을 담당한 여러 방언학자들과의 유대 역시 큰 도움이 되었음을 밝혀 두고자 한다. 열악한 연구 환경에도 불구하고 오로지 민족어에 대한 사랑과 헌신의 정신으로 사업에 참여한 여러 학자들의 노력이 없었더라면 이런 연구 결과물은 나오기 어려웠을 것이기 때문이다.

■ 조사 및 전사

(1) 조사 과정

보성군은 전남의 동부 지역에 속하지만, 광양이나 여수에 비해서는 상대적으로 서쪽에 위치하고 있다. 보성군에서도 특히 노동면을 택한 것은 순전히 조사의 편의성 때문이다. 노동면은 화순 이양면과 접하고 있으나 그 사이에 예재라는 꽤 높은 고개가 있어 옛날에는 사람들의 왕래를 방해하였던 곳이었다. 현재는 예재를 관통하는 터널이 뚫려 있어 광주에서 보성군 노동면까지는 승용차로 1시간 정도 걸리는 거리이다.

노동면 봉화부락은 보성읍에서 약 10분 정도 거리에 있는 동네로서 명봉역이라는 기차역이 있는 마을이다. 진원 박씨들이 집성촌을 이루고 살

〈보성군의 위치〉

있었지만 지금은 대부분 타지로 떠나서 현재는 여러 성씨들이 모여 사는 곳이다. 보성군의 조사는 2008년 8월 6일부터 8월 30일까지 이루어졌다.

(2) 제보자

보성 지역의 제보자는 박성만(77세) 할아버지이다. 박 할아버지는 조사 지인 보성군 노동면 명봉리 봉화부락에서 태어나서 쭉 이곳에서 살고 있다. 선대는 원래 전라북도 임실군에서 살았었으나 할아버지 때 현 거주 지역으로 옮겨 왔다. 생업은 농업이나 한때 9년 동안 규석 광산 노동자로 외지에서 살았던 경력이 있다. 또한 6·25 때 약 5년 간 군대에서 복무한 경력이 있다. 학력은 무학이며 문맹에 가까운 상태이다.

제보자는 이가 없어 불분명한 발음이 일부 나타나지만, 청력은 매우 좋은 편이다. 말의 속도는 비교적 느리고 발음이 또렷하며, 표준어를 사용하는 경향이 있어 재차 물어본 경우가 많았다.

(3) 전사

구술 발화는 4시간 정도의 분량을 선정하여 전사한 것이다. 구술 발화는 문장 단위로 분절(segmentation)하는 것을 원칙으로 하였다. 따라서 각 분절 단위의 끝이 서술문이나 의문문으로 끝날 경우에는 반드시 문장 종결 부호(마침표, 물음표, 느낌표)로 마무리하였다. 다만 연결어미로 끝날 경우에는 따로 문장 부호를 찍지 않았다.

제보자의 이야기 중에 삽입되는 조사자의 말이나 맞장구치는 말 등은 줄을 달리하여 전사하였다. 이것은 순전히 독자가 읽기 쉽도록 하기 위함이다.

각 방언 문장에는 대응하는 표준어 문장을 대역시켜 놓았는데, 경우에 따라 적당한 표준어가 없는 표현의 경우, $로 대신해 놓았다.

본문의 글자체와 전사에 사용된 부호는 다음과 같다.

고딕체	조사자
명조체	제보자
─	제1 제보자
=	제2 제보자
:	장음 표시. 길이가 상당히 길 경우 ::처럼 장음 표시를 겹쳐 사용하였다.
*	청취 불가능한 부분
$	표준어로의 번역이 불가능한 경우
✝	질문지와 주제가 다른 내용

박성만 할아버지의 부인이 한 차례 발화한 예가 나타나는데, 이 경우는 제2 제보자 =로 표시하였다. 표준어 대역에서도 같은 방법으로 표시하였다. 음성 전사의 경우 아래와 같은 원칙을 유지하였다.

① '위'가 단모음 [y]로 실현되거나 상향 이중모음 [wi]로 실현되더라도 모두 '위'로 전사하되 (+   ) 안에 그 사실을 밝혀주었다.

② '외'가 단모음 [ø]로 실현되면 '외'로 전사하고, 이중모음 [we]로 실현되면 '왜'로 전사하였다.

③ '에(e)'와 '애(ɛ)'가 변별적 기능을 가지지 못하므로 'ㅐ'로 통일시켜 표시하였다.

④ 비모음은 해당하는 음절 다음에 ~ 표시를 하였다.

⑤ 장음은 ":", 인상적 장음은 "::" 등으로 표시하였다.

(4) 주석

이 단행본에는 모두 570개의 주석이 달려 있다. 주석은 보성 지역어로 전사된 내용을 독자들이 쉽게 이해할 수 있도록 특이한 방언 어휘의 뜻풀이와 이에 대응하는 표준어형을 제시하는 것이 주를 이룬다. 그밖에 방언형에 대한 음운이나 문법적 해석 등도 포함되어 있다. 지나친 언어학적 설명은 오히려 독자들의 이해를 해칠 수도 있으므로, 여기서는 비교적 간단한 수준의 설명만을 덧붙이는 데 그쳤다.

(5) 찾아보기

이 책의 맨 끝에는 찾아보기가 실려 있다. 찾아보기는 표준어를 표제어로 제시하고 이에 해당하는 방언 어휘를 본문에 전사된 그대로 대응시켜 놓았다. 표준어가 없는 경우에는 뜻풀이를 표제어로 대신하였다.

명사의 경우, 방언 명사에 조사가 붙어 전사된 경우가 많으므로, 독자들은 어디까지가 표준어 표제어에 대응하는 방언형인지 구분하기 쉽지 않다. 이러한 문제를 해결하기 위해, 명사와 조사의 구분이 표기적으로 가능한 경우에는 명사와 조사 사이에 -를 끼워 놓았다. 예를 들어 표준어 '거기'에 대응하는 방언형으로 본문에는 '거까지'와 같은 형이 나타난다. 이 '거까지'는 '거'와 조사 '까지'로 분석되므로, 방언형은 '거-까지'로 제시하였다. 이로써 표준어 '거기'에 대응하는 방언형이 '거'임을 알 수 있게 된다. 한편 표준어 '곁두리'에 대해서는 본문의 전사형이 '새:꺼슬'로 나타난다. 이것은 '새:껏'에 목적격 조사 '을'이 결합된 형태이나 표기상으로 이를 분석해서 제시할 방법이 없다. 이런 경우에는 표제어로 제시된 표준어 '곁두리'에 목적격 조사 '를'을 덧붙여 '곁두리(를)'을 표제어로 제시하였다. 이것은 곧 대응되는 방언형에 목적격 조사가 포함되어 있음을 알려 주기 위한 것이다. 이런 결과로 '팥'은 '팥(은)'과 '팥(이)'와 같이 두 개의 표제어를 갖게 되는 문제를 낳기도 하나 이런 문제는 감수하기로 하였다.

차례

01 마을 이야기

마을 들여다보기 14

1.1 마을 들여다보기

아까 거 저 이 마을 (기침) 마으래 유래
- 애.
마으리 어떠캐
- 근디 인자 그 유:래를요?
얘.
- 우리가 모:릉거시 왜그냐믄1) 앤:나래 어:러신더리 인자 저이들한태
자꼬2) 고 유:래를 쭉:: 이얘기를 해:주먼 인자 그 역싸저그로 인자 알:건
는디요
음.
- 그러치앙코3) 언:재이버터 우리 마으리 생개따능거슨 확씨리 모:르고
음.
- 인자 앤:나래 이 지뉜빡씨드리 여그 터를 자불띠개4)
얘
- 이 마으래 가서5) 추씨드리 마:니 사라따 그래요.
추씨요?
- 애
- 그릉깨 그분드리 마:니 살:고 이씅깨 모:뜨로고 쩌:그 인자 검거 여
무랭이라고6) 헌 대다가 지블 지코는7) 살:면서 인자 그분드리 인자 차차
인자 인 생화리 인:자 조아저따고 바야조이~?
음.
- 그릉깨 이 마을로 인자 자꼬 인자 밀:고 드로와따 그래요.
음.
- 그래가지고 추씨드리 완저니 물러스고 인자 이 지뉜빡씨드리 여그를

아까 그 저 이 마을 마을의 유래

    — 예.

마을이 어떻게

그런데 이제 그 유래를요?

예.

    — 우리가 모르는 것이 왜 그러냐면 옛날에 어르신들이 이제 저희들한 테 자꾸 그 유래를 쭉 이야기를 해 주면 이제 그 역사적으로 이제 알겠는데요,

음.

    — 그렇지 않고 언제부터 우리 마을이 생겼다는 것은 확실히 모르고

음.

    — 이제 옛날에 이 진원 박씨들이 여기 터를 잡을 때에

예.

    — 이 마을에서 추씨들이 많이 살았다 그래요.

추씨요?

    — 예.

    — 그러니까 그분들이 많이 살고 있으니까 못 들어오고 저기 이제 그 이 '물앵이'라고 하는 곳에다가 집을 짓고는 살면서 이제 그분들이 이제 차차 이제 생활이 이제 좋아졌다고 봐야지요?

음.

    — 그러니까 이 마을로 이제 자꾸 이제 밀고 들어왔다 그래요.

음.

    — 그래 가지고 추씨들이 완전히 물러서고 이제 이 진원 박씨들이 여기를

싹 점녕을 해:서 산:다.

　음.

　― 사라따.

　음.

　― 그르캐 인자 알:고만 이써써요.

　내. 지:뉜박씨드리 주로 마:니 사는 대

　― 애 여그는 인자 이 봉하 양:초니란 대는 지뉘니 즈 마:니 살:고 이써요.

　음.

　― 글고 다 잘 뙤야써요. 강주 올라가서도 다 잘 뙤고

　음.

　― 시방도 잘 쌀고 이씀니다마넌

　음.

　― 애 주로 인자 지뉜박씨드리 선생지를8) 마:니 해 해:요.

　아

　― 거그 교:육꾸청애가서 교:감 저 머 교:육짱도 허고 그런 양바니 이
써써요.

　음.

　― 그래가지고 강주로 인자 점부 이사를 해서 가불고

　음.

　― 그러타능거빼기는 인자 저히드리 잘 모르지요.

　그러먼 여기 이 마으리 인자 봉:하마을 아닙니까?

　― 애.

　봉:하라능거슨 어디서 따온

　― 봉:하라능거슨 인자 긍깨 지뉘니 드로와가지고 봉:하라고 인자 명봉
리 인자 봉:하 봉:동 봉하촌 이르캐 해서 봉:하란 마리 나그 나찌요.

　음.

싹 점령을 해서 산다.

음.

- 살았다.

음.

- 그렇게 이제 알고만 있었어요.

예. 진원 박씨들이 주로 많이 사는 데

- 예, 여기는 이제 이 봉화 양촌이란 데는 진원이 많이 살고 있어요.

음.

- 그리고 다 잘 됐어요. 광주 올라가서도 다 잘 되고

음.

- 시방도 잘 살고 있습니다마는

음.

- 예, 주로 이제 진원 박씨들이 선생질을 많이 해요.

아

- 거기 교육청에 가서 교감 저 뭐 교육장도 하고 그런 양반이 있었어요.

음.

- 그래 가지고 광주로 이제 전부 이사를 해서 가 버리고

음.

- 그렇다는 것밖에는 이제 저희들이 잘 모르지요.

그러면 여기 이 마을이 이제 봉화마을 아닙니까?

- 예.

봉화라 하는 것은 어디서 따온?

- 봉화라는 것은 이제 그러니까 진원이 들어와 가지고 봉화라고 이제 명봉리 이제 봉화 봉동 봉화촌 이렇게 해서 봉화란 말이 났지요.

음.

- 야.

어디문 그 다매 옅 마을 주이애 머:: 사니나 앤 멀

- 사는 인자 저그 인자 여기 이 아패 거 여가패9) 거 인는 사니요,

- 앤:나래 인자 마:사니라 그래써요.

아

- 그랜는디 최:그내 인자 우리가 알:기로는 인자 매사니라 그르개써요.

아

- 마:사니랑거슨 왜 마:사니라 그랜냐 그머는

- 쩌:그 벌:래송굴10) 몬당지라고11) 재:일 몬당애12) 가머는 딱 이르캐 사니 요르캐 생견는디

- 똑 이 사니 말가치 생개따 그래서 마:사니라 그래써요.

음.

- 그래가지고 거 사:라미 안자 안:장 나:두고 안진 그 자리애가서 아:: 조 자리가 조아가꼬 명당이 이써따 그래요.

얘

- 우리 인자 든는 풍월로요.

얘

- 근는디 그 사내다가 중국써13) 나와가지고 묘:설14) 써가지고 그 묘: 시 자리가 조으니까 임:그미 나따15) 그래요.

음.

- 여그로 말허먼 임:그미 나따고.

음.

- 그릉깨 인자 그 둘래애 임:금 나머는 그 도:량이16) 점부해서 삼십닝 가 뼁둘러서 삼십닝가를 따른 사람드리 점녕을 몯허거캐17) 해:따 그런 마 리 이써요.

음.

― 예.

어디 무슨 그 다음에 마을 주위에 뭐 산이나 뭐

― 산은 이제 저기 이제 여기 이 앞에 그 역 앞에 있는 산이요,

― 옛날에 이제 마:산이라 그랬어요.

아.

― 그랬는데 최근에 이제 우리가 알기로는 이제 매산이라 그렇게 했어요

아.

― 마산이란 것은 왜 마산이라 그랬느냐 그러면은

― 저기 벌레송굴 꼭대기라고 제일 꼭대기에 가면은 딱 이렇게 산이 이렇게 생겼는데

― 똑 이 산이 말같이 생겼다 그래서 마산이라 그랬어요.

음.

― 그래 가지고 그 사람이 이제 안장 놔 두고 앉는 그 자리에서 아주 자리가 좋아 가지고 명당이 있었다 그래요.

예.

― 우리 이제 듣는 풍월로요.

예.

― 그랬는데 그 산에다가 중국에서 나와 가지고 묘를 써 가지고 그 묘가 자리가 좋으니까 임금이 났다 그래요.

음.

― 여기로 말하면 임금이 났다고.

음.

― 그러니까 이제 그 둘레에 임금 나면은 그 지경이 전부 해서 삼십 리인지 빙 둘러서 삼십 리인지를 다른 사람들이 점령을 못 하게끔 했다 그런 말이 있어요.

음.

- 그래가지고 인자 거그서 인자 그 매:짜리가[18] 조:타 조:타 긍깨 인자 여기애 인는 분더리 사:시는 분더리 중국싸:람더리 인자 이거시 인자 잘 여그를 나오지도 앙코[19]

으흠.

- 자리만 맴:만 이써따 뿌니재,

음.

- 잘 오지도 앙코 긍깨 그 매:슬 파서 기냥 쇠로 거 비:석 지지 지그므로 말허먼 채:석까치[20] 그르캐 딱 새와난능개비애요.[21]

음.

- 근디 그 채:서글 가따[22] 빼:다가 걍 왜산미태가 앤:나래 쏘가 이썬는디

음.

- 그 쏘애다 빼:처부러따고[23] 이런 자 유:래도 인자 우리가 드러보고 그래써요.

아하.

- 애 글고 인자 애 그 사는 마:사니고 여그 뒫 뒤똥사니라고 요 뒤애 인자 뒤까끄미라[24] 흔디 거그는 마으리 인자 요고시 우리 마을 행구기 무슨 행구기냐 그먼 배행구기라 그래써요.

으흠.

- 애 배행구기라 그랜는디 뒫:싸니 다시다 이거시애요. 인자 배 매는 주리다.

흠흠흠.

- 근넌디 그걸 일본놈더리 이 마으래 가만 낟 여 이대로 나:두머넌 자기내더리 함부로 몯:헝깨 기양 가따가[25] 뒫 사늘 주령을 짤라불자

음.

- 그래가지고 철또를 가따 고:리 내부러따 그래써요.

- 그래 가지고 이제 거기서 이제 그 묏자리가 좋다 좋다 그러니까 이제 여기에 있는 분들이 사시는 분들이 중국 사람들이 이제 이것이 이제 잘 여기를 나오지도 않고

으흠.

- 자리만 묘만 있었다뿐이지,

음.

- 잘 오지도 않고 그러니까 그 묘를 파서 그냥 쇠로 그 비석 지금으로 말하면 '채석'같이 그렇게 딱 세워 놓았나 봐요.

음.

- 그런데 그 '채석'을 가져다 빼다가 그냥 매산 밑에 옛날에 소가 있었는데

음.

- 그 소에다 빠뜨려 버렸다고 이런 이제 유래도 이제 우리가 들어 보고 그랬어요.

아하.

- 예, 그리고 이제 예 그 산은 마산이고 여기 뒷동산이라고 이 뒤에 이제 뒤 말림갓이라 하는데 거기는 마을이 이제 이것이 우리 마을 형국이 무슨 형국이냐 그러면 배 형국이라 그랬어요.

으흠.

- 예, 배 형국이라 그랬는데 뒷산이 닻이다 이것이에요. 이제 배 매는 줄이다.

흠흠흠.

- 그랬는데 그것 일본놈들이 이 마을에 가만 이대로 놔 두면은 자기네들이 함부로 못 하니까 그냥 가져다가 뒷산을 주령을 잘라 버리자

음.

- 그래 가지고 철도를 그리 내 버렸다 그랬어요.

음.

– 애 철또를 고:리 내:가꼬 이 인자 배가 기양 맘:대로 해서 기양 어: 디로 가불고크롬²⁶⁾ 기양 짤라부러야 쓴다.

으흠.

– 이런 마리 이써가꼬 여그 마을 터가 배행구기다.

아.

– 그래가꼬 앤:나래 어:러신덜 살:때는 지바내다 샘:도 절때 모파개 해 써요.

– 샘도 모파개 허고 여그서 인자 울리고 살:고

– 그래가꼬 저:: 무랭이란 꼴차개²⁷⁾ 가서 무럴 질러다 무꼬 겨으래는 이 낸:물 무꼬 그러고 사라써요.

음.

– 근디 인자 지그믄 이자 이노무거시²⁸⁾ 머 막 지바내다 샘:도 파고 니:미²⁹⁾ 밸거또 다 모도 펼리허개 썰라고 오:만 밸진 다허재마넌 앤:나래 는 그러캐 해써요.

내. 그래꾸뇨이~.

– 애.

그다매 사니 잍 그런 사니 이꼬 인자 강은 여그서는 업 가까운 대는 업쪼?

– 애 강이 업:써요. 요여으 냄:물빼기.

냄:물배끼 업찌요?

– 애

저:수지가틍거또 이꼬 그러씀니까?

– 저:수지도 여그 업:써요.

음.

– 저:수지도 업:꼬 인자

음.

　－ 예, 철도를 그리 내 가지고 이 이제 배가 그냥 마음대로 해서 그냥 어디로 가 버리게끔 그냥 잘라 버려야 된다.

으흠.

　－ 이런 말이 있어 가지고 여기 마을 터가 배 형국이다.

아.

　－ 그래 가지고 옛날에 어르신들 살 때는 집안에다 샘도 절대 못 파게 했어요.

　－ 샘도 못 파게 하고 여기서 이제 올리고 살고

　－ 그래 가지고 저 물앵이란 골짜기에 가서 물을 길어다 먹고 겨울에는 이 냇물 먹고 그렇게 살았어요.

음.

　－ 그런데 이제 지금은 이제 이놈의 것이 뭐 막 집안에다 샘도 파고 네 미 별것도 다 모두 편리하게 쓰려고 오만 별짓 다 하지마는 옛날에는 그 렇게 했어요.

예. 그랬군요.

　－ 예.

그 다음에 산이 있 그런 산이 있고 이제 강은 여기서는 없 가까운 데는 없 지요?

　－ 예, 강이 없어요. 이 여기 냇물밖에.

냇물밖에 없지요?

　－ 예.

저수지 같은 것도 있고 그렇습니까?

　－ 저수지도 여기 없어요.

음.

　－ 저수지도 없고 이제

- 갑똥 까서30) 인자 저:수지 크:개 이 이 글려내사 마거논놈 이써요.

음. 꼴착까틍거슨 만치요? 만찬쓰 꼴착 이르미 이쓰니요?

- 애 꼴착 이르믄 애 그러지요.

무슨 이리까?

- 인자 쩌 압싸는 인자 저짜개는 샘:꼴,

- 거 가먼 인자 녹차바또 쪼깐 인자 해:노코 그래써요.

아아.

- 샘:꼴

- 요 아:내는 윙:꼴. 저 여가패 어디.

먼:꼬리요?

- 애 윙:꼴.

윙:꼴?

- 애, 윙:꼬리랑거슨 어:채서 윙:꼬리라 흔낙허면 앤:나래 여그 여가패 가머는

애

- 집터가 이써요.

아하.

- 애, 그 그먼 인자 그거시 앤:나래는 봉내빵이라고31) 인자 거 여:관도 인자 술도 폴고

으흠.

- 잠도 재우고 인자 가는 인자 거 멀:리 가는 손님덜 잠도 재우고 헌 인자

- 그래서 거가 인자 거 봉내빵이라고 이써가꼬 윙:꼬리라고 인자 거 집 이르믈 지코요.32)

음.

- 분토꾸리랑거슨 이 아내 요 꼴차긴디 바로 인자 거 미려그로 인자

- 갑동에 이제 저수지 크게 이 이 근년에야 막아 놓은 것 있어요.

음. 골짜기 같은 것은 많지요? 많잖습 골짜기 이름이 있나요?

- 예, 골짜기 이름은 예 그러지요.

무슨 이름일까?

- 이제 저 앞산은 이제 저쪽에는 샘골,

- 거기 가면 이제 녹차밭도 조금 이제 해 놓고 그랬어요.

아아.

- 샘골

- 이 안에는 원골. 저 역 앞에 어디.

무슨 골이오?

- 예, 원골.

원골?

- 예, 원골이라는 것은 어째서 원골이라 하느냐 하면 옛날에 여기 역 앞에 가면은

예.

- 집터가 있어요.

아하.

- 예, 그 그러면 이제 그것이 옛날에는 봉놋방이라고 이제 그 여관도 이제 술도 팔고

으흠.

- 잠도 재우고 이제 가는 이제 그 멀리 가는 손님들 잠도 재우고 하는 이제

- 그래서 거기에 이제 그 봉놋방이라고 있어 가지고 원골이라고 이제 그 집 이름을 짓고요.

음.

- 분토골이라는 것은 이 안에 이 골짜기인데 바로 이제 그 미럭(지명)으로 이제

봉내로 너머댕인 길모기다 해:가꼬 분토꾸리라 그래꼬,

음.

— 무랭이랑거슨 앤:날부터서 아:조 무리 만타 그래서 무랭이라 글고

음.

— 성:조꾸리라 헌 디는 아조 인자 거 모리궁굴째라고33) 해:가꼬 앤:나
래 선둘 선달 배슬허신 양바니 마를 타고 가다가 그 기리 사너웅깨 가따
가 궁구러부러따 그래서 모리궁굴째라고 거그

(웃음) 모리궁굴째라고

— 애 이르미 이꼬 그래요.

어

여:러가지 * 인내요.

— 애.

요 마으른 주로 인재 농사를 지꼬 살지 안씀니까?

— 애 농사 지꼬 살지요.

근대 농사 질 때 먼 먼 개:를 조직헌다등가 먼 두래를 서로 히믈 합해가지
고 허기 위해서 그렁개 이씀니까?

— 그렁거슨 업:꼬 앤:나래 인자 동:다비라 그래가꼬 동:내서 인자 이르
캐 애 노늘 인자 망 나먼 사드리고 머:슬 해:가꼬 동:다비라고 이써요.

아 동:답

— 애.

마으래서 공:동으로 산 *****

— 공:동으로 해:가지고요.

— 그래가꼬는 그노플 인자 엄:는 사람덜한태다 인자 거:: 지그므로 말
허먼 수를 배라34) 그래가꼬 인자

— 함마지기애 얼:마썩 수를 배:라.

음.

복내(지명)로 넘어다니는 길목이라 해 가지고 분토골이라고 그랬고,

음.

  ─ 물앵이(지명)라는 것은 옛날부터서 아주 물이 많다 그래서 물앵이라 그러고

음.

  ─ 성조골이라고 하는 곳은 아주 이제 그 '모리궁굴재'라고 해 가지고 옛날에 선달 선달 벼슬하신 양반이 말을 타고 가다가 그 길이 사나우니까 갔다가 굴러 버렸다 그래서 '모리궁굴재'라고 거기

(웃음) 모리궁굴재라고

  ─ 예, 이름이 있고 그래요.

어.

여러가지 * 있네요.

  ─ 예.

이 마을은 주로 이제 농사를 짓고 살지 않습니까?

  ─ 예, 농사 짓고 살지요.

그런데 농사 지을 때 무슨 무슨 계를 조직한다든지 무슨 두레를 서로 힘을 합해 가지고 하기 위해서 그런 것이 있습니까?

  ─ 그런 것은 없고 옛날에 이제 동답(洞畓)이라 그래 가지고 동네서 이제 이렇게 예 논을 이제 막 나면 사들이고 뭘 해 가지고 동답이라고 있어요.

아, 동답

  ─ 예.

마을에서 공동으로 산 ****

  ─ 공동으로 해 가지고요.

  ─ 그래 가지고는 그것을 이제 없는 사람들한테다 이제 그 지금으로 말하면 수를 내라 그래 가지고 이제

  ─ 한 마지기에 얼마씩 수를 내라.

음.

- 그래서 그노믈 인자 자:꼬 키 늘려가꼬35) 늘려가꼬 인자 엄:는 사람
덜 자꼬 노늘 사서 주고 주고 허는 그렁거슨 이써써요.

아하.

- 긍깨 인자 그거또 지그므로 말허먼 개:나 다름업찌요.

음.

- 얘 개나 다 예. 개나 다

마:니 느러나씀니까? 노니?

- 얘, 마:니 느러가꼬 인자 요거시 이 문:재가 언:재 업:써전냐 그러머
넌 그띠개 놓지 개랑이라허까 머:이라까

아

- 그띠개 인자 이거시 내업:써저36) 부러써요.

아하

- 왜그냐그머넌 점부 상환다브로 여:가꼬

음.

- 가:사 내:가 동:다블 가따 열마지기를 버:러쓰먼37) 여그 열마지기를
가따 재:가 기양 상화느로 여:서38) 쪼끔썩 해년마둥39) 쪼깐썩 쪼깐썩 맨
년가늘 가퍼가꼬 인자 그 완전니 인자 자기 노늘 맨드라붕거

아.

- 그런 시그로 해:서 인자 쌍 모도 인자 업:써저부러찌요. 노니 인자
번: 사람드리 다 자기 아푸로 해:부러찌요.

음.

- 그래서 인자 그 동:다비랑거시 업:써저 부러써요.

음.

그러먼 음 **구뇨.

- 얘.

음.

- 그래서 그것을 이제 자꾸 키 늘려 가지고 늘려 가지고 이제 없는 사람들 자꾸 논을 사서 주고 주고 하는 그런 것은 있었어요.

아하.

- 그러니까 이제 그것도 지금으로 말하면 계나 다름없지요.

음.

- 애 계나 다 예. 계나 다

많이 늘어났습니까 논이?

- 예, 많이 늘어 가지고 이제 이것이 이 문제가 언제 없어졌는가 그러면은 그 때에 농지 개량이라 할까 뭐랄까

아.

- 그때에 이제 이것이 모두 없어져 버렸어요.

아하.

- 왜 그러는가 그러면은 전부 상환답으로 넣어 가지고

음.

- 가령 내가 동답을 가져다 열 마지기를 부쳤으면 여기 열 마지기를 가져다 제가 그냥 상환으로 넣어서 조금씩 해마다 조금씩 조금씩 몇년 간을 갚아 가지고 이제 그 완전히 이제 자기 논을 만들어 버리는 것

아.

- 그런 식으로 해서 이제 싹 모두 이제 없어져 버렸지요. 논이 이제 부치는 사람들이 다 자기 앞으로 해 버렸지요.

음.

- 그래서 이제 그 동답이라는 것이 없어져 버렸어요.

음.

그러면 음 **군요.

- 예.

음.

그 다으매 이 마을 맡 애서만 하능 그 특별한 행사나 먼 자:랑꺼리가 이씀니까? 이 마으래서 머?

− 이 마으래서 그런 인자 유:래는 그르캐 업:써꾸요.

애.

− 앤:나래는 봉:건주이 사:상이라 일 양:반 차꼬 머 쌍:놈 차꼬 앙 그래씀니까?40)

냬.

− 그릉깨 그런 이른 업:꼬

− 단 인자 요 당:산재라고 당:산나무애다 인자 정월 대:보름나리머넌

으흠.

− 꼭 거 재:를 모:셔써요.

아.

− 애 그러고는 인자 풍물노리락 해:가꼬 인자 우린 마으래서 인잠 이르캐 머 꼬:까를 맨든다내 뭐:슬 맨든당 해:가꼬 인자 이르캐 인자 놀:고 그릉 거빼끼는 업:써요.

아

− 애.

그내요. 얘.

그럼 지금 마을하고 앤:날 마을하고가 비교해보면 마:니 달라저찌요?

− 검:나41) 달라저부쪼 머이. 이 파니 인자 아조 얼릉 함마디로 말해서 인자 개:파니 되야부써요 개:파니 되야부러.

(웃음)

− 그때도 비해서느뇨. (웃음)

애 앤:나래 훨씬 조하뜽가요 맡 마을또 크고이?

− 애 앤:나래는 집또 여가 상댕이 한 한 삼십까오 이상 너머써요.

− 근는디 인자는 마:니 뜨더불고 인자 먼 강주로 막 어:디로 가불고 봉

그 다음에 이 마을에서만 하는 그 특별한 행사나 무슨 자랑거리가 있습니까? 이 마을에서 뭐?

- 이 마을에서 그런 이제 유래는 그렇게 없었고요.

예.

- 옛날에는 봉건주의 사상이라 양반 찾고 뭐 상놈 찾고 그랬잖습니까?

예.

- 그러니까 그런 일은 없고

- 단 이제 이 당산제라고 당산나무에다 이제 정월 대보름날이면은

으흠.

- 꼭 그 제를 모셨어요.

아.

- 예, 그리고는 이제 풍물놀이라고 해 가지고 이제 우리 마을에서 이제 이렇게 뭐 고깔을 만든다네 뭘 만든다 해 가지고 이제 이렇게 이제 놀고 그런 것밖에는 없어요.

아.

- 예.

그러네요, 예.

그럼 지금 마을하고 옛날 마을하고 비교해 보면 많이 달라졌지요?

- 굉장히 달라져 버렸지요. 뭐가. 이 판이 이제 아주 얼른 한 마디로 말해서 이제 개판이 돼 버렸어요 개판이 돼 버려.

(웃음)

- 그때에 비해서는요. (웃음)

예. 옛날에 훨씬 좋았던가요? 마을도 크고?

- 예, 옛날에는 집도 여기에 상당히 한 삼십 가호 이상 넘었어요.

- 그랬는데 이제는 많이 뜯어 버리고, 이제 뭐 광주로 막 어디로 가 버

깨 인자 비여가꼬 이쓰깨 허무러저부고 뜨더불고 터만 이자 딴 사람드리
사가꼬 인자 살:고 그러지요.

－ 그러고는 머 특뺄헝거슨 업:써요.

애.

어디나 그르캐 다:들 떠나버리니까

－ 애.

음.

맨 까오그나 댐니까 지금?

－ 지금 여그서 수물 내:가구, 정그정까지 해:서 수물 내:가궁가 되야요.

수물 내:가구요?

－ 애.

기른 마:니 앤:날하고 비교해서 널버전내요.

－ 검:나 인자 마:니 인자 개와천선42)해:따고 바도 과:인 아니지요.

－ 왜그냐그먼 이 땅을 인자 이녁 땅이재마는 지를 널핀다 그렁깨 인자
밸수업씨 막 기양 거 구:내서나 인자 이거시 인자 거식해:가지고 막 억찌
로 내노라고

응.

－ 그래서 기를 마을 기를43) 널펴야쓰껀 아니냐고 그릉깨 인자 돈 매
푼썩 바꼬 그냥 헐쑤업씨 내:주고내:주고 그래가꼬 저러캐 기리 널바저쪼.

보:통 다른 마을보다 훨씬 넘내요.

－ 아:무뇨.44) 널붐따니.45) 따른 마을애 가문 이르캐 안 널바요.

애 머 뻐:스도 다니개써요.

－ 애. 광광뻐스 사:십 이 저 사인승잉가 맨 문: 된 차가 맘:대로 쩌 마
으래서 쩌그 다리 건내오기만 쪼깐 성가시재 여그서 도라나간대는 아:무
이럽써요.46)

그러니까요.

보니까. 이제 비어가지고 있으니까 허물어져 버리고 뜯어버리고 터만 이제 딴 사람들이 사 가지고, 이제 살고 그러지요.

‒ 그리고는 뭐 특별한 것은 없어요.

예.

어디나 그렇게 다들 떠나 버리니까

‒ 예.

음.

몇 가호나 됩니까 지금?

‒ 지금 여기서 스물 네 가구, 정거장까지 해서 스물 네 가구인가 돼요.

스물 네 가구요?

‒ 예.

길은 많이 옛날하고 비교해서 넓어졌네요.

‒ 굉장히 이제 많이 이제 개과천선했다고 봐도 과언이 아니지요.

‒ 왜 그러느냐면 이 땅을 이제 이녁 땅이지마는 길을 넓힌다 그러니까 이제 별수 없이 막 그냥 군에서나 이제 이것이 이제 뭐 해 가지고 막 억지로 내놓으라고

응.

‒ 그래서 길을 마을 길을 넓혀야 될 것 아니냐고 그러니까 이제 돈 몇 푼씩 받고 그냥 할 수 없이 내주고 내주고 그래 가지고 저렇게 길이 넓어졌지요.

보통 다른 마을보다 훨씬 넓네요.

‒ 아무렴요. 넓다니? 다른 마을에 가면 이렇게 안 넓어요.

예, 뭐 버스도 다니겠어요.

‒ 예. 관광버스 사십이 저 사인승인가 몇 뭐 되는 차가 마음대로 저 마을에서 저기 다리 건너오기만 조금 성가시지 여기서 돌아나가는 것은 아무 일 없어요.

그러니까요.

- 얘. 맘:대로 빠저나가고

어.

- 그릉깨 우리 마을써 무슨 조:은 이리 이쓰먼 인자 결혼시글 헌다든지 어:디 놀로 간다든지 그먼 차가 여까지 드롸서 모도 다 태우고 나가고 드러가고 그래찌요.

그러니까 얘.

- 긍깨 그거슨 펼리해요.

음. 그르고 쩌 미태가니 재:가길까요? 누구?

- 얘 재:가기애요.

재:가기

- 그거 바로 박씨들 재:가기애요.

아.

- 그거 박씨들 재:가긴디

- 거가 열려비는 아:니고 효:자비라고 거 ㅅ 거이 비서개가 새겨저가 꼬 이써요.

아 효:자비.

- 얘, 근디 즈그 매느리가 그러캐 시부모한태다가 잘해써요.

음.

- 자기간 육씨비 너머서 칠씨비 다 되야가도 자기 시아버니를 꼭:: 아침 저녀그로 무:나늘 드리고

음.

- 겨으래는 저런 시:자라도⁴⁷⁾ 안처나따가⁴⁸⁾ 꼭: 밤차믈 가따 드리고

음.

- 그거슬 몯:허먼 아치매 일찍 이러나서 숭님바블⁴⁹⁾ 해:가지고 거 가따가 즈그 시아버니한태 바치고 또 아침 조:반 드리고

으흠.

- 예. 마음대로 빠져나가고

어.

- 그러니까 우리 마을에서 무슨 좋은 일이 있으면 이제 결혼식을 한다든지 어디 놀러 간다든지 그러면 차가 여기까지 들어와서 모두 다 태우고 나가고 들어가고 그랬지요.

그러니까 예.

- 그러니까 그것은 편리해요.

음. 그리고 저 밑에 가니 제각일까요? 누구?

- 예, 제각이에요.

제각이

- 그것 바로 박씨들 제각이에요.

아.

- 그것 박씨들 제각인데

- 거기가 열녀비는 아니고 효자비라고 거 거기 비석에 새겨져 가지고 있어요.

아. 효자비.

- 예, 그런데 자기 며느리가 그렇게 시부모에게다가 잘 했어요.

음.

- 좌우지간 육십이 넘어서 칠십이 다 되어 가도 자기 시아버지를 꼭 아침 저녁으로 문안을 드리고

음.

- 겨울에는 저런 홍시라도 앉혀 놓았다가 꼭 밤참을 가져다 드리고

음.

- 그것을 못 하면 아침에 일찍 일어나서 눌은밥을 해 가지고 그 가져다가 저희 시아버지한테 바치고 또 아침 조반 드리고

으흠.

- 이러캐 해서 열 저 효:부 효:자비 효:부비가 서 서가꼬 이써요.
아하.
- 애 그래가지고 그 그양반 아드리 삼형재 삼형잰디
- 크나들 자그나들까지 선생질허고⁵⁰⁾ 자기 아들 ○○란 사라믄 앤:나래 ○○○ 구쾨으원 나와쓸 띠개 거그 댕기다가 자기도 구쾨으워늘 함번 출마해:본 역싸가 이써요.
음음음
- 애.
- 그래가꼬 자기가 기양 떠러지기는 떠러저씀니다마는
- 지금 거:: 자재분드리 그 사람 자잰 딸잉가 누가 지금 박싸도 이꼬
음.
- 박싸도 이꼬 버버내 검:상가 머이로도 이꼬 그래요.
음 내.
- 애, 그 지바내서요.
- 그러캐 그 지바니 전채가 다 맨 선생지리여요.
음.
- 애. 그래가꼬 그 아까가도 애:기해쓰니다마는 그 교:유꾸청 그 교:유 까밍가도 해:무꼬
애
- 맨 교:장으로만 쭉:: 이따가 인자 선생질허다가 교:장으로 이따가는 모도 퇴:직해가꼬 지금 잘쌀고 그래요 광주가서요.
애애 내 큰닐하셔 저기 잘 된 지비 지바니구뇨.
- 애.
애 (숨을 들이마시며) 애.
그리고 요 산 재 요로캐 머 사내 바우나 골짜기나 요런 대도 또 무슨 얼킨 이야기가

- 이렇게 해서 열 저 효부 효자비 효부비가 서 서 가지고 있어요.

아하.

- 예, 그래 가지고 그 그 양반 아들이 삼형제 삼형제인데

- 큰아들 작은아들까지 선생질하고 자기 아들 ○○란 사람은 옛날에 ○○○ 국회의원 나왔을 때에 거기 다니다가 자기도 국회의원 한번 출마 해 본 역사가 있어요.

음음음.

- 예.

- 그래 가지고 자기가 그냥 떨어지기는 떨어졌습니다마는

- 지금 그 자제분들이 그 사람 자제인지 딸인지 누가 지금 박사도 있고

음.

- 박사도 있고 법원에 검사인지 뭐로도 있고 그래요.

음. 예.

- 예, 그 집안에서요.

- 그렇게 그 집안이 전체가 다 맨 선생질이에요.

음.

- 예. 그래 가지고 그 아까도 이야기했습니다마는 그 교육청 그 교육 감인가도 해 먹고

예.

- 맨 교장으로만 쭉 있다가 이제 선생질하다가 교장으로 있다가는 모두 퇴직해 가지고 지금 잘 살고 그래요, 광주에서요.

예예, 예. 큰 일 하셔 저기 잘 된 집이 집안이군요.

- 예.

예. (숨을 들이마시며) 예.

그리고 이 산 이제 이렇게 뭐 산에 바위나 골짜기나 이런 데도 또 무슨 얽힌 이야기가

- 그른 이야기는 자 업:써꼬요.

애.

- 골짜기는 도두꼬리라고 이꼬

아.

- 인자 여그 인자 산 이르미랑거슨 평상 여그 쥐산하고 요 매산하고
그거 인자 그뿌니애요.

도두꼴 가틍거는 머 이르미 왜 도두꼬리람니까?

- 도두꼬리랑거시 어:채서 도두꼬리라 흐냐 흐먼 여그서 쩌:그 시방은
이룽고리락 험니다마는 앤:나래는 도두꼬리라 그래써요.

음.

- 그 도두꼬리란 대를 가머는 검:나 고:리 쪼깐 지퍼요.

애.

- 지푼디 거그다가 인자 앤:나래 저:: 산 인자 중투바개다가51) 저를
지:꼬 인자 주 스님드리 살:고 인는디요.

애.

- 도둥놈드리 도 도둑찔 허로가서 봉깨 즈그드리 거:처허고 이쓸 때는
거그빼기다52) 이거시애요.

어호.

- 그문 이금방애 다 도둑찌를 해:보더니 갠창커뜨라 인자 이래가지
고는

- 이 스님드를 모라내:야 쓰건는디 모라낼 재주가 업꺼드뇨.

아.

- 긍깨 이 도둥놈드리 기양 막 와:허니 달라드러가꼬는 거그서 기양
스님드를 기양 모런 쪼차내:고는 자기드리 그 살리믈 완:저니 기양 그누
믈 점:녕을 해부르쓰요.

으흠.

— 그런 이야기는 이제 없었고요.

예.

— 골짜기는 도둑골이라고 있고

아.

— 이제 여기 이제 산 이름이라는 것은 내나 여기 쥐산하고 이 매산하고 그것 이제 그뿐이에요.

도둑골 같은 것은 뭐 이름이 왜 도둑골입니까?

— 도둑골이란 것이 어째서 도둑골이라 하느냐 하면 여기서 저기 시방은 이룬골이라 합니다마는 옛날에는 도둑골이라 그랬어요.

음.

— 그 도둑골이란 곳을 가면은 굉장히 골이 조금 깊어요.

예.

— 깊은데 거기다가 이제 옛날에 저 산 이제 중턱에다 절을 짓고 이제 스님들이 살고 있는데요.

예.

— 도둑놈들이 도둑질 하러 가서 보니까 자기들이 거처하고 있을 곳은 거기뿐이다 이것이에요.

어호.

— 그러면 이 근방에 다 도둑질을 해 보더니 괜찮겠더라 이제 이래 가지고는

— 이 스님들을 몰아내야 되겠는데 몰아낼 재주가 없거든요.

아.

— 그러니까 이 도둑놈들이 그냥 막 와하고 달려들어 가지고는 거기서 그냥 스님들을 그냥 몰아 쫓아내고는 자기들이 그 살림을 완전히 그냥 그것을 점령을 해 버렸어요.

으흠.

― 그래가지고 시방도 가머는 거가먼 기아짱이 마:니써요.

애.

― 긍깨 그르캐

절터가 절터가요?

― 얘, 절터애가요.

음.

― 근디 거가 아:조 꼴짜기가꼬 무수와요. 댄:나재도 함부로 모:뜨르가.

― 그릉깨 그눔 인자 도둥놈드리 사라딱 해서 거그는 도둑꼴.

음.

― 얘 여그는 인자 거 여 모냐도 얘:기해:씀니다마는 인자 매사니라고 인자 마:사니락 헌 사는 인자 거: 똑 말가치 생개따 그래서 마:산.

― 저:: 인자 뒤:애는 가먼 인자 또 신철리 가먼 시:사니라고 이꼬요.

시:산

― 얘, 시리산. 시리.[53]

아 시리산.

― 똥 요르캐 오막:호니[54] 시리가치 생개따 그래서 시리사니 이꼬

음.

― 그다매 인자 거그서 인자 줄기를 쭉:: 소:백산 줄기를 타고 내래가서 쩌:짜개 가먼 그

― 거:성리라고 인는디 거:성리하고 옹마리하고 그 사이:가 큰:: 사니 인는디

― 그건 인자 배국싼. 거가 인자 거 배국싸내 거가먼 거:성리 가먼 인자 궁민하꾜도 이꼬

― 거 배국싼 가먼 인자 그: 미태가먼 인자 붕:교라고 또 거 한나 이꼬 그르쩌 서붕교라고 한나 이꼬 그래요 근디.

― 거 배국싸니란 사는 사니꼬 거: 산배끼는 명사니 여그는 업:써요.

― 그래 가지고 지금도 가면은 거기 가면 기왓장이 많이 있어요.

예.

― 그러니까 그렇게

절터가 절터가요?

― 예, 절터에요.

음.

― 그런데 거기가 아주 골짜기라서 무서워요. 대낮에도 함부로 못 들어가.

― 그러니까 그것 이제 도둑놈들이 살았다고 해서 거기는 도둑골.

음.

― 예, 여기는 이제 그 여 먼저도 얘기했습니다마는 이제 매산이라고 이제 마산이라고 하는 산은 이제 그 똑 말같이 생겼다 그래서 마산.

― 저 이제 뒤에는 가면 이제 또 신천리 가면 시산이라고 있고요.

시산

― 예, 시루산. 시루.

아, 시루산

― 똑 이렇게 오목하게 시루같이 생겼다 그래서 시루산이 있고.

음.

― 그 다음에 이제 거기에서 이제 줄기를 쭉 소백산 줄기를 타고 내려가서 저쪽에 가면 그

― 거석리라고 있는데 거석리하고 옥마리하고 그 사이에 큰 산이 있는데

― 그것은 이제 배국산. 거기에 이제 그 배국산에 거기 가면 거석리 가면 이제 국민학교도 있고

― 그 배국산 가면 이제 그 밑에 가면 이제 분교라고 또 그 하나 있고 그랬어. 서분교라고 하나 있고 그래요 그런데.

― 그 배국산이란 산은 산 있고 그 산밖에는 명산이 여기는 없어요.

애

― 근디 지금도 배국싸내 가먼 은중바:뉘리 이땀니다.

그 무슨 마리얘요? 머그?

― 은중바:뉘리랑건 물 우개 떠 인는 거이 거시기 쟁바니라 글등가 무:
라 글등가 그거 매:짜리가 그르캐 존: 자리가 이따.

아, 매짜리.

― 그거, 애 매:짜리가 인는디 거으는 재이를 몰해서 모:짜븐다.

멀: 몯헌다고요?

― 재이를 몯:헌다고.

재이를 몯헌담 무슨 마리얘요?

― 풍수드리 그 땅을 가따 여가 기냐 여가 기냐

어

― 거 확씰헝거슬 모른다.

아하.

― 그래서 모:짜븐다 그런 마리 이써요.

어허.

― 그런.

― 그래서 거가 인자 거이 거식해꼬

― 여그는 인자 매사니랑거슨 어:채서 마:사니라 그랜냐그믄 모냐도 말:
씀디래씀니다마는,

― 중국싸라미 거그다가 탕: 묘:슬 써가지고 거그서 임:그미 창 나옹깨요

― 임:그미 낭깨 이 근:방 도:랑을 삼심니를 가따가 꿈쩌글 몯허개
매:또 모:쓰개 허재, 머 산도 사도 몯허개 허재, 꿈쩌글 몯허개 해부
러요.

― 그렁깨 여그싸람드리 콩:장히 아숩쩨요 인자.

― 맫:뚜 삼심니머는 검:나 멀:지 안씀니까요? 두루 삼:십니먼.

예.

– 그런데 지금도 배국산에 가면 은중반월(銀中盤月)이 있답니다.

그 무슨 말이에요? 뭐 그?

– 은중반월이란 것은 물 위에 떠 있는 것이 거시기 쟁반이라 그러던가 뭐라고 그러던가 그것 묏자리가 그렇게 좋은 자리가 있다.

아, 묏자리.

– 그거, 예, 묏자리가 있는데 거기는 제의를 못해서 못 잡는다.

무엇을 못한다고요?

– 제의를 못한다고.

제의를 못한다는 것이 무슨 말이에요?

– 풍수들이 그 땅을 가지고 여기가 그곳이냐 여기가 그곳이냐

어.

– 그 확실한 것을 모른다.

아하.

– 그래서 못 잡는다 그런 말이 있어요.

어허.

– 그런.

– 그래서 거기가 이제 거의 뭐해 가지고

– 여기는 이제 매산이란 것은 어째서 매산이라 그랬느냐 그러면 먼저도 말씀드렸습니다마는,

– 중국사람이 거기다가 탁 묘를 써 가지고 거기서 임금이 참 나오니까요

– 임금이 나니까 이 근방 지경을 삼십 리를 갖다가 꼼짝을 못하게 묘도 못 쓰게 하지 뭐 산도 사지도 못하게 하지, 꼼짝을 못하게 해 버려요.

– 그러니까 여기 사람들이 굉장히 아쉽지요 이제.

– 몇 두 삼십 리면은 굉장히 멀지 않습니까? 두루 삼십 리면.

- 긍깨 여그싸람드리 검:나 아숭깨 이거슬 어:치캐 해야 쓰까 어치캐 해야 쓰까?

- 그래가지고 중국싸람드리 인자 여그를 잘 나드리 왕:내를 안홍깨 애:라 이노무 새끼덜 아조 느그덜 매:슬 파불고 아조 비:석또 업:쌔불고 그래부러야 쓰거따.

음.

- 그래가지고는 그 쇠로 이르캐 비:서글 해:난는디 그노물 뽀바다 기양

- 심 조은 사람드리 가서 기냥 요:그 매산 미태 가머는 앤:나래는 냄:물까애가55) 지:푼 쏘가56) 이따 그래써요.

애

- 지:푼 쏘가 이따 근디 거그 쏘애다 기양 그 비서근 빠:처불고

음.

- 매:슨 파서 업:써불고

으음.

- 자 그래노코 인자 이쓩깨 인자 언:재 얼마나: 이쓩깨 인자 거 중국 싸람드리 함보 왕:내를 해:뜨래요. 여그를 나와가꼬 인자 그 사늘 무로바요 인자.

- 여그 마:사니랑거시 어:디가 인냐고?

- 여그 마:사니랑거슨 읍쏘 말. 매사니랑거슨 이써도 마:사니랑거슨 업쏘.

음.

- 하::! 여으 지리상으로 바:서는 여으 어:디가 꼭 이껀는디 왜 읍:따 그냐 긍깨 아이 읍:딴 마리요.

음.

- 이양반드리 정신음는 소리 허고 인내. 여그 마:사는 읍쏘요 매산 배끼는.

― 그러니까 여기 사람들이 굉장히 아쉬우니까 이것을 어떻게 해야 될까 어떻게 해야 될까?

― 그래 가지고 중국 사람들이 이제 여기를 잘 나들이 왕래를 안 하니까 에라 이놈의 새끼들 아주 너희들 묘를 파 버리고 아주 비석도 없애 버리고 그래 버려야 되겠다.

음.

― 그래 가지고는 그 쇠로 이렇게 비석을 해 놓았는데 그것을 뽑아다가 그냥

― 힘 좋은 사람들이 가서 그냥 이 그 매산 밑에 가면은 옛날에는 냇가에 깊은 소가 있다 그랬어요.

예.

― 깊은 소가 있다 그랬는데 거기 소에다 그냥 그 비석은 빠뜨려 버리고

음.

― 묘는 파서 없애 버리고

으음.

― 이제 그래 놓고 이제 있으니까 이제 언제 얼마나 있으니까 이제 그 중국 사람들이 한번 왕래를 했더래요. 여기를 나와 가지고 이제 그 산을 물어 봐요 이제.

― 여기 마산이란 것이 어디에 있느냐고?

― 여기 마산이란 것은 없소 매산이란 것은 있어도 마산이란 것은 없소

음.

― 아, 여기 지리상으로 봐서는 여기 어디에 꼭 있겠는데 왜 없다 그러느냐 그러니까 아니 없단 말이오.

음.

― 이 양반들이 정신없는 소리 하고 있네. 여기 마산은 없어요, 매산밖에는.

으흠.

－ 긍깨 아 인자 두리문뜩57) 드문 두리번떡 허고 인자 차따가는 인자 업:씽깨 그냥 헐쑤읍씨 즈그드리 가붕거시여요.

－ 그래서 그 뒤:로는 여그를 아나따 글대요.

음.

－ 근디 지금도 풍수가 가서 보머는 거가문 자리가 인는디 아까 말씀대로 재이를 모른다 이거애요.

음.

－ 그래가지고 거러거러 그먼 여가 왜 매:짜리가 존:냐 긍깨,

－ 사:라미 마를 타먼 안:장이 이꼬 안질 자리가 이따.

－ 근디 여가서 딱 안지머는 탁 거 안:장애 가서 딱 안진 자리다.

－ 긍깨 여가 틀리믑씨 자리는 자린디 재이를 몰헌다.

－ 그래가지고 시방도 거 매:시 거 두:봉이나 이끼는 이씀니다마는

－ 그 지자리다 모:써끼따무내 이런 이:리 인자 걷: 큰사라미 나오지도 몯:허고

(웃음)

－ 조은 부:자도 모:뙤고 그래가꼬 이써요.

애

애 여러가지 이야기가 참 다양하개 마:니 인내요.

그::: 여기 광:사니 요그 근:처애 일:짜나요?

－ 애 광:산 요그 바로 모냐도 말:씀 드려쓰니다마는 여그 여가패서요.

음.

－ 그아내 꼴짜기보먼 웡:꼬리라고 이땅깨요.

애

－ 웡:꼬리라고 인는디 거그가 앤:나래 광:사닌디 일본놈드리 거 광:사 늘 해:써요.

으흠.

- 그러니까 아 이제 두리번두리번하고 이제 찾다가는 이제 없으니까 그냥 할 수 없이 저희들이 가 버린 것이에요.

- 그래서 그 뒤로는 여기를 오지 않았다 그러데요.

음.

- 그런데 지금도 풍수가 가서 보면은 거기 가면 자리가 있는데 아까 말씀대로 제의를 모른다 이것이에요.

음.

- 그래 가지고 그러면 여기가 왜 묏자리가 좋으냐 그러니까,

- 사람이 말을 타면 안장이 있고 앉을 자리가 있다.

- 그런데 여기 가서 딱 앉으면은 탁 그 안장에 가서 딱 앉는 자리다.

- 그러니까 여기가 틀림없이 자리는 자리인데 제의를 못한다.

- 그래 가지고 시방도 그 묘가 그 두 봉이나 있기는 있습니다마는

- 그 제자리에다 못 썼기 때문에 이런 일이 이제 큰 사람이 나오지도 못하고

(웃음)

- 좋은 부자도 못 되고 그래 가지고 있어요.

예.

예, 여러가지 이야기가 참 다양하게 많이 있네요.

그 여기 광산이 여기 근처에 있잖아요?

- 예, 광산 여기 바로 먼저도 말씀드렸습니다마는 여기 역 앞에서요.

음.

- 그 안에 골짜기 보면 원골이라고 있다니까요.

예.

- 원골이라고 있는데 거기가 옛날에 광산인데 일본놈들이 그 광산을 했어요.

금광잉가요?

  - 애, 금광이애요.

애.

  - 그래가꼬 거그다 아조 거:참허개 맨드라나써써요.

애.

  - 그래가지고 거그서 금 도:를 캐가지고 요:리 쭉:: 구루마로⁵⁸⁾ 차가
댕기거 저 구루마차가 댕기거쿠름뇨

  애.

  - 여개까지 와서 거 도:를 실코 자기나라로 갈라고

아하.

  - 다: 지를 내서 딱: 처를 까라나써써요.

음.

  - 그래노코는 거그서 아조 금빵아를 해:가꼬 방아를 찌:코 아조 무::지
허개 거참허개 해:써요.

아.

  - 그르머 항:국써 인자 우리 인자 저 여그싸람드른 인자 거가서 인자
금광애 가서 일:흐로 간다천치고

  - 가서 이:를 허다가 그믈 캐가꼬

  - 실찌 그랜는지는 몰라도 금떵어리가 인자 이르캐 나오머는 가꼬 나
올쑤가 업씅깨요

  - 가꼬 나올쑤가 업씽깨 머거따 이거애요.

허허.

  - 머거따고. 그러면 그거시 어:디로 나오냐먼 대:벼느로 나온다 이거시
애요.

어

  - 그럴때 그 사:라미 보대끼기는 을:마나 보대끼거쓰니까요?

금광인가요?

— 예, 금광이에요.

예.

— 그래 가지고 거기다 아주 거창하게 만들어 놓았었어요.

예.

— 그래 가지고 거기서 금 돌을 캐 가지고 이리 쭉 수레로 차가 다니게 저 수레가 다니게끔

예.

— 여기까지 와서 그 돌을 싣고 자기 나라로 가려고

아하.

— 다 길을 내서 딱 철로를 깔아 놓았었어요.

음.

— 그래 놓고는 거기서 아주 금 방아를 해 가지고 방아를 찧고 아주 무지하게 거창하게 했어요.

아.

— 그러면 한국에서 이제 우리 이제 저 여기 사람들은 이제 거기 가서 이제 금광에 가서 일하러 간다 치고

— 가서 일을 하다가 금을 캐 가지고

— 실제 그랬는지는 몰라도 금덩어리가 이제 이렇게 나오면은 가지고 나올 수가 없으니까요.

— 가지고 나올 수가 없으니까 먹었다 이것이에요.

허허.

— 먹었다고. 그러면 그것이 어디로 나오느냐 하면 대변으로 나온다 이것이에요.

어.

— 그럴 때 그 사람이 보대끼기는 얼마나 보대끼겠습니까?

아.

― 그래가지고 인자 그믈 돌:랑 인자 돌라가꼬59) 나와서 허고

― 그르치 안흐면 이 괴배나60) 머 이런 디까지 기양 점:부 일본놈드리 조사해:가꼬 나오머는 싹 빼사불고는 그 사람드른 일:도 몯허개 맨드라불거나

음음음.

― 그래가지고 그미 어:치캐 노다지가 나온지 가서 사무 나온대는 이르캐 정:이라고 이써요.

애.

― 금 캔 정:이라고.

애.

― 망:치로 이르캐 뚜둘머는 이 정: *끄터리가*61) 찐득찐득해:가꼬 잘 드러가질 안트라 이거애요.

아하.

― 그렁깨 이 사람드리 그믈 어:치캐 마니 캐가꼬

― 그믈 이자 금떵어리를 만들다 만드다 몸:만등깨 거그서 인자 구랭이를 만드라따 그래요.

어

― 뱀: 구랭이요.

음.

― 구랭이를 인자 이르캐 만드라가꼬는 형상을 만드라서 그노믈 일보느로 보내고 명치한태로 보내고

음.

― 그래가꼬 지금도 명치아푸로 거 금광 땅이 이써요.

아음.

― 명치 아푸로 긍깨 우리 항:국싸람도 소늘 모:때고 누구도 소늘 모:때고

아.

- 그래 가지고 이제 금을 훔쳐 이제 훔쳐 가지고 나와서 하고

- 그렇지 않으면 이 호주머니나 뭐 이런 곳까지 그냥 전부 일본놈들이 조사해 가지고 나오면은 싹 빼앗아 버리고는 그 사람들은 일도 못하게 만들어 버리거나

음음음.

- 그래 가지고 금이 어떻게 노다지가 나오는지 가서 사뭇 나오는 곳은 이렇게 정이라고 있어요.

예.

- 금 캐는 정이라고.

예.

- 망치로 이렇게 두드리면은 이 정 끝이 끈적끈적해 가지고 잘 들어가지를 않더라 이것이에요.

아하.

- 그러니까 이 사람들이 금을 어떻게 많이 캐 가지고

- 금을 이제 금덩어리를 만들다 만들다 못 만드니까 거기서 이제 구렁이를 만들었다 그래요.

어.

- 뱀, 구렁이요.

음.

- 구렁이를 이제 이렇게 만들어 가지고는 형상을 만들어서 그것을 일본으로 보내고 메이지(明治)에게로 보내고

음.

- 그래 가지고 지금도 메이지 앞으로 그 금광 땅이 있어요.

아음.

- 메이지 앞으로 그러니까 우리 한국 사람도 손을 못 대고 누구도 손을 못 대고

시방도 거 쩌 상공부애 가서 명치명으로

아하.

— 광:사니 이써써요.

음.

— 그래가지고 인자 그 뒤애는 인자 어:천수가 인냐 그머는

— 인자 타:니라고 인자 거 타:늘 조까 인자 여그 ○○○라고 허신분드리 타:늘 좀 캐다가 인자 마러부러쓰니다마는 안 나와서.

짐 석타니요?

— 애, 석탄.

— 애.

그 광:사내서요?

— 애 그 광:산 그 부:그내서 석타니 좀 나오고 그래써요.

아 음

— 그 그런 유:래가 이꼬 그래요. 긍깨 거가 윙:꼬리라고

— 거 윙:꼬리랑거슬 어:채서 거그를 윙:꼬리라 흐냐 그먼 모냐도 말:씀 드래쓰니다마는

— 여가패 거 바뀌애가 이르캐 사내가서 쪼근만헌 가락뚱이라고 인는디

— 거가 인자 거 요르캐 거 바태다가 지블 지여가꼬

— 앤:나래는 행인드리 마:니 인자 안 댕김니까요?

애애.

— 그르면 그 행인드리 거가서 인자 거 자믈 자고 바블 무꼬 술도 무꼬 그르고는 또 인자 지를 떠나고 허는 인자 거 원:터가 이써써요.

으흠.

— 애 그래가지고 그거시 거 골창62) 니르미 원:꼬리라고

음.

— 그르캐 지여쓰니다요.

시방도 그 저 상공부에 가서 메이지 이름으로

아하.

— 광산이 있었어요.

음.

— 그래 가지고 이제 그 뒤에는 이제 어떤 수가 있느냐 그러면은

— 이제 탄이라고 이제 그 탄을 조금 이제 여기 ○○○라고 하신 분들이 탄을 좀 캐다가 이제 말았습니다마는 아 나와서.

석탄이요?

— 예, 석탄.

— 예.

그 광산에서요?

— 예, 그 광산 그 부근에서 석탄이 좀 나오고 그랬어요.

아 음.

— 그 그런 유래가 있고 그래요. 그러니까 거기가 원골이라고

— 그 원골이란 것을 어째서 거기를 원골이라 하느냐 그러면 먼저도 말씀드렸습니다마는

— 역 앞에 그 밭 뒤에 이렇게 산에 조그마한 '가락등'이라고 있는데

— 거기에 이제 그 이렇게 그 밭에다가 집을 지어 가지고

— 옛날에는 행인들이 많이 이제 다니잖습니까?

예예.

— 그러면 그 행인들이 거기 가서 이제 그 잠을 자고 밥을 먹고 술도 먹고 그리고는 또 이제 길을 떠나고 하는 이제 그 원터가 있었어요.

으흠.

— 예, 그래 가지고 그것이 거 골짜기 이름이 원골(院골)이라고

음.

— 그렇게 지었습니다.

애

— 애 긍깨 거가 봉내빵이63) 이써써요, 봉내빵이.

으흠.

— 그 탄:둥어러시니라고 그 양바니 자꼬 그런 말쓰믈 허시대요. 우리
도 인자 그런지 저런지도 모릉깨 인자

— 어 시야내면 인자 사랑방애 가서 헐:닐 업쑹깨 인자 그르캐 인자 안
저서 인자 이얘기쪼로 인자 이얘기도 허고 글먼 인자 그런 인자 거시기로
해서 지:가 드러본 풍월로 거 윙:꼬리다 분터꾸리다 승:조꾸리다 무랭이다
인자 이런 인자 거시기도 인자 꼴:창 명애 멍 명칭도 알:고 시방 그러고갠
살:고 이찌요.

애

— 그릉깨 지금도 우리는 이러깨 우리 미태 총생들하고64) 가:치 안저쓰
먼 인자 그런 이얘기를 해:요.

음.

— 이 우리 봉하초니라는 대는 앤:날보터서 당:산나무가 보:통 와서 이
당:산나무가 맨녀니나 되야씀니까 그르고 무러본 양반드리 만:해요.

음.

— 근디 이거시 도:저히 우리가 인자 그 맨년 되야따능 거슬 그꼬 화긴
허고 알:쑤가 업찌요.

— 그렁깨 잘 모르거씀니다 인자 이런디

— 요부내 나:무 빈: 사람드리 와서 딱 재:보고 둘래를 재보드마65) 한
팔뱅년 냉개66) 되야껀내요 글대요.

내.

나:무 크기로 인재 대:강 알:지요.

— 애.

— 긍깨 그 사람드른 인자 항간디67) 두:간디만 댕긴 거시 아니고 전채

예.

 – 예, 그러니까 거기에 봉놋방이 있었어요, 봉놋방이.

으흠.

 – 그 탄동 어르신이라고 그 양반이 자꾸 그런 말씀을 하시데요. 우리도 이제 그런지 저런지도 모르니까 이제

 – 어 겨울이면 이제 사랑방에 가서 할 일 없으니까 이제 그렇게 이제 앉아서 이제 이야기 조로 이제 이야기도 하고 그러면 이제 그런 이제 거시기로 해서 제가 들어본 풍월로 그 원골이다 분토골이다 성조골이다 물앵이다 이제 이런 이제 거시기도 이제 골짜기 명칭도 알고 시방 그렇게 살고 있지요.

예.

 – 그러니까 지금도 우리는 이렇게 우리 손아래 후손들하고 같이 앉아 있으면 이제 그런 이야기를 해요.

음.

 – 이 우리 봉화촌이라는 곳은 옛날부터 당산나무가, 보통 와서 이 당산나무가 몇 년이나 됐습니까 그렇게 물어 보는 분들이 많아요.

음.

 – 그런데 이것이 도저히 우리가 이제 그 몇 년 됐다는 것을 그렇게 확인하고 알 수가 없지요.

 – 그러니까 잘 모르겠습니다 이제 이러는데

 – 이번에 나무 베는 사람들이 와서 딱 재 보고 둘레를 재 보더니마는 "한 팔백 년 남짓 됐겠네요." 그러데요.

예.

나무 크기로 이제 대강 알지요.

 – 예.

 – 그러니까 그 사람들은 이제 한 군데 두 군데만 다니는 것이 아니고 전체

저그로 보:성구니고 인자 절라남도고 인자 여그를 싹: 자기더른 그거슬
당:산나무를 그깨 짜르고 가꾸고 그래가꼬 약쩨 처:리 허고 묻:허고 헝거
슬 자기드리 마떠가꼬 댕인다 금마요.[68]

　내.

　― 그래가꼬 요보내 여그 끈나먼 벌교로 간다 그르내요.

　애.

　― 벌교 가면 원:터라고 인는디 거가머는 은행나무가 철려니 된 은행나
무가 이따 그래요.

　아하.

　― 근디 그: 인자 일: 따무내 그릉가 어칭가 요보내 요 이:리 끈나모 우
리는 벌교로 감니다.

　― 일개 구:내 시:반디배끼[69] 책쩡이 안 되야요 그래요, 일려내.

　음.

　― 새:반대배끼 안 된다고.

긍깨 한 팔뱅녀님두 마:니 오래 됀내요.

　― 애.

　― 긍깨 더는 몰라도 여이 이 나:무가 팔뱅년 이상은 되야꺼씀니다

　흐흠.

　― 그르캐 이얘기허대요.

적으로 보성군이고 이제 전라남도고 이제 여기를 싹 자기들은 그것을 당
산나무를 그렇게 자르고 가꾸고 그래 가지고 약제 처리하고 뭐 하고 하는
것을 자기들이 맡아 가지고 다닌다 그러더군요.

예.

― 그래 가지고 이번에 여기 끝나면 벌교로 간다 그러네요.

예.

― 벌교 가면 원터라고 있는데 거기 가면은 은행나무가 천 년이 된 은
행나무가 있다 그래요.

아하.

― 그런데 그 이제 일 때문에 그런가 어떤가 이 일이 끝나면 우리는 벌
교로 갑니다.

― 일 개 군에 세 군데밖에 책정이 안 돼요 그래요, 일 년에.

음.

― 세 군데밖에 안 된다고.

그러니까 한 팔백 년도 많이 오래 됐네요.

― 예.

― 그러니까 더는 몰라도 이 나무가 팔백 년 이상은 됐겠습니다

흐흠.

― 그렇게 이야기하데요.

■ 주석

1) '그냐'는 '그러냐'의 방언형. '그러-'는 전남방언에서 '글-'로 축약되어 쓰이는데 이 '글-'은 자음 앞에서 '그-'로 변이되어 쓰인다. 예를 들어 '그런디'는 '근디', '그렁 깨'는 '긍깨' 등이 이런 예이다. '그러냐'가 '그냐'로 변이되는 것도 이런 변화의 한 예라 할 수 있다. 다만 '그러면'은 '글먼'과 '그먼'의 두 형태가 모두 가능하므로 이 경우는 수의적으로 변이된다고 할 수 있다.

2) '자꼬'는 역사적으로 '잦-고'에서 발달한 말이므로, 표준어 '자꾸'는 결국 '자꼬'의 모음 /ㅗ/가 /ㅜ/로 변화한 것이다. '아조'(아주), '자조'(자주), '모도'(모두) 등이 모두 이런 예인데, 모음조화를 충실히 따르는 어형을 보이고 있다.

3) '그렇지 않고'는 표준어적인 표현이다. 순수한 전남방언형이라면 '글 안 허고'가 더 알맞을 것이다. 이로 보면 이 제보자의 언어가 표준어에 상당히 영향 받았음을 알 수 있다.

4) '띠개'는 표준어 '때에'에 대응한다. 만약 '띠개'를 '띡'과 처격 조사 '애'로 분석할 수 있다면 전남방언에서는 '때'(時)가 '띡'으로 실현되는 셈이다. 그러나 처격이 아 닌 다른 조사와 결합할 경우 '띡'으로 실현되는 예가 없으므로 이 '띡'은 아마도 같 은 의미를 갖는 '적'의 방언형 '직'에 유추된 것으로 추정된다.

5) '이 마으래 가서'는 문맥의 의미를 고려할 때 '이 마을에서'로 해석된다. 진원 박씨 들이 이 마을에 들어오기 이전에 추씨들이 이미 이 마을에서 살고 있었다는 의미이 기 때문이다. 이처럼 전남방언의 '-애 가서'나 '-애 가' 구성에서 서술어 '가'는 의 미적인 기여를 하지 못하고 있다. 이것은 '가-'가 동사에서 조사로 문법화 되는 과 정에 있기 때문이다.

6) '무랭이'는 지명으로서 원래 '물앵이'일 것으로 추정된다.

7) '지코'에서 보듯이 이 지역어에서 '짓다'는 '짛다'로 쓰인다.

8) '선생질'의 접미사 '-질'은 흔히 낮춤이나 비하의 뜻을 나타내는데, 여기서는 '선생 의 일' 정도의 중립적인 의미로 해석된다.

9) '이 앞에 역 앞에'는 일종의 역행대용이다. '이 앞에'를 먼저 말하고 이어서 구체적 인 장소를 다시 언급하고 있기 때문이다.

10) '벌래송굴'은 지명.

11) '몬당지'는 '꼭대기'의 방언형. '몬당', '몰랑', '몰랭이' 등으로도 쓰인다. '몰랑'이나 '몰랭이'는 옛말 '므ᄅ'에서 발달한 말이나 '몬당'은 그 기원이 불명하다. 혹시 '몰 랑'에서 발달한 말이 아닐까 추정해 볼 수는 있을 것이다.

12) '몬당'은 '꼭대기'의 방언형.

13) '중국써'는 '중국에서'이다. '에'가 탈락하고 '서'가 된소리로 발음된다. 이런 경우의 '서'는 '서울써'처럼 /ㄹ/ 다음에서도 된소리로 발음되는 특징이 있다.

14) '못'은 '묘'이다. 전남방언에서는 '묘'의 뜻으로 '묏'도 쓰이는데, 이 '묏'과 '묘'의 혼태로 '못'이 생겨난 것으로 보인다.

15) '났다'는 여기서 '나왔다'의 뜻.

16) '도랑'은 '지경(地境)'의 방언형으로서 일정한 테두리 안의 땅을 말한다.

17) '몰 허거캐'는 '못 허-겠-개'로 분석되며, 형태적으로 표준어의 '못 하겠게'에 대응된다. 표준어 '못 하겠게'는 용인되지 않는 형태소의 결합으로서, '못 하게끔'이나 '못 하도록' 정도로 바꾸어 대응시켜야 한다. 여기에서 보듯이 표준어의 경우 '-겠-'과 '-게'의 결합은 불가능하거나 어색한 느낌이 들지만, 전남방언에서는 매우 자연스러운 결합을 이룬다.

18) '맷자리'는 '묏자리'의 방언형이다.

19) '나오지도 않고'는 전남방언에서 흔히 '나오도 안허고'로 실현되는데, 이 제보자는 표준어와 완전히 일치하는 형을 쓰고 있다.

20) '채석'은 혹시 彩石이 아닐까 한다.

21) '-개비다'는 '갑이다'가 움라우트를 겪은 것으로서 표준어의 '-는가 보다' 또는 '-나 보다'에 대응되는 형이다.

22) '갖다'는 여기서 어휘적 의미 대신 목적어를 부각시키는 기능만을 담당하고 있다. '갖고'와 함께 '갖다'도 이 지역어에서 문법화가 일어났음을 보이는 증거라 하겠다.

23) '빠치다'는 '빠뜨리다'의 방언형으로서 접미사 '-치-'는 표준말 '-뜨리-'에 대응한다. '오글치다'(오그라뜨리다), '떨치다'(떨어뜨리다) 등이 이런 예인데, 완도 등 남부 해안지역에서는 '-치-' 대신 '-씨-'가 쓰이는 것이 특징이다. 그래서 이 지역에서는 전남 내륙의 '오글치다' 대신 '오글씨다'와 같은 낱말이 쓰인다.

24) '까끔'은 '말림갓'의 방언형. '말림갓'은 '산의 나무나 풀 따위를 함부로 베지 못하게 단속하는 땅이나 산'을 말한다. 나뭇갓과 풀갓이 있다. '까끔'은 따라서 '갓금'으로 분석될 가능성이 있다.

25) '갖다가'는 형태적으로 표준어 '가져다가'에 대응하는 방언형이다. 그러나 여기서는 '가져다가'의 뜻이 아니라 특정의 행동을 위한 대상을 나타내는 기능을 한다. '갖다가'의 목적어가 산이기 때문에 이를 가지고 갈 수 없다는 사실이 이를 뒷받침한다.

26) '가불고크롬'의 '-고크롬'은 표준어의 '-게끔'이나 '-도록'의 의미를 나타낸다.

27) '꼴착'은 '골짜기'의 뜻. 따라서 표준말 '산골짜기'는 전남방언에서 '산꼴착'으로 쓰인다.

28) '이 놈의 것이'는 후행 발화를 진행시키기 위한 담화표지 기능을 하는 표현이다. '놈의'는 표준어와 마찬가지로 이 지역어에서도 후행하는 대상을 비하하는 기능을

하는 것이 일반이지만, 이 경우에는 그러한 비하의 기능이 아니라 단순히 발화의 진행을 돕기 위한 담화적 기능만을 수행하고 있다.

29) '니미'는 표준어 '네미'에 대응하며 어떤 일에 대하여 몹시 못마땅할 때 욕으로 하는 말이다.

30) '가서'는 선행 명사와 결합하여 장소를 나타내는 처격 조사의 구실을 하고 있다. 무엇보다도 '가서'의 주어를 설정할 수 없다는 사실이 '가서'의 문법화를 뒷받침한다. 따라서 전남방언에서는 '애가'와 함께 '애가서'도 처격 조사로 재구조화 되었다고 할 수 있다.

31) '봉냇방'은 '봉놋방'의 방언형이다. 원래 봉놋방은 예전에, 주막집에서 여러 나그네가 함께 묵을 수 있던 큰방을 가리키는 말인데 여기서는 주막의 의미로 쓰였다.

32) '짛다'는 '짓다'의 방언형

33) '모리궁굴째'는 '몰이궁굴재'로서 '말이 굴렀다는 재'라는 뜻이다. 여기에서 보듯이 옛말 '몰'은 이 지역어에서 '몰', 그리고 '구르다'는 '궁굴다'로 쓰였음을 알 수 있다. '말'이 홀로 쓰일 때는 이 지역어에서도 대부분 '말'로 쓰이지만 '몰이궁굴재'에서 보듯이 복합어에서는 아직도 옛말의 형태로 남아 있다. 베틀의 부속품 가운데 하나인 '몰코'에서도 이를 확인할 수 있다.

34) '배다'는 '수 따위를 내다'의 뜻. 여기서 '수'(收)는 도조나 길미 따위의 받을 곡식이나 이자를 가리킨다.

35) '키 늘리다'는 원금에 이자를 보태서 원금을 늘리는 것, 곧 돈의 '크기를 늘리다'의 뜻이다.

36) '내없어지다'의 '내'는 표준어 '내내'에서 비롯된 것으로 추정되며, 표준어에서는 '줄곧'의 의미이지만 여기서는 '완전히'나 '모두'의 뜻으로 쓰였다.

37) '벌다'는 논밭을 이용하여 농사를 짓는 '부치다'의 뜻.

38) '옇다'는 '넣다'의 방언형. 옛말 '넣다'에서 /ㄴ/이 탈락한 형이다.

39) '해년마둥'은 '해마다'의 뜻. 고유어 '해'와 한자어 '년'을 합한 '해년'에 조사 '마둥'이 합해진 말이다. '해년'은 대체로 조사 '마둥'과 결합할 때에만 쓰이는 것으로 보이며, 전남방언에서는 '해년마둥'과 함께 '해마둥'도 함께 쓰인다. 다만 한자어 '년'만 결합된 '연마둥'과 같은 말은 쓰이지 않는다.

40) '안 그랬습니까'는 '그랬잖습니까'의 뜻으로서 전남방언에서는 확인물음을 나타내는 고유한 표현으로 '안'이 있다. 이 '안'은 물론 부정어에서 출발한 것이지만 현대 전남방언에서는 확인물음을 나타내는 말로 쓰이며, 서술어 앞이나 뒤에 올 뿐만 아니라 한 문장 안에 여러 차례 나타날 수 있는 점에서 일반적인 부정어 '안'과는 구분된다.

41) '겁나'는 원래 '겁나게'에서 온 말이다. '겁나다'는 '겁이 나다'는 뜻이지만 이것이

부사적으로 쓰여 '겁나게'는 '매우'나 '아주'처럼 정도를 강조하는 말로 쓰였다. 이 '겁나게'가 줄어들어 '겁나'가 되었다.

42) '개와천선'은 '개과천선'의 뜻으로 쓰였는데, 여기서는 '개과천선'의 본래 뜻과는 달리 '좋아지다'와 같은 뜻으로 쓰였다. 방언의 말할이들은 한자어로 된 사자성어나 관용적 표현의 본래적 의미를 정확히 알지 못하여 이처럼 다른 뜻으로 쓰는 수가 종종 있다.

43) '길'은 전남방언에서 '질'로 쓰이는 것이 보통인데 이 제보자는 '길'처럼 표준어를 사용하였다. 어휘에 따라 표준화의 정도가 다르다는 사실을 보여 준다.

44) '아무뇨'는 '아무렴요'이다. 표준어 '아무렴'과 같은 뜻으로 이 방언에서 '아문', '아면', '하면' 등이 쓰이기도 한다.

45) '널붉따니?'에서 '널붉다'는 '넓다'의 방언형으로서 아마도 '널릅다'와 '넓다'가 혼태된 말로 보인다. 씨끝 '-다니'는 상대의 발화를 그대로 되풀이하는 이른바 메아리 의문문을 형성할 수 있는데, 이런 메아리 의문문은 상대의 발화를 부정하는 수가 많다. 그러나 이 경우는 상대의 발화를 부정하는 것이 아니라 오히려 상대의 발화 내용을 인정하면서 상대의 발화 내용은 굳이 말할 필요가 없는 너무도 당연한 내용 이라는 뜻이 담겨 있다.

46) '아무 일없다'는 '아무런 문제가 없다'는 뜻이다. '일없이'는 '문제없이'라는 뜻 외에 전남방언에서는 흔히 '괜히'나 '쓸데없이'와 같은 의미로 쓰이는 수가 많다.

47) '시자(柿子)'는 원래 감을 가리키는 한자어지만 여기서는 '홍시(紅柿)'의 뜻으로 쓰였다.

48) '시자를 앉히다'는 '홍시를 만들기 위해 땡감을 따로 준비하여 올려놓다'의 뜻이다.

49) '숭님밥'은 '눌은밥'의 뜻이다. '숭님'은 '숭늉'의 방언형으로서 누룽지를 넣고 끓여 숭늉과 함께 먹을 수 있는 밥이라는 뜻이다.

50) '선생질'은 보통 '선생 노릇'을 낮추어 부르는 말이지만 여기서는 그러한 비하의 뜻 없이 쓰였다.

51) '중투박'은 '중턱'의 방언형. '중투막'이라고도 하는데, 여기서 '-막'은 '그렇게 된 곳'이라는 의미로 '오르막'이나 '내리막'에 쓰인 '막'과 같은 것이다. 따라서 '중투 박'이나 '중투막'은 '중턱'에 접미사 '-막'이 결합한 것으로 보인다.

52) '배끼'는 여기서는 '뿐'으로 해석된다.

53) '시리'는 '시루'의 방언형.

54) '오막흐다'는 '오목하다'의 방언형.

55) '냇물가'는 '냇가'의 방언형.

56) '쏘'는 '소(沼)'의 방언형.

57) '두리문뜩'과 '두리번떡'은 모두 자꾸 두리번거리는 행동을 나타내는 말이다.

58) '구루마'(くるま)는 '수레'의 일본말.

59) '돌루다'는 '훔치다'의 방언형.

60) '괴배'는 '호주머니'의 방언형. 지역에 따라 '개와쭘'이나 '개와' 등 '개화(開化)'가 포함된 낱말이 같은 뜻으로 쓰이기도 한다.

61) '끄터리'는 '끝'의 방언형으로서 '끝'에 접미사 '-어리'가 결합한 것이다. '끄트머리'라는 말도 쓰인다.

62) '골창'은 '골짜기'의 방언형.

63) '봉냇방'은 '봉놋방'의 방언형이다. 원래 '봉놋방'은 여러 나그네가 한데 모여 자는, 주막집의 가장 큰 방을 가리키지만 여기서의 '봉냇방'은 단순히 주막집의 뜻으로 쓰였다.

64) '총생'은 한 가문의 손아래 후손을 뜻함.

65) '-드마'는 '-더니마는'의 뜻. 지역에 따라 '-등마'나 '-등마는' 등의 형태가 쓰이기도 한다.

66) '냉개'는 '나마'나 '남짓'의 방언형.

67) '간디'는 '군데'의 방언형. '간디' 외에 '반디' 형도 쓰인다.

68) '금마요'는 '그러더구먼요'의 뜻. 여기서 보듯이 '그러더구먼' 전체가 '금' 하나로 압축되어 표현되었다.

69) '반디'는 '군데'의 방언형.

02 제보자 개인사

2.1 출생과 성장

그먼 어:르시는 지금 여기서 태어나셔찌요?

- 애.

애.

- 저히드른 여그서 태어난지가 저히 아아 아버지때 월래가 우리 하라
버지 때는 쩌:: 절라북또 나뭔까서 인자 거 임:시리란 대 이써요.

내애.

- 거그서 인자 거:주허시다가 하라버지가 여그로 오신 동:기가 머이냐
글머는

- 생거봉내 사:거노동[1]이다 그렁깨 인자 저 뺑:뺑: 도라댕기시다가 아
하 여가서 살 때개가 긴 내:가 주저안질 땡개비다[2] 그래가지고

- 봉내가서 안짜내 여그서 인자 주저안자써요.

아하.

- 그래가지고 우리 하라버지가 우리 아버지 형재가니[3] 사:형재 부니
신디 사:형재를 댈꼬 여기 와서 주저안저가꼬 여그서 인자

아하.

- 아버지때부터서 저히까지 여그서 태여나서 살:고 이써요.

아. 월래는 임:시리여꾸뇨?

- 애 월래 임:시리여써요.

아 거기 하라버지때 오셔꾸뇨?

- 애.

- 그렁깨 여그는 지뉜박씨드리고 저는 죽싸니고 그래요.

아, 가튼 박씨가 아니내요.

- 애 가튼 바까가 아니고

그러면 어르신은 지금 여기서 태어나셨지요?

— 예.

예.

— 저희들은 여기서 태어난 지가 저희 아버지 때 원래 우리 할아버지 때는 저 전라북도 남원에 이제 그 임실이란 곳 있어요.

예.

— 거기서 이제 거주하시다가 할아버지가 여기로 오신 동기가 뭐냐 그러면은

— '생거복내 사거노동'이다 그러니까 이제 저 빙빙 돌아다니시다가 아하 여기서 살 데가 내가 주저앉을 데인가 보다 그래 가지고

— 복내 가서 앉지 않고 여기서 이제 주저앉았어요.

아하.

— 그래 가지고 우리 할아버지가 우리 아버지 형제간이 사형제 분이신데 사형제를 데리고 여기 와서 주저앉아 가지고 여기서 이제

아하.

— 아버지 대부터서 저희까지 여기서 태어나서 살고 있어요.

아. 원래는 임실이었군요?

— 예, 원래 임실이었어요.

아, 거기 할아버지 때 오셨군요.

— 예.

— 그러니까 여기는 진원 박씨들이고 저는 죽산이고 그래요.

아, 같은 박씨가 아니네요.

— 예, 같은 박가가 아니고

어

- 인자 바까드리 파가 검:나 망:키 따무내 여그는 지눠니고 저는 죽싸
니고 그래요.

음.

- 긍깨 여그서는 인자 우리가 조깐 고단허지요.

그러건내요.

- 얘.

- 나뭔으로 가야 인자 이거시 우리 친척뜨리 마:니 살:고 그러지요.

- 구래로 나뭐느로 고:리 가머는 우리 친척뜰 만:해요.4)

아.

- 얘.

- 죽싸니 아조 마으리 검:나 크고 사:람들또 마:니 살고 그래요.

음.

- 고거

인재 사실 아:무런 영고도 엄:는 대로 그냥 이:사를 오션내요.

- 얘 긍깨 인자 하라버지가 인자 댕이다가 아 이거이 사:거노동이다
긍깨 앤:나래 산쌔가 조:코 그렁깨 여그서 골차기나마5) 여그서 주저안저
사라볼쏜6) 인자 그런 마으믈 잡쑤꼬 그랜능가 인자 저히들 여가서7) 주저
안저써요.

얘.

- 얘.

어

— 이제 박가들이 파가 굉장히 많기 때문에 여기는 진원이고 저는 죽산
이고 그래요.

음.

— 그러니까 여기서는 이제 우리가 조금 고단하지요.

그러겠네요.

— 예.

— 남원으로 가야 이제 이것이 우리 친척들이 많이 살고 그러지요.

— 구례로 남원으로 그리 가면은 우리 친척들 많아요.

아.

— 예.

— 죽산(지명)이 아주 마을이 굉장히 크고 사람들도 많이 살고 그래요.

음.

— 거기

이제 사실 아무런 연고도 없는 곳으로 그냥 이사를 오셨네요.

— 예, 그러니까 이제 할아버지가 이제 다니다가 아, 이것이 사거노동
이다 그러니까 옛날에 산세가 좋고 그러니까 여기서 골짜기나마 여기서
주저앉아 살아 보련 이제 그런 마음을 잡수고 그랬는가 이제 저희들 여기
에서 주저앉았어요.

예.

— 예.

2.2 결혼하기까지의 과정

그럼 어르시는 머쌀때 겨론하셔씀니까?

— 저는 인자 애 만 열아홉싸래 지:가 구니내[8]를 가가꼬 오:년간 군대 생활 헝깨 인자 수무사리 되야찌요. 인자 재 가는 군대갈 때가요.

음.

— 인자 마:느로 안허고 인자 현:나이로요.

음.

— 그래가꼬 수물다서새 재대를 해끄드뇨.

내.

— 그래야꼬 수물 다서새 재:가 결호늘 해:씀니다.

아 * 재대하고나서 하자마자 바로 결호늘 해:써요?

— 애. 결혼허자마 아이 재대허자마자 인자 결호늘 해:써요.

음. 할머니는 어:디가 고향이시라고요?

— 인자 저히 마느래는 어:디냐 거먼 회:초니애요. 회:촌.

어 얘.

— 애 회:촌 가머는 애 쩌 거가 삼장리라고 인는디

— 바로 녹차받 큰:: 녹차받 가먼 이써요.

애.

— 번번허니 아조 들:파내가.

— 거그 녹차받 뽀:짝[9] 여패가 삼쟁이라고 인는디 거그서 인자 시지블 와찌요.

음.

— 거 저히 마:느래 성은 뭉가고요.

음.

그럼 어르신은 몇 살 때 결혼하셨습니까?

－ 저는 이제 예 만 열아홉 살에 제가 군대를 가 가지고 오 년간 군대 생활 하니까 이제 스무 살이 됐지요. 이제 제 가는 군대갈 때가요.

음.

－ 이제 만으로 안 하고 이제 현 나이로요.

음.

－ 그래 가지고 스물 다섯에 제대를 했거든요.

예.

－ 그래 가지고 스물다섯에 제가 결혼을 했습니다.

아, * 제대하고 나서 하자마자 바로 결혼을 했어요?

－ 예. 결혼하자마자 아니 제대하자마자 이제 결혼을 했어요.

음. 할머니는 어디가 고향이시라고요?

－ 이제 저희 마느라는 어디냐 하면 회촌(지명)이에요. 회촌.

어 예.

－ 예, 회촌 가면은 예 저 거기에 삼장리라고 있는데

－ 바로 녹차밭 큰 녹차밭 가면 있어요.

예.

－ 번번하게 아주 들판에.

－ 거기 녹차밭 바짝 옆에 삼장이라고 있는데 거기서 이제 시집을 왔지요.

음.

－ 그 저희 마누라 성은 문가고요.

음.

근대 어터깨 그러먼 그 처가는 다 거기 회:초내서 오래 터를

- 애 회:초내서 쭉:: 살다 인자 처나미 하꼬나와가꼬 서울써 하꼬나와
가꼬 거그서 기양 바로 직짱생활 허고요,

애.

- 인자 두:째처나믄 목포서 살:고 이꼬요.

음.

- 글고 인자 처가도 인자 거그 가먼 인자 처족빼끼재10) 인자 처 처가
는 한나도 업:써요 살 살:들 안해요.11)

애.

글먼 어터개 겨로늘 하개 되셔써요? 머 중매를 누가 하?

- 아 인자 저 그르캐 될라 그랜능가 재:가 인자 재대해가꼬 오늘 요로
캐 드로와따먼 바로 회:촌서 사는 이모니미요,

아하하.

- 이모니미 여그 와서 개 인자 지비 와서 개:시드라 마리요.

어오.

- 글드마는 인자 재:가 재대해가꼬 옹깨 "아:따 너이 가서 저 거시기
내:가 중매쓰꺼잉깨 너 장:가 가그라" 그래서는

(웃음)

- 아 그때는 인자 함부로 인자 말:도 몬:허고 그래서는 "그거슨 인자
이모님 아라서 허실 이리지요" 그래뜽마는

- 자기 마으래 인자 거 크내기가12) 일 이러이러헌 크내기가 이꼬

- 자기로 해:서는 바로 인자 거 일:가친처기 되고

아하.

- 긍깨 내:가 소:글 잘: 앙:깨13) 내가 고리 중매헐란다 그래서는 그래
라고 그래가꼬 어뜨캐저러캐 중매가 이뤄저서 결호늘 해:찌요.

아, 이모니미요?

그런데 어떻게 그러면 그 처가는 다 거기 회촌에서 오래 터를

— 예, 회촌에서 쭉 살다가 이제 처남이 학교 나와 가지고 서울에서 학교 나와 가지고 거기서 그냥 바로 직장생활 하고요,

예.

— 이제 둘째 처남은 목포에서 살고 있고요.

음.

— 그리고 이제 처가도 이제 거기 가면 이제 처족뿐이지 이제 처가는 하나도 없어요, 살지를 않아요.

예.

그러면 어떻게 결혼을 하게 되셨어요? 뭐 중매를 누가 하?

— 아, 이제 저 그렇게 되려고 그랬는지 제가 이제 제대해 가지고 오늘 이렇게 들어왔다면 바로 회촌서 사는 이모님이요,

아하하.

— 이모님이 여기 와서 이제 집에 와서 계시더란 말이오.

어.

— 그러더니마는 이제 제가 제대해 가지고 오니까 "아따 너 가서 저 거시기 내가 중매 설 테니까 너 장가 가거라" 그래서는

(웃음)

— 아, 그때는 이제 함부로 이제 말도 못하고 그래서는 "그것은 이제 이모님 알아서 하실 일이지요" 그랬더니마는

— 자기 마을에 이제 그 처녀가 이러이러한 처녀가 있고

— 자기로 해서는 바로 이제 그 일가친척이 되고

아하.

— 그러니까 내가 속을 잘 아니까 내가 그리 중매하겠다 그래서는 그래라고 그래 가지고 어떻게 저렇게 중매가 이뤄져서 결혼을 했지요.

아, 이모님이요?

— 얘.

얘.

그러면 그 이모니미 중매를 허 헐때는 그러면 겨론 저내 함본 보셔써요?

— 저는 인자 거 선:도 보지도 몬:허고 바로 개양 결호늘 해:찌요.

아 그래요?

— 얘.

— 그때 여그 풍소그로는 절:때 머 시방마이로14) 머 서:늘 보고 어처고 이런 시기가 아니고요,

어.

— 그냥 부모님들 말:씀만 드꼬 그 양반 인자 이모님 말:씀만 드꼬 그러고는 이자 결혼 날짜를 인자 거 이모가 댕임시롬 인자 와따가따 허심시롬 왕:내를 허심시롬 결혼 날짜를 바더가꼬

아하.

— 인자 그래가꼬 결호늘 해:찌요.

오

(웃음)

그래 그러며는 인재 결혼하고 나서 얼굴 보선내요.

— 그래찌요. 인자 결혼허로 가가꼬 인자 얘: 지닐15) 때 인자 글때16) 본 인자 처:으므로 상며늘 해찌요, 인자. (웃음)

그러면 인재 얘:전 회촌 가 가:서 결혼시글 해찌요 거기서?

— 얘, 그래찌요. 크내기 지배 가서 일 결혼해찌요.

그럼 결혼해:가지고 거기서 매칠 이써씀니까?

— 아, 인자 앤:나래는 미키기도 핸:는대, 그때는 인자 저히 부모가 인자 느꼬, 형니믄 인자 아:퍼서 인자 자꼬 골:골: 해:쌍깨, 인자 그럴 쑤가 업:꼬 그래서 기양 바로 하래쩌녁 거그서 인자 처가애서 보내고는 그 이튼날 바로 와찌요.

─ 예.

예.

그러면 그 이모님이 중매를 할 때는 그러면 결혼 전에 한 번 보셨어요?

─ 저는 이제 그 선도 보지도 못하고 바로 그냥 결혼을 했지요.

아 그래요?

─ 예.

─ 그때 여기 풍속으로는 절대 뭐 시방처럼 뭐 선을 보고 어쩌고 이런 시기가 아니고요,

어.

─ 그냥 부모님 말씀만 듣고 그 양반 이제 이모님 말씀만 듣고 그리고 는 이제 결혼 날짜를 이제 그 이모가 다니면서 이제 왔다갔다 하시면서 왕래를 하시면서 결혼 날짜를 받아 가지고

아하.

─ 이제 그래 가지고 결혼을 했지요.

오

(웃음)

그래 그러면은 이제 결혼하고 나서 얼굴 보셨네요.

─ 그랬지요. 이제 결혼하러 가 가지고 이제 혼례 지낼 때 이제 그때 본 이제 처음으로 상면을 했지요, 이제. (웃음)

그러면 이제 예전 회촌 가 가서 결혼식을 했지요? 거기서?

─ 예, 그랬지요. 처녀 집에 가서 결혼했지요.

그럼 결혼해 가지고 거기서 며칠 있었습니까?

─ 아, 이제 옛날에는 묵히기도 했는데, 그때는 이제 저희 부모가 이제 늙고 형님은 이제 아파서 이제 자꾸 골골 해 싸니까, 이제 그럴 수가 없 고 그래서 그냥 바로 하루 저녁 거기서 이제 처가에서 보내고는 그 이튼 날 바로 왔지요.

아, 그래셔써요.

— 애.

음.

그럼 여기서 회:촌까지는 어트캐 가셔씀니까 그때는?

— 그때는 차가 업써서 가매로 가고 거러가고 그래써요.

아.

— 애.

— 가:마 타고요.

가실 갈 때는 그러면 가:마 그냥 거러가셔써요?

— 애.

가고.

— 올 때는 인자 애 지미 만:헝깨 인자 그때 인자 우리 장:인어러신 칭구가 거 차 거 그때 기름차뚱가 모르건내요. 거 추러글 쪼그만헌놈 한나 몰고 댕인

아하.

— 자기 칭구가 이써써요.

아하.

— 거서 거그다가 인자 지믈 실코[17] 인자 우리는 인자 자홍으로 댕기는 인자 뻬:스도 업:꼬 그렁깨 그 츄러글 타고 와써요.

(웃음) 추러글 타고요.

— 애.

— 츄러글 타고 인자 긴 인자 거 운전수하고 저하고 저히 처 된사람하고 서:이 글고 타고 와찌요.

(웃음)

— 애.

얼마나 걸리덩가요 시가니?

아, 그러셨어요?

— 예.

음.

그럼 여기서 회촌까지는 어떻게 가셨습니까 그때는?

— 그때는 차가 없어서 가마로 가고 걸어가고 그랬어요.

아.

— 예.

— 가마 타고요.

가실 갈 때는 그러면 가마 그냥 걸어가셨어요?

— 예.

가고.

— 올 때는 이제 예 짐이 많으니까 이제 그때 이제 우리 장인 어르신 친구가 그 차 그 그때 기름차던가 모르겠네요. 그 트럭을 조그마한 것을 하나 몰고 다니는

아하.

— 자기 친구가 있었어요.

아하.

— 거기서 거기다가 이제 짐을 싣고 이제 우리는 이제 장흥으로 다니는 이제 버스도 없고 그러니까 그 트럭을 타고 왔어요.

(웃음) 트럭을 타고요.

— 예.

— 트럭을 타고 이제 깃 이제 그 운전수하고 저하고 저희 처 되는 사람 하고 셋이 그렇게 타고 왔지요.

(웃음)

— 예.

얼마나 시간이 걸리던가요 시간이?

- 그때는 시가니 아::조[18] 나뻐가꼬 뒤:시간 가차이[19] 걸려쓰꺼임니다
요,[20] 여까지 도착헌디요.

**까지 뒤:시기나요?

- 얘.

- 두 시간 충부니 걸려쓰꺼임니다요.

- 아:조 그때는 지리 아조 회:촌 거 너머가면 보째락 헌디가 기:가 매
키개 나뻐써요.

- 포로시[21] 차 한대 이르캐 댕기거코롬

아.

- 되야가꼬 이쓰깨요.

음.

그러면 인재 결혼할 때 머 이러캐 선:무를 가지고 가지요?

- 얘.

실랑은 멀 가지고 감니까?

- 인자 실랑은 가지고 강거시 인자 온깜하고

음.

- 인자 거 화장품 인자 요롱건 쫌 인자 사서 인자 거 하:매다 담:꼬 그
래가지고 가꼬요,

- 인자

**

- 우리 우리 처가애서는 저 인자 오스로 인자 명주온하고 모시온하고
거 해:서 인자 보내고요.

음.

- 얘.

그래요이~.

그럼 결혼할 때는 요그 지배가 아번니나 어머니 다 사라개:시고?

- 그때는 시간이 아주 나빠 가지고 두어 시간 가깝게 걸렸을 것입니다. 여기까지 도착하는 데요.

**까지 두어 시간이나요?

- 예.

- 두 시간 충분히 걸렸을 것입니다.

- 아주 그때는 길이 아주 회촌 그 넘어가면 봇재라고 하는 곳이 기가 막히게 나빴어요.

- 겨우 차 한 대 이렇게 다니게끔

아.

- 돼 가지고 있으니까요.

음.

그러면 이제 결혼할 때 뭐 이렇게 선물을 가지고 가지요?

- 예.

신랑은 뭘 가지고 갑니까?

- 이제 신랑은 가지고 가는 것이 이제 옷감하고

음.

- 이제 그 화장품 이제 이런 것 좀 이제 사서 이제 그 함에다 담고 그래 가지고 갔고요,

- 이제

**

- 우리 처가에서는 저 이제 옷으로 이제 명주옷하고 모시옷하고 그 해서 이제 보내고요.

음.

- 예.

그래요.

그럼 결혼할 때는 여기 집에 아버님이나 어머니 다 살아계시고?

- 아버니는 왜정시대 일재시대애 도라가셔꼬요,

아.

- 인자 어머니만 개:셔써요. 형님하고 저하고 어머니하고

아.

- 형수씨하고[22] 그러고만 기 지배가 이써찌요.

그러면 따로 이캐 따로 사셔씀니까? 결혼해가지고 아내?

- 결혼해:가지고 일령가는 큰지비가서 가:치 생화를 허고 사라찌요.

음.

- 얘.

그지비 이씀니까? 지금?

- 지금 우리 큰지비 저 바로 이 우개 가면 이써요 지비.

- 얘, 근디 인자 앤:날 고:가는 인자 뿌수거[23]불고 인자 새로 인자 조카가 조:캐 지블 지여가꼬 시방 살:고 이찌요.

아.

- 얘.

거기서.

일련 사:시다가 따로

- 얘얘.

요 지브로 와 오셔써요?

- 아니요.

- 요지비 아직 요지브로 이사 오자내[24] 처:으매 재:가 이 미태 가면 인자 저이 자석노미 인자거 두:째노미[25] 살:고 이써요.

얘.

- 그지블 사가꼬 논하고 받하고 집하고 큰지비서 그르캐 인자 사가 꼬[26] 저그믈[27] 내:대요.

음.

- 아버지는 왜정 시대 일제시대에 돌아가셨고요,

아.

- 이제 어머니만 계셨어요. 형님하고 저하고 어머니하고

아.

- 형수하고 그렇게만 그 집에 있었지요.

그러면 따로 이렇게 따로 사셨습니까? 결혼해 가지고 안에?

- 결혼해 가지고 일 년간은 큰집에서 같이 생활을 하고 살았지요.

음.

- 예.

그 집이 있습니까 지금?

- 지금 우리 큰집이 저 바로 이 위에 가면 있어요 집이.

- 예, 그런데 이제 옛날 고가는 이제 부숴 버리고 이제 새로 이제 조카가 좋게 집을 지어 가지고 시방 살고 있지요.

아.

- 예.

거기서.

일년 사시다가 따로

- 예예.

이 집으로 와 오셨어요?

- 아니오.

- 이 집이 아직 이 집으로 이사 오지 않고 처음에 제가 이 밑에 가면 이제 저희 자식 놈이 이제 그 둘째 놈이 살고 있어요.

예.

- 그 집을 사 가지고 논하고 밭하고 집하고 큰집에서 그렇게 이제 사 가지고 분가를 시키데요.

음.

- 그래서 인자

- 저그믈 낼:때 인자 큰지비도 인자 업:씨살:고28) 그릉깨

- 식냥이랑거슨 딱 말:로 해서 함말 쌀:로 해선 열 뙤

으흠.

- (웃음) 그노믈 주대요.

음.

- 그래서는 그노믈 가꼬가서 논 그거 인자 상꼴 가:재받까랭이29) 두:마지기라 그래바야 뻘거또 웁:꼬

음.

- 그래서는 재:가 인자 머슴사리를 해:써요.

아.

- 그런시롬 머심사리 헌시롱 그 내:가 논 내 노는 내:가 지:키로 허고

애애.

- 찌고30) 지:키로 허고 머슴사리를 가가꼬 머슴사리를 해:서 내가 고용사리를 맨녀늘 핸냐 그먼31) 삼녕가늘 해:써요.

아하.

- 삼녕가늘 해:가지고 인자 그 뒤:로는 인자 저도 살:만허고 글기따무내 기양 애 인자 고만저만허고 인자 우리 인자 농사 진:시롬 소나 키운:시롬 흐고 살:자 그래가꼬 소 키운시롱 그르고 인자 그 소로 으:지허고 농사 좀 지여서 인자 싱냥은 인자 우리 싱냥은 충분헝깨요.

아.

- 그래서 싱냥허고 그러고 사라써요.

아. 음.

- 그래서 이제

- 분가를 시킬 때 이제 큰집도 이제 가난하게 살고 그러니까

- 식량이라는 것은 딱 말로 해서 한 말, 쌀로 해선 열 되

으흠.

- (웃음) 그것을 주데요.

음.

- 그래서는 그것을 가지고 가서 논 그것 이제 산골 가재밭 다랑이 두 마지기라 그래 봐야 별것도 없고

음.

- 그래서는 제가 이제 머슴살이를 했어요.

아.

- 그러면서 머슴살이 하면서 그 내가 내 논은 내가 짓기로 하고

예예.

- 직접 짓기로 하고 머슴살이를 가 가지고 머슴살이를 해서 내가 고용 살이를 몇 년을 했느냐 그러면 삼 년간을 했어요.

아하.

- 삼 년간을 해 가지고 이제 그 뒤로는 이제 저도 살 만하고 그렇기 때문에 그냥 예 이제 그만저만 하고 이제 우리 이제 농사 지으면서 소나 키우면서 하고 살자 그래 가지고 소 키우면서 그렇게 이제 그 소로 의지 하고 농사 좀 지어서 이제 식량은 이제 우리 식량은 충분하니까요.

아.

- 그래서 식량 하고 그렇게 살았어요.

아. 음.

2.3 전통 혼례식

그다매 인재 홀래식 결혼싱 니야기를 조끔 그때 뭐 어트캐 핸는지를 조끔
자새하개 설명해주실 쑤
    ― 애 그저내 인자 우리 결혼식 헐때느뇨
애.
    ― 인자 다릉거슨 읍:꼬32) 인자 사:모관대 쓰고 쭈 쪽또리 인자 쓰고
내.
    ― 여자는 쪽또리 쓰고
    ― 원:삼쪽또리 쓰고 저는 사:모관대 입:꼬 그르고 해 구:식결호늘 해:
써요.
구식결혼 해찌요?
    ― 애.
음.
구식결혼헐 때는 쩌기 머 함:가틍거또 지고가고 그랜
    ― 애 하:믄 인자 우리 동내가 그저내 재지기라고 이써요.
음.
    ― 이자 심:부름 우리 동:내 심:부름헌 재지기가33) 인는디 그사라미 질
머지고 가꼬요
음.
    ― 후양은34) 누가 따라간냐그먼 우리 인자 수 숙뿌니미 인자 함분 개:
셔써요.
음.
    ― 인자 크나버지 중:부니믄 도라가시고
으.

그 다음에 이제 혼례식 결혼식 이야기를 조금 그때 뭐 어떻게 했는지를 조금 자세하게 설명해 주실 수

－ 예, 그전에 이제 우리 결혼식 할 때는요

예.

－ 이제 다른 것은 없고 이제 사모관대 쓰고 족두리 이제 쓰고

예.

－ 여자는 족두리 쓰고

－ 원삼 족도리 쓰고 저는 사모관대 입고 그렇게 해 구식 결혼을 했어요.

구식 결혼 했지요?

－ 예.

음.

구식 결혼 할때는 저기 뭐 함 같은 것도 지고 가고 그랬

－ 예, 함은 이제 우리 동네가 그전에 제지기라고 있어요.

음.

－ 이제 심부름 우리 동네 심부름하는 제지가 있는데 그 사람이 짊어지고 갔고요

음.

－ 후행은 누가 따라갔느냐 그러면 우리 이제 숙부님이 이제 한 분 계셨어요.

음.

－ 이제 큰아버지 중부님은 돌아가시고

으.

― 우리 인자 숙뿌님만 개:신디 그양바니 형니미 차:마 인자 병:화느로 모:까싱깨 인자 숙뿌니미 인자 후양을 가져찌요.

음. 얘.

그때는 어떤 음시글 주로 준비하나요? 이캐 결혼할 땐 어떤 음식뜰 ****?

― 결혼헐 때는

― 인자 앤:나래는 요런 쩌 저 쩌 운녀그로35) 가머넌 국쑤를 뭉는다고 안 해요이~?

(웃음) 그럽때.

― 얘.

― 근디 여그서는 국쑤가 아니고 인자 떡하고 밥하고

음.

― 주로 인자 음:식가틍거슨 은자 잘: 장만허고요.

얘.

― 요론디 시:재 모신 음시기나 재:사 문 지는 음:시기나 또가치 그르캐 장마늘 해:가지고 아::조 걸:개 장만해가꼬 결혼시글 허고 그래요.

음.

― 그러고 인자 떠근 해:가꼬 머이냐 허먼 인자 크내기36) 지비서 해:가꼬 우리지비로 와쓸 때는 '입떡치기'37)

'입떡치기'?

― 얘.

음.

― 재 우리지비서 인자 거:리 보낼 때는 인자 패 저 거 자 처가애 인사

음.

― 인사떠그로38) 인자 해:가꼬 가고 그래써요.

음. 개 실랑이 헝거슨 인사떠기지마는

－ 우리 이제 숙부님만 계시는데 그 양반이 형님이 차마 이제 병환으로 못 가시니까 이제 숙부님이 이제 후행을 가셨지요.

음. 예.

그때는 어떤 음식을 주로 준비하나요? 이렇게 결혼할 때 어떤 음식을 ****?

－ 결혼할 때는

－ 이제 옛날에는 이런 저 저 저 윗녘으로 가면은 국수를 먹는다고 하잖아요?

(웃음) 그러데요.

－ 예.

－ 그런데 여기서는 국수가 아니고 이제 떡하고 밥하고

음.

－ 주로 이제 음식 같은 것은 이제 잘 장만하고요.

예.

－ 이런 데 시제 모시는 음식이나 제사 지내는 음식이나 똑같이 그렇게 장만을 해 가지고 아주 걸게 장만해 가지고 결혼식을 하고 그래요.

음.

－ 그리고 이제 떡은 해 가지고 뭐냐 하면 이제 처녀 집에서 해 가지고 우리 집으로 왔을 때는 '입떡치기'

'입떡치기'?

－ 예.

음.

－ 이제 우리 집에서 이제 그리 보낼 때는 이제 저 그 이제 처가에 인사

음.

－ '인사떡'으로 이제 해 가지고 가고 그랬어요.

음. 그래 신랑이 하는 것은 '인사떡'이지마는

- 애.

신부가 항거슨

- '입떠치기'

으~.

- 인자 이블 망는다 숭얼 보지 말고 이벌 망는다 그가꼬 입떠치기라고 그래써요.

음 '입떠치기'라고요?

- 애.

어~.

고거시 떠글 말한 떠깅가요?

- 애 떠기애요.

음.

- 그먼 인자 거그서 인자 가진 음서글[39] 다:: 인자 해:가꼬 보내지요.

- 골고루

떠기나 머 다른 음식까틍거요?

- 애 다른 음식까틍거 마:니 해서 인자

- 거:리 보내고

우리 저이 마으래서는 이바지

- 긍깨 '이바지'라[40] 그러기도 해:요 여그서도.

어, 여그서도 그럼니까?

- 애.

'입떠치기'란 말도 쓰고이~

- 애, '입떠치기'라고 인자

으~

- 마:니 쓰고

음, 그래꾸뇨.

－ 예.

신부가 하는 것은

－ '입떡치기'

으.

－ 이제 입을 막는다 흉을 보지 말고 입을 막는다 그래 가지고 '입떡치기'라고 그랬어요.

음, '입떡치기'라고요?

－ 예.

어.

그것이 떡을 말하는 떡인가요?

－ 예, 떡이에요.

음.

－ 그러면 이제 거기서 이제 갖은 음식을 다 이제 해 가지고 보내지요.

－ 골고루.

떡이나 뭐 다른 음식 같은 거요?

－ 예, 다른 음식 같은 것 많이 해서 이제

－ 그리 보내고

우리 저희 마을에서는 이바지

－ 그러니까 '이바지'라 그러기도 해요, 여기서도.

어, 여기서도 그럽니까?

－ 예.

'입떡치기'란 말도 쓰고

－ 예, '입떡치기'라고 이제

으.

－ 많이 쓰고

음, 그랬군요.

그 앤:날 그 함:지고 갈 때 보면 그날 막 발빠닥 때리고 막 그런

- 아 인자 그

그런 노리가 이써쪼?

- 애 이써찌요, 인자.

- 그래가꼬 그 저 저는 인자 함: 지고가서는 안핸는디 결혼시글 딱 인자 서로 인자 실랑 심부 인자 결혼시글 끈마치고 방애 드러가서 인자 그런 장나니 나:가꼬

애.

- 인자 기양 머 다라매⁴¹⁾ 노코 막 발빠다글 방망치로⁴²⁾ 땐:단둥⁴³⁾ 비찌랑⁴⁴⁾ 몽댕이로 땐:단둥⁴⁵⁾ 이자 이런시그로 허고

어허.

- 거 괴상한 노리가 마:니 이써찌요.

(웃음) 실랑은 어쩐다 금니까? 그때 실랑은?

- 실랑은 인자 기양 막 주꺼따고 기양

어.

- 자기 호장깨⁴⁶⁾ 머 당해낼쑤가 이써요?

(웃음)

- 거기 처가찝 싸람들 마:능깨

어.

- 인자 사:람들 때주기⁴⁷⁾ 마:넝깨 모땅해내고 헐쑤웁씨 인자 어더마꼬 (웃음)

(웃음)

- 시기면⁴⁸⁾ 시긴대로 허고 그래따 뿌니지요.

애, 진:짜 그러치요.

- 애.

음.

그 옛날 그 함 지고 갈 때 보면 그날 막 발바닥 막 그런

― 아 이제 그

그런 놀이가 있었지요?

― 예, 있었지요, 이제.

― 그래 가지고 그 저 저는 이제 함 지고 가서는 안 했는데 결혼식을 딱 이제 서로 이제 신랑 신부 이제 결혼식을 끝마치고 방에 들어가서 이제 그런 장난이 나 가지고

예.

― 이제 그냥 뭐 매달아 놓고 막 발바닥을 방망이로 때린다거나 빗자루 몽둥이로 때린다거나 이제 이런 식으로 하고

어허.

― 그 괴상한 놀이가 많이 있었지요.

(웃음) 신랑은 어떻다 그럽니까? 그때 신랑은?

― 신랑은 이제 그냥 막 죽겠다고 그냥

어.

― 자기 혼자니까 뭐 당해 낼 수가 있어요?

(웃음)

― 거기 처갓집 사람들 많으니까

어.

― 이제 사람들 떼가 많으니까 못 당해내고 할 수 없이 이제 얻어 맞고 (웃음)

(웃음)

― 시키면 시키는 대로 하고 그랬다뿐이지요.

예, 진짜 그렇지요.

― 예.

음.

2.4 결혼 생활 이야기

그럼 큰 아이는 그러면 인재 아이를 아이를 가저가지고 큰 아이를

- 애.

그다매 인재 나을 때까지 특빼리 머 기엉나능개 이씀니까? 아이 날:?

- 아이 난 기여근 밸라49) 업:꼬 그때 인자 재:가 결혼해:가꼬 삼년마
내 그 크내를 가저써요.

애 애.

- 그릉깨 인자 애 인자 운 저이 안시꾸 된 사라미 여그 인자 시지배서
는 애:기 나키가 거북허다고 친정으로 가서 날란다 글대요.

애

- 그서 그르문 아라서 해라 글고 그래가꼬 친정으로 가서 애:를 거 크
내를 나써요.

음.

- 그래나서 인자 그 나:는 과정과 인자 크는 과정은 잘 모르지요 저도.

내.

- 그래가지고 애::럴 나:코 삼개월마내 와뚱가

아하.

- 하이튼 새:이래럴 다 보내고 여그를 와써요.

음.

그먼 그저내 가보지도 몯:하고

- 애 가도 몯:허고50) 인자 여:롸서51) 인자 가도 몯:허고

(웃음)

- 장:모님 쟁:인 볼 나:또 옵꼬 여:롸서 인자 가도 몯:허고 그냥

- 눌러안저따가 인자 거그서 인자 온다고 기벼리 와때요.

그럼 큰 아이는 이제 아이를 아이를 가져 가지고는 큰 아이를

― 예.

그 다음에 이제 낳을 때까지 특별히 뭐 기억나는 것이 있습니까? 아이 낳을?

― 아이 낳은 기억은 별로 없고 그때 이제 제가 결혼해 가지고 삼 년만
에 그 큰애를 가졌어요.

예예.

― 그러니까 이제 예 이제 저희 안식구 되는 사람이 여기 이제 시집에
서는 아기 낳기가 거북하다고 친정으로 가서 낳겠다고 그러데요.

예.

― 그래서 그러면 알아서 해라 그리고 그래 가지고 친정으로 가서 애를
그 큰애를 낳았어요.

음.

― 그래 놓아서 이제 그 낳는 과정과 이제 크는 과정은 잘 모르지요 저도.

예.

― 그래 가지고 애를 낳고 삼 개월만에 왔던가

아하.

― 하여튼 세 이레를 다 보내고 여기를 왔어요.

음.

그러면 그 전에 가 보지도 못하고

― 예, 가지도 못하고 이제 부끄러워서 이제 가지도 못하고

(웃음)

― 장모님 장인 볼 낯도 없고 부끄러워서 이제 가지도 못하고 그냥

― 눌러앉아 있다가 이제 거기서 이제 온다고 기별이 왔데요.

어허.

– 그래서 아 그래야고52)

어.

– 거 인자 여그서 인자 오는 오는 뒤애사53) 인자 거 과정을 인자 거 애:기도 보두마보고

(웃음)

– 바라보고.

애.

아드니미여쪼?

– 애 아드리애요.

어~.

아들 나서 굉장히 기부니 조아서

– 애해 처:으므로 인자 아드를 나농깨 저도 기야금 두리뺑뺑허니54) 멍멍허니

– 어허 이거 어:천 일잉고55) 시푼 생각 나대요.

(웃음)

– (웃음)

그래요이~.

그러면 그때 배기리나 돌가틍거 쇄:씀니까?

– 불명히 쇠 쇠:지요. 근디 배기른 인자 안 쇠고.

애. 돌.

– 내, 도른 인자 일곰니래

아.

– 일쭈일마내 함번씨깅가 그거이 도리 도라오거등이요.

– 그래가꼬

일곰 일곰니래 지내면 도:리애요?

– 애애.

어허.

- 그래서 아 그러냐고

어.

- 그 이제 여기서 이제 오는 오는 뒤에야 이제 그 과정을 이제 그 아기도 안아 보고

(웃음)

- 바라보고.

예.

아드님이었지요?

- 예, 아들이에요.

어.

아들 낳아서 굉장히 기분이 좋아서

- 예, 처음으로 이제 아들을 낳아 놓으니까 저도 그냥 어리벙벙하게 멍멍하게

- 어허, 이것 무슨 일인고 싶은 생각이 나데요.

(웃음)

- (웃음)

그래요.

그러면 그때 백일이나 돌 같은 것 쇠었습니까?

- 분명히 쇠지요. 그런데 백일은 이제 안 쇠고

예. 돌.

- 예, 돌은 이제 일곱 이레

아.

- 일 주일만에 한 번씩인가 그것이 돌이 돌아오거든요.

- 그래 가지고

일곱 일곱 이레가 지나면 돌이에요?

- 예예.

일련 돼서 됭개 아니고?

- 애, 일련 되야서 긍거시 근자 도리라능거슨 일련 되야서 도리고 애.

- 인자 거 달쑤로 해 날쑤로 해:서는 인자 거 자꼬 그거시 인자 그거 뽀고 머:라 흐냐 음 아이고 그거뽀고 머:라 흔디 생가기 안 나내.

- 그거이 인자 일쭈일마내 함번석 온디 아 이래 이래 얘. 이래.

- 이

- 이래를 인자 이 지푼다56) 그래요.

어.

- 쇠야 준다고.

음. 이래?

- 애.

이래 쇄고

- 애, 이래 쇠고 인자

두 이래

- 일곰니래를 인자 쇠이고

애

- 그러고 인자 일련 되면 인자 도리고.

얘, 그러지요.

- 애.

- 그래.

이래 쇌:때마다도 머 떡 하고 그럼니까?

- 아, 인자 떡뽀듬도57) 자 미역 그로 인자 주로 인자 애:기드 애:기엄마 전 마:느라고58)

음.

일 년 돼서 되는 것이 아니고?

– 예, 일 년 돼서 그런 것이 그 이제 돌이라는 것은 일 년 돼서 돌이고
예.

– 이제 그 달수로 해 날수로 해서는 이제 그 자꾸 그것이 이제 그것보
고 뭐라 하느냐 음 아이고 그것보고 뭐라 하는데 생각이 안 나네.

– 그것이 이제 일 주일만에 한 번씩 오는데 아 이레 이레.

예. 이레

– 이

– 이레를 이제 이 짚는다 그래요.

어.

– 쇠어 준다고.

음. 이레?

– 예.

이레 쇠고

– 예, 이레 쇠고 이제

두 이레

– 일곱 이레를 이제 쇠고

예.

– 그리고 이제 일 년 되면 이제 돌이고.

예, 그렇지요.

– 예.

– 그래.

이레 쇨 때마다도 뭐 떡 하고 그럽니까?

– 아, 이제 떡보다도 이제 미역 그것으로 이제 주로 이제 아기들 아기
엄마 젖 많도록

음.

- 미여그로 인자 구걸 끼래서 닥 자버가지고 그래가꼬 해:서 주고 그
러지요.

음.

일곰니래 지난 다으매 한 일련 지나면 돌로 하구요.

- 얘.

음.

돌가틍거 하면 크게 쇔니까?

- 얘 인자 크개 쇠:든59) 안해써도 저히들 이쓸 때는 크개 쇤:니리 업:꼬

음.

- 인자 떡허고 밥허고 인자 거 인자 두 돈:조까 노코 실:꾸리 잔60) 노
코 묻:잔 노코 인자 이래가꼬 개양 거:이

- 우물떡쭈물떡해:서61) 기양 돌 쇠야따 그러거씀니다.

(웃음)

- 해:찌요.

얘.

아이들 키우면서 어트개 기엉나는 이리 이씀니까? 재:일 조아떵거라등가?
아 죽끼도 해:씀니까? 아이 그 나은 아이?

- 아:니, 죽뜬 한:나도 안해씀니다.

그래써요?

- 얘, 나:논대로 다: 키워써요.

오. 아하.

- 얘, 근디 인자 재:일로 인자 과정이 인자 무이냐 그먼 그 크나드를
나:가지고요

얘.

- 저이가 그르캐 노무지블 살:고 묻:허고 긍깨 애:기엄마도 농사질라
고 그릉깨 바뿌지 안허요?

- 미역으로 이제 국을 끓여서 닭 잡아 가지고 그래 가지고 해서 주고 그렇지요.

음.

일곱 이레 지난 다음에 한 일 년 지나면 돌로 하고요.

- 예.

음.

돌 같은 것 하면 크게 쇱니까?

- 예, 이제 크게 쇠지는 않았어도 저희들 있을 때는 크게 쇤 일이 없고

음.

- 이제 떡하고 밥하고 이제 그 이제 두 돈 조금 놓고 실꾸리 조금 놓고 뭐 조금 놓고 이제 이래 가지고 그냥 거의

- 그럭저럭 해서 그냥 돌 쇘다 그러겠습니다.

(웃음)

- 했지요.

예.

아이들 키우면서 어떻게 기억나는 일이 있습니까? 제일 좋았던 것이라든지? 아, 죽기도 했습니까? 아이 그 낳은 아이?

- 아니, 죽지는 하나도 않았습니다.

그랬어요?

- 예, 낳아 놓은 대로 다 키웠어요.

오. 아하.

- 예, 그런데 이제 제일 이제 과정이 이제 뭐냐 그러면 그 큰아들을 낳아 가지고요

예.

- 저희가 그렇게 남의 집을 살고 뭐하고 그러니까 아이 엄마도 농사 지으려고 그러니까 바쁘잖아요?

아.

- 인자 내:가 업쓰깨 인자 내 대:신까지 일:얼 헐랑깨

- 그랜는디 인자 이 얘:기가 감:기가 와가꼬 머:시냐 흐면 패:려미 걸려써요.

아하.

- 그래가지고 이우개 정그정애 가머넌 여가패 시방 첨봉사 집짜리애서 사:는 송:냑빵이라고 이써써요.

애.

- 그 약빵 그::부니 그 애:를 살려써요.

하:냑빵

- 애.

- 저 하:냑빵인디 그부니 인자 우리 큰형님하고 가:튼 동가비여써요.

애.

- 그래 인자 형님 동생 허고 인자 사:는 그 칭군디

- 그부니 딱 보둥마는 이 애를 이대로 놔:두먼 죽째 살:들 몬:흔다

음.

- 그릉깨 내:가 살릴때로[62) 살려 보꺼싱개 니:가 댈꼬[63) 댕개바라 형님보고 그래써요.

음.

- 그릉깨 인자 저이 안시꾸하고 형님허고 나리날마둥[64) 인자 그애를 댈꼬 인자 그 약빵으로 인자 가고 가고 그래써요.

음.

- 그래가지고 일런마냉가 그 애를 살려써요.

아하.

- 송:냑빵이란 사라미요.

음.

- 애.

아.

─ 이제 내가 없으니까 이제 내 대신까지 일을 하려니까

─ 그랬는데 이제 이 아기가 감기가 와 가지고 뭐냐 하면 폐렴이 걸렸어요.

아하.

─ 그래 가지고 이 위에 정거장에 가면은 역 앞에 시방 천봉사 집 자리에서 사는 송약방이라고 있었어요.

예.

─ 그 약방 그분이 그 애를 살렸어요.

한약방

─ 예.

─ 저 한약방인데 그분이 이제 우리 큰형님하고 같은 동갑이었어요.

예.

─ 그래 이제 형님 동생 하고 이제 사는 그 친구인데

─ 그분이 딱 보더니마는 이 애를 이대로 놔 두면 죽지, 살지를 못한다.

음.

─ 그러니까 내가 살릴 수 있는 대로 살려 볼 테니 네가 데리고 다녀 봐라. 형님보고 그랬어요.

음.

─ 그러니까 이제 저희 안식구하고 형님하고 날이면 날마다 이제 그애를 데리고 이제 그 약방으로 이제 가고 가고 그랬어요.

음.

─ 그래 가지고 일 년만인가 그 애를 살렸어요.

아하.

─ 송약방이란 사람이요.

음.

─ 예.

- 그래서 지금도 거 인자 그 양바니 여그서 도라가셔서 저 성:조꾸리란 디다가 거 모리궁꿀재

음.

- 거그 올라간다 시방 묘:슬 묘:종을 써난는디
- 즈그65) 아들뜨른 쩌 절라북또 전중가 어:디서66) 산:다 그래요.

음.

- 군 군산 산다 글등가 절라북또 정:읍 산 아이
- 전주 산다 글등가 근디67) 인자 일려느면 와서 벌초를 몯:허면 재:가 가따가 인자 거 벌초도 쪼까썩 더러 해:주고 그래요.

아.

- 애.

패:려미며는 염쯩이며는 마이시니 이써야 대는대 항:생재가

- 애.

그때는 그거도 업:쏠땐디

- 긍깨 마리요? 근디 어:트깨 나선능고68) 그부니

아.

- 결구앤 기여니 나:코 나서 줘써요.69)

음, 그래요이~?

- 애.

앤:나래는 이재 어:러니 됀다고 머 이재 애 애:기여따가

- 어.

이재 성:녀이 돼따고 해서 그런 식또 이꼬 그런대 여기는 그렁건

- 애, 그렁거슨 업:써서요.

업:써찌요?

- 애.

음.

― 그래서 지금도 그 이제 그 양반이 여기서 돌아가셔서 저 성조골이란
데다가 그 '모리궁굴재'

음.

― 거기 올라가는 데다가 시방 묘를 묘를 써 놓았는데

― 자기 아들들은 저 전라북도 전주인가 어디서 산다 그래요.

음.

― 군 군산 산다 그러던가 전라북도 정읍 산 아니

― 전주 산다 그러던가 그런데 이제 일 년이면 와서 벌초를 못하면 제
가 갔다가 이제 그 벌초도 조금씩 더러 해 주고 그래요.

아.

― 예.

폐렴이면은 염증이면은 마이신이 있어야 되는데 항생제가

― 예.

그때는 그것도 없을 때인데

― 그러니까 말이오? 그런데 어떻게 낫게 했는지 그분이

아.

― 결국엔 기어이 낫고 낫게 해 주었어요.

음, 그래요?

― 예.

옛날에는 이제 어른이 된다고 뭐 이제 아이였다가

― 어.

이제 성년이 됐다고 해서 그런 식도 있고 그런데 여기는 그런 것은

― 예, 그런 것은 없었어요.

없었지요?

― 예.

음.

2.5 시집살이

그다으매 그 할머니지지 결혼허고 와서 시어머니랑 가치 사란는대 머 시집
싸리가 심:허다거나 머 그렁거는 업:써씀니까?

 - 아이, 그릉거슨 업:써써요.

아.

 - 왜 그냐먼 저히 지바늘 충거슨[70] 아니재마넌 저히 어머니가 화동
정씨거드뇨.

애.

 - 근디 그부니 인자 배우믄 업써도 교:양이 상댕이 만:해써요. 자이 자
기 인자 어머니 친정애가.

어.

 - 그래가지고 잘 배와서 그랜는지 어챈는지 몰라도[71] 매느리한태 그
르캐 극찐히 잘허고 또 매느리도 역씨 지그믄 저러지마는 앤:나래는 시어
머니한태다 그르캐 잘해써요.

음.

 - 재:가 잘해따고 봐:요.

음.

 - 재:가 업:써도 시어머니한태 꼭 가따 머:이든지 음:시글 맨들머넌 시
어머니 가따 대:접헐쭐 알:고

음.

 - 또 시어머니를 그르캐 공:대를 해:써꼬

음.

 - 그래서 고:막깨 생각해:써요.

음. 그러니까 머 고론 시집싸리나 요롱거슨

그 다음에 그 할머니 결혼하고 와서 시어머니랑 같이 살았는데 뭐 시집살이가 심하다거나 뭐 그런 것은 없었습니까?

— 아이, 그런 것은 없었어요.

아.

— 왜 그러냐면 저희 집안을 자랑하는 것은 아니지마는 저희 어머니가 화동 정씨거든요

예.

— 그런데 그분이 이제 배움은 없어도 교양이 상당히 많았어요. 자기 이제 어머니 친정이.

어.

— 그래 가지고 잘 배워서 그랬는지 어땠는지 몰라도 며느리에게 그렇게 극진히 잘하고 또 며느리도 역시 지금은 저렇지마는 옛날에는 시어머니에게다 그렇게 잘했어요.

음.

— 제가 잘했다고 봐요.

음.

— 제가 없어도 시어머니에게 꼭 가져다 뭐든지 음식을 만들면은 시어머니 가져다 대접할 줄 알고

음.

— 또 시어머니를 그렇게 공대를 했었고

음.

— 그래서 고맙게 생각했어요.

음. 그러니까 뭐 그런 시집살이나 이런 것은

- 애 시집싸리나거슨 저:넌 업써써요.

음.

- 우리 형수씨도 검:나 쩌 등냥 양씨더런디

음.

- 그 양반도 아:조 너무다라도72) 앤:날말로 무골호:이니애요.

아.

- 아짐도.73) 참:: 머 법 읍써도 살:만허고.

음.

- 그릉깨 쩌만치74) 서란 소리도 안 허고. 무슨 헐릴 이쓰먼 동서하고 가:치 이러이러헝깨 이르캐 해야쓰건내 그먼 또 동서도 또 그대로 또 딸:고요.

음.

- 형니미 허신닥 헌디 해:야지요 그르고 따르고 긍깨 그랜능가 시집싸리랑거슨 읍:써써요.

얘, 그래요이~.

- 얘.

- 그릉깨 처가애가서도 마:니 칭찬도 드꼬

음음음.

- 참 그 자내가 그 무식해도 닌:장 자내 지바는 참 존:내 그래싸꼬.

(웃음) 그래써요?

- 얘.

그 처가:쪼근 바다까자나요? 회:초니문?

- 얘.

바다 아무래도.

- 얘.

거 머 다르덩가요? 머 풍소기나 머 요롱거시 갇 여기하고 여기?

- 예, 시집살이란 것은 전혀 없었어요.

음.

- 우리 형수도 굉장히 저 득량 양씨들인데

음.

- 그 양반도 아주 너무나도 옛날말로 무골호인이에요.

아.

- 형수도. 참 뭐 법 없어도 살 만하고.

음.

- 그러니까 저만큼 서라는 소리도 안 하고. 무슨 할 일 있으면 동서하고 같이 이러이러하니까 이렇게 해야 되겠네 그러면 또 동서도 또 그렇게 또 따르고요.

음.

- 형님이 하신다고 하는데 해야지요 그렇게 따르고 그러니까 그랬는지 시집살이라는 것은 없었어요.

예, 그래요.

- 예.

- 그러니까 처가에 가서도 많이 칭찬도 듣고

음음음.

- 참 그 자네가 그 무식해도 넨장 자네 집안은 참 좋네 그래 쌓고 (웃음) 그랬어요?

- 예.

그 처가 쪽은 바닷가잖아요? 회촌이면?

- 예.

바다 아무래도.

- 예.

그 뭐 다르던가요? 뭐 풍속이나 뭐 이런 것이 여기하고 여기?

－ 거그도 인자 회:초니라 그래도 바다를 갈라먼 한 시간쩌그로 말흐먼 한 삼십뿐 가차이 거러가야 되야요.

거러가야 돼. 애.

－ 애.

－ 그릉깨 회:촌 산중이다 산중이다 그래찌요.

아.

－ 그릉깨 머 와락[75] 풍소근 다릉건 읍:꼬 인자 처가찝허고 저하고 비:래를[76] 해:보머는 월뜽허니 잘쌍깨,

아 처가가 잘삼니까?

－ 애 잘쌍깨 인자 그거 항가지는 인자 쫌 불편허대요 지:가.

(웃음)

－ 찔리고요.

－ 애 재:가 인자 머슴사리를 허고 봉깨 처가찌비는 됩때[77] 일:꾸늘 디리고 살:만헌 정도가 된다 나는 인자 노무지블 살:고 긍깨,

어

－ 고거이 조깐 양:시매 좀 찌:분허대요.[78]

(웃음) 그러셔써요?

－ 애.

－ 그래 처가떡똠 마:니 보기도 봐:써요.

－ 애, 그래써요이~.

며느리드른 어디서 어더오셔써요?

－ 매느리요?

애.

－ 매느리 시방 그거 도망해분 여자는 쩌 경북 대구고요.

대구애서

－ 애, 대구 싸라미고

− 거기도 이제 회촌(지명)이라 그래도 바다를 가려면 한 시간적으로 말하면 한 삼십 분 가까이 걸어 가야 돼요.

걸어 가야 돼. 예.

− 예.

− 그러니까 회촌 산중이다 산중이다 그랬지요.

아.

− 그러니까 뭐 그다지 풍속은 다른 것은 없고 이제 처가하고 저하고 비교를 해 보면은 월등하게 잘사니까,

아, 처가가 잘삽니까?

− 예, 잘사니까 이제 그것 한 가지는 이제 좀 불편하데요 제가.

(웃음)

− 찔리고요.

− 예, 제가 이제 머슴살이를 하고 보니까 처갓집은 오히려 일꾼을 들이고 살 만한 정도가 되는데 나는 이제 남의집을 살고 그러니까,

어.

− 그것이 조금 양심에 좀 꺼림칙하데요.

(웃음) 그러셨어요?

− 예.

− 그래 처가 덕도 많이 보기도 봤어요.

− 예, 그랬어요.

며느리들은 어디서 얻어오셨어요?

− 며느리요?

예.

− 며느리 시방 그것 도망해 버린 여자는 저 경북 대구고요,

대구에서

− 예, 대구 사람이고

- 인자 우리 아드리 운저늘 허고 댕애쌍깨79) 인자 워치캐 만나가꼬 상:거시 그르캐 되야꼬

어.

- 그르고 인자 요요 두:째노믄 월래 고향이 고홍인디 즈거머니가80) 현:재 새 생개허고 산:대는 순:처니라 글대요, 순:천 시내.

음.

- 또 저 평탱노믄 아냥노믄 처:매 저이 아드리 군대 생활해:가지고 재대해:서 바로 객찌로 나가가꼬 거 평택까서81) 이써써요.

으흠.

- 그래 평택까서 이씀시롬 거 인자 무:슬82) 핸:냐 그러머는 주유소 가서83) 기름 영:거슬 해:써요.

음음.

- 그래가지고 어:트캐 괴상허니 거 평택 인자 거 아가씨를 아라가꼬

- 그래가꼬는 인자 거그서 인자 결호늘 헌다 그래서 그르문 그래라 그 뜨니 거 매느리 지반 성:이 한 한씨고요

애.

- 그래 인자 그 지바내서 결혼해:가꼬 봉깨 매느리는 그 재:일 나:끼도 나:찌요, 시방, 그 매느리가요.

어.

- 애, 살림도 잘허고

음.

- 돈:도 모을라고 애:를 쓰고

으흠흠흠 음.

사우드르뇨? 어트캐 어:디서?

- 사우더런 우리 큰따리 재:일 처매 어:디 가서 이썬냐 그러머넌 쩌:그 경기도 거가 어디냐 경기도 나먕주

- 이제 우리 아들이 운전을 하고 다녀 쌓으니까 이제 어떻게 만나 가지고 산 것이 그렇게 됐고

어.

- 그리고 이제 이 두 번째 놈은 원래 고향이 고흥인데 저희 어머니가 현재 생계하고 사는 곳은 순천이라 그러데요. 순천 시내.

음.

- 또 저 평택(지명) 놈은 안양(지명) 놈은 처음에 저희 아들이 군대 생활해 가지고 제대해서 바로 객지로 나가 가지고 그 평택에 있었어요.

으흠.

- 그래 평택에 있으면서 그 이제 뭘 했느냐 그러면은 주요소에서 기름 넣는 것을 했어요.

음음.

- 그래 가지고 어떻게 괴상하게 그 평택 이제 그 아가씨를 알아 가지고

- 그래 가지고는 이제 거기서 이제 결혼을 한다 그래서 그러면 그래라 그랬더니 그 며느리 집안 성이 한씨고요.

예.

- 그래 이제 그 집안에서 결혼해 가지고 보니까 며느리는 그 제일 낫기도 낫지요, 시방, 그 며느리가요.

어.

- 예, 살림도 잘하고

음.

- 돈도 모으려고 애를 쓰고

으흠흠흠 음.

사위들은요? 어떻게 어디서?

- 사위들은 우리 큰딸이 제일 처음에 어디에 있었느냐 그러면은 저기 경기도 거기가 어디냐 경기도 남양주

오.

- 나망주 가서 인자 거 온 만든 디 가서 이써써요.

오.

- 그래가지고 거그 이쓰면서 그 온 만든 그 공장 사장이 사:라믈 저
꺼84)봉깨 인자 이 크내기가

음.

- 얌:잔허고85) 쓸만허다

음.

- 절라도 싸:람치고는 이:이상 더 조은 사라미 업:꺼따 시풍깨

- 자기 조카한태다가

(웃음) 그래요?

- 이 소개를 해써요.

오.

- 그래가지고 자기 조카가 양 ○○○ ○○○ 지그 지 사우가 ○○○니
다마는 그 사람한태다 중매를 해:가지고는 거그서 인자 서로 결혼시글 해
써요.

음.

- 그래가지고 이씅깨 인자 이 즈그 동생더를 인자 자꼬 인자 거:리 인
자 끄:러땡깅거시얘요.

음.

- 지 엄:는 지비서 거시거지 말:고 하다모태 공장애 와서라도 느그드
리86) 사라라 사라라 나 미태 와서 이써라 이써라 그래가꼬는 즈그 동생
들 다 끄러올려써요.

음.

- 서:이를87) 끄려올려가지고 인자 고 새:쟅놈 시방 저 아:냥 수원까서
산 노미랑 또 새:째딸 그노미랑 그:리 끄지버올려가꼬는88) 그 자기 인자

오.

－ 남양주 가서 이제 그 옷 만드는 데 가서 있었어요.

오.

－ 그래 가지고 거기 있으면서 그 옷 만드는 그 공장 사장이 사람을 겪어 보니까 이제 이 처녀가

음.

－ 얌전하고 쓸 만하다

음.

－ 전라도 사람치고는 이 이상 더 좋은 사람이 없겠다 싶으니까

－ 자기 조카에게다가

(웃음) 그래요?

－ 이 소개를 했어요.

오.

－ 그래 가지고 자기 조카가 ○○○ ○○○ 저희 제 사위가 ○○○입니다마는 그 사람에게다 중매를 해 가지고는 거기서 이제 서로 결혼식을 했어요.

음.

－ 그래 가지고 있으니까 이제 이 저희 동생들을 이제 자꾸 이제 그리 이제 끌어당긴 것이에요.

음.

－ 없는 집에서 뭐하지 말고 하다못해 공장에 와서라도 너희들이 살아라 살아라 내 밑에 와서 있어라 있어라 그래 가지고는 저희 동생들 다 끌어올렸어요.

음.

－ 셋을 끌어올려 가지고 이제 그 셋째 녀석 시방 저 안양 수원에서 사는 녀석이랑 또 셋째딸 그 녀석이랑 그리 끌어올려 가지고는 그 자기 이

그 지:가 댕개뜬 공장으로 인자 이:를 말려가꼬 거기서 인자 만나가지고

- 새:째싸우는 김씨지반인디 시방 현:재 애 우채국 인자 지빼워느로 댕기고요,

음.

- 우리 큰사우는 처:매 거 먼: 공장이고 그래약 거가 이따 나:중애는 인자 거 무:슬 허냑 흐머는 거 방아내 거 시원허니 맨등거 그거

애어콘.

- 애어콘.

음.

- 애어콘 회사애 댕이다가 인자 댕인시롱 그 애어코늘 인자 거시기해써요

- 그래가지곤 지그믄 인자 막 사:방 천지 대한민국 다 기냥 막 강주도 오고 어:디 부산 머 대구 막 어:디 다 인자 출짱을 댕인닥 헙띠다마는

음.

- 현:재 그거슬 현:지근 그거슬 허고 이꼬

- 우리 새:째 사우는 옫 지빼워느로 이꼬

- 인자 두:째 싸우는 수원써 산:디 그노믄 건:추겁 인자 거 거시기를 거 머잉가 면:해쭝잉가 뭐:슬 따:가꼬 시방 거 건:추거배 댕기고 이꼬요.

으흠.

아.

- 인자 요 내:쩰 사우 광주서 산:노믄 인자 거 거시기 거 저런 인자 집찌꼬 뭐:던 디 인자 시방 거 미장공잉가 무 인자 걸:로 댕기고 이따 글 대요.

애.

- 긍깨 시방 집 강주서 산:노미 질:로 시방 찌찌지요.89)

아.

제 그 제가 다녔던 공장으로 이제 일을 맡겨 가지고 거기서 이제 만나 가지고

- 셋째 사위는 김씨 집안인데 시방 현재 예 우체국 이제 집배원으로 다니고요,

음.

- 우리 큰 사위는 처음에 그 무슨 공장인고 그래 거기에 있다가 나중에는 이제 그 무엇을 하느냐 하면은 그 방안에 그 시원하게 만드는 것 그것 에어컨.

- 에어컨.

음.

- 에어컨 회사에 다니다가 이제 다니면서 그 에어컨을 이제 뭐했어요.

- 그래 가지고는 지금은 이제 막 사방 천지 대한민국 다 그냥 막 광주도 오고 어디 부산 뭐 대구 막 어디 다 이제 출장을 다닌다고 합디다마는

음.

- 현재 그것을 현직은 그것을 하고 있고

- 우리 셋째 사위는 집배원으로 있고

- 이제 둘째 사위는 수원에서 사는데 그 녀석은 건축업 이제 그 거시기를 그 뭔가 면허증인지 뭘 따 가지고 시방 그 건축업에 다니고 있고요.

으흠.

아.

- 아, 이제 이 넷째 사위 광주에서 사는 녀석은 이제 그 거시기 그 저런 이제 집 짓고 뭐하는 이제 시방 그 미장공인지 뭐 이제 그것으로 다니고 있다 그러데요.

예.

- 그러니까 시방 집 광주에서 사는 녀석이 제일 시방 처지지요.

아.

- 얘.

- 살리미 좀 재:일 부진해요.

음, 그래꾸뇨.

- 얘.

- 그래서 지:가 농사지여서 쌀:도 인자 이따그믄 주고 그럼니다마는 (웃음)

- 애해.

- 참 부끄럼내요. 재:기

아::이고 다 그러치요 머.

- 아:이고.

— 예.

— 살림이 좀 제일 부진해요.

음, 그랬군요.

— 예.

— 그래서 제가 농사 지어서 쌀도 이제 이따금 주고 그럽니다마는 (웃음)

— 예예.

— 참 부끄럽네요. 제 이야기.

아이고 다 그렇지요 뭐.

— 아이고.

1) '생거복내 사거노동'는 生居福內 死去蘆洞으로서 살기에는 보성군 복내면이 좋고 죽어 묻히기에는 보성군 노동면이 좋다는 뜻이다.

2) '땅개비다'는 '땅인가 보다'의 축약형이다. 지역에 따라서 '땅잉갑다'로도 쓰이는데, '땅개비다'는 '땅인 갑이다'처럼 분석되어 의존명사 '갑'으로의 재구조화가 일어난 구성임을 알 수 있다.

3) '형제간'은 '형제지간'의 뜻이지만 여기서는 단순히 '형제'의 뜻으로 쓰였다. 전남방언에서는 친족 명칭에 '간'이 붙은 '형제간', '남매간', '부부간'과 같은 낱말들에서 '간'의 의미가 드러나지 않은 채 '형제', '남매', '부부'의 뜻으로 쓰이는 수가 많다. 예를 들어 '남매간에 와서는', '부부간에 둘이 갔단다'처럼 쓰인다.

4) '만허다'는 '많다'의 방언형. 전남방언에서는 표준어에서 축약이 일어난 '않다', '하얗다' 등이 모두 축약되지 않은 원래의 형 '안허다'나 '흑허다' 등으로 쓰인다.

5) '골차기나마'는 '골짜기이지만'의 뜻. 따라서 여기서 '나마'는 '-지만'과 같은 뜻으로 쓰였다.

6) '-을쏜'은 '-으련', '-을까' 정도의 뜻. 옛말에서 '-ㄹ손'은 '-는 것은'의 뜻으로 쓰이며, '淸涼山 六六峯을 아느니 나와 白鷗 白鷗ㅣ야 盧疎흐랴 못 미들손 桃花로다≪교시조 2844-8≫'와 같은 예가 이를 보여 주는데, 여기서의 '-을쏜'은 말할이의 의지나 바람을 나타내는 의미로 쓰였다.

7) '여가서'는 '여기에서'의 뜻. 여기서 '가서'는 애초의 동사에서 문법화 되어 처격 조사로 쓰였다.

8) '군인에를 가다'는 '군대를 가다'의 뜻.

9) '뽀짝'은 '바짝' 또는 '바싹'의 방언형.

10) '배끼지'는 '배끼-이-지'로 분석되며, 이때의 '배끼'는 표준어 '밖에'에 대응하는 형태인데 여기서는 '뿐'과 같은 의미로 쓰였다. 따라서 '배끼지'는 '뿐이지'의 뜻.

11) '살들 안해요'는 표준어 '살지를 않아요'에 대응된다. 여기에서 보듯 표준어 '-지를'은 이 방언에서 '들'로 나타나는데, '-지는'과 '-지도'가 각각 '든', '도'로 쓰이는 것과 평행되는 현상이다. 한편 부정의 보조용언 '않다'는 전남방언에서 '안허다'로 쓰여 축약되지 않은 원래의 형태를 보여 준다.

12) '큰애기'는 '처녀'의 방언형.

13) '속을 알다'는 '사람됨이나 집안을 잘 알다'는 뜻.

14) '마이로'는 '처럼'이나 '같이'에 해당하는 조사.

15) '애 지내다'는 '혼례를 치르다'의 뜻으로서 여기서 '애'는 禮이다.

16) '글때'는 '그때'의 방언형.

17) '싣다'는 이 방언에서 '싫다'로 쓰인다.

18) '아조'는 '아주'의 방언형. 모음조화를 지키는 옛 어형이 유지된 경우이다. '자주'에 대한 '자조'도 마찬가지이다.

19) '가찹다'는 '가깝다'의 방언형.

20) '-습니다요'처럼 합쇼체에 높임의 조사 '요'를 붙이는 용법은 전남방언에서도 그다지 일반적인 것은 아니다. 제보자 개인의 특성일 수도 있고, 조사자인 대학 교수에 대한 높임을 극단적으로 표현하려는 이유 때문일 수도 있다.

21) '포로시'는 '겨우'의 뜻. '포도시'가 일반적인데 이 지역에서는 모음 사이의 /ㄷ/이 /ㄹ/로 바뀐 '포로시'가 쓰이고 있다. '포도시'는 옛말 'ㅂ돗-'에 접미사 '-이'가 결합된 것으로서 표준어 '빠듯이'와 어원을 같이 하는 낱말이다.

22) '형수씨'에서 '씨'는 형수를 높여 가리키는 말맛이 있다. 형수 외에 제수에게도 이 '씨'는 붙을 수 있으며, 아주머니에 대한 방언형 '아짐'에 이 '씨'가 붙으면 물건을 파는 아주머니에 대한 친근한 감정을 담아낼 수 있다.

23) '뿌숙다'는 '부수다'의 방언형. 전남의 동부 지역에서는 '뿌숙다', 서부 지역에서는 '뿌수다'가 쓰인다.

24) '오자내'는 '오잔해'의 음성 실현형이다. '오잔해'는 표준어의 '오지 않고'에 대응하는 이 지역 방언 표현인데, 여기에서는 두 가지의 방언적 특징이 나타난다. 첫째는 부정의 조동사 '않다'가 이 지역어에서는 '안허다'로 쓰인다는 점이다. 표준어와 같이 '안'과 '허-'가 축약을 일으키지 않기 때문이다. 둘째는 이음씨끝 '-어'가 표준어의 '-고'에 대응하여 쓰인다는 점이다. 이것은 표준어에서 일어났던 역사적인 변화인 '-어 > -고'가 이 지역어의 '-잔해' 구성에서는 일어나지 않았기 때문이다.

25) '자석놈이 인자 거 둘째 놈이'는 일반적인 내용을 말한 뒤 이를 다시 수정하여 보다더 구체적인 내용으로 나아가려는 담화의 전형적 진행 양식을 보여 준다. 전체에서 부분으로, 일반에서 구체로 나아가는 담화의 진행 방향이 굳어지면 이른바 다중 주어나 다중 목적어 구문으로 문법화 될 수 있는 것이다.

26) 일반에서 구체로 나아가는 담화의 진행 방식을 보여 주는 예이다.

27) '저금을 내다'는 '분가를 시키다'의 뜻. '저금'은 전남의 다른 지역에서 '제금'으로 쓰이기도 한다. 옛말 '제여곰'에서 발달한 말이다. '저금' 또는 '제금'은 '각자'의 뜻으로 쓰이기도 한다. 예를 들어 '국은 제금 퍼라'는 국을 각자 따로 푸라는 뜻이다.

28) '없이살다'는 '가난하게 살다'의 뜻. 이와 대조적으로 '부유하게 살다'의 뜻으로 '있이살다'라는 말도 쓰인다.

29) '가재밭가랭이'는 아마도 '좁다란 다랑이논'을 가리키는 것으로 추정된다.

30) '찌고'는 '끼고'의 방언형으로서 '옆에 찌고'처럼 쓰이는 수가 많다. 그 의미는 '옆에 데리고' 또는 '직접'의 의미로 해석된다. '찌다'는 '끼다'의 방언형으로서 '자신의 팔에 끼고'라는 말에 포함된 '끼고'가 이 방언에서는 '찌고'로 형태가 바뀌고 그 의미도 '데리고' 정도로 번진 것이다. 그래서 '아들을 옆에 찌고 갈치다'는 아들을 말할이 자신이 데리고 직접 가르친다는 뜻이다.

31) '-냐 그먼'은 '-느냐 그러면'에 대응하는 방언형이다. 표준어에서는 이런 경우 '-느냐

면'처럼 축약되어 쓰이는 것이 보통인데, 여기에서는 '그러다'가 상위 서술어로 쓰였다. 그리고 물음말을 포함한 물음 문장이 내포된 이런 형식은 흔히 의문제기형식이라 불리는데, 상대로 하여금 후행 발화에 초점을 맞출 수 있도록 하는 담화적 기능을 수행하는 표현이다.

32) '없다'가 이 방언에서는 '읎다'로 바뀌었다. 이러한 고모음화는 특히 장모음에서 잘 일어나는 경향이 있는데, /ㅓ/가 /ㅡ/로 변하는 이런 변화는 /ㅔ/가 /ㅣ/로 바뀌는 고모음화에 비해서 그 빈도가 낮은 편이다.

33) '재지기'는 표준어 '제지기'이며 남의 뫼를 맡아서 돌보는 사람을 가리킨다. 여기서 '재지기'는 단순히 남의 뫼만을 지키는 것이 아니라 동네의 허드렛일을 도맡아 하는 천민을 말하는 것으로 보인다.

34) '후양'은 '후행'의 방언형으로서 혼인 때에 가족 중에서 신랑이나 신부를 데리고 가는 사람을 가리킨다.

35) '웃녁'은 '윗녘'의 방언형으로서 자신이 사는 지방보다 북쪽에 위치한 지역을 말하는데, 여기서는 서울을 중심으로 한 수도권을 가리키는 것으로 보인다.

36) '크내기'는 '큰애기'로서 처녀를 가리키는 것이 일반적인데, 여기서는 갓 시집온 신부를 지칭하고 있다. 일반적으로 갓 시집온 새댁은 전남방언에서 '새각시'라고 부르는 것이 보통이다.

37) '입떠치기'는 '입닫히기'로 추정되며, 제보자의 설명에 따르면 시댁의 흉이나 불만 등을 무마시키기 위해 신부 집에서 보내는 음식을 가리킨다. 전남의 다른 지역에서는 '이바지' 또는 '이바지떡'이라 한다.

38) '인사떡'은 신부 집에서 보내 온 '입떠치기' 또는 '이바지'에 대한 답례로 신랑 집에서 신부 집으로 보내는 떡을 말한다.

39) '음석'은 '음식'의 방언형. '자식, 음식'을 전남방언에서는 '자석, 음석'이라 말하여 표준어의 '식'에 대한 '석'의 대응형을 보이고 있다.

40) '이바지'는 결혼 후에 신부 집에서 신랑 집으로 보내는 음식을 가리킨다. 표준어에서 '이바지'는 힘들여 음식 같은 것을 보내 주는 행위 또는 그 음식을 말하지만, 전남방언에서는 주로 결혼 후에 신부 집에서 신랑 집으로 보내는 음식으로 그 뜻이 제한된다. '이바지'는 물론 중세어에서 '잔치하다'를 뜻하는 '이받다'에서 파생된 명사이다.

41) '달아매다'는 '매달다'의 방언형.

42) '방망치'는 '방망이'의 방언형.

43) '-단둥'은 '-다거나'로 해석된다.

44) '빗지락'은 '빗자루'의 방언형.

45) '땔다'는 '때리다'의 방언형.

46) '호자'는 '혼자'의 방언형. 중세어 'ᄒᆞ오ᅀᅡ', 또는 '호ᅀᅡ'에 직접 대응되는 형태로서 /ㄴ/이 첨가되기 이전의 형태를 보여 준다.

47) '때죽'은 '떼'의 방언형. 여기서 '죽'은 '떼'의 다수를 강조하는 말로서, 아마도 옷,

그릇 따위의 열 벌을 묶어 이르는 말 또는 열 벌을 묶어 세는 단위인 '죽'에서 발달한 것으로 보인다.

48) '시기다'는 '시키다'의 방언형.

49) '밸라'는 '별로'의 방언형. 보통 조사 '도'를 붙여 '밸라도' 형식으로 쓰이기도 한다.

50) '가도 못허고'에서 보듯이 전남방언의 장형 부정문은 일반적으로 씨끝 '-지'를 쓰지 않고 대신 조사 '도'와 함께 쓰인다.

51) '여:롭다'는 '열없다'의 방언형으로서 '부끄럽다'의 뜻.

52) '그래야'는 '그러냐'의 방언형. 형태적으로는 '글허-'에 반말의 씨끝 '-어'가 결합된 '글해'에 다시 낮춤의 조사 '야'가 결합된 것으로 보인다. 조사 '야'는 높임의 조사 '라우'에 대립되는 전남방언 특유의 조사로서, 반말에 붙어 해라체의 높임을 표현한다.

53) 조사 '사'는 중세어 '사'와 현대 표준어 '야'에 대응한다.

54) '두리뻥뻥허다'는 '어리벙벙하다'의 뜻. '두리뻥뻥허다'의 '두리'는 아마도 '두리번'에서 온 말로 보이며, 얼떨덜하여 두리번거리는 모양을 나타내는 말로 생각된다.

55) 전남방언은 일반적으로 판정의문과 설명의문의 구분이 무너졌지만, 말할이에 따라 의문사가 있는 경우 설명의문을 수의적으로 사용하기도 한다. 특히 내포문 안에서는 의문사와 설명의문의 씨끝이 호응하는 수가 많은데, 이것은 내포문의 환경이 언어변화에 보수적이기 때문이다.

56) '이래를 지푸다'는 '이레를 짚다'에 대응하는 말로서 아기가 태어난 지 이레째 되는 날에 신에게 감사의 제사를 지내는 행위를 말한다. 대체로 일곱 이레까지 쇠는데, 이 방언에서는 '이레를 쇠다'라는 말 대신 '이레를 짚다'라는 표현을 쓰는 것이 특이하다.

57) '보듬'은 비교격 조사로서 표준어 '보다'의 방언형.

58) '젖 많으라고'는 '젖 많도록'에 해당하는 표현이다. 일반적으로 명령의 씨끝 '-으라'는 내포문에 쓰이되 동사에 쓰이는 것이 원칙인데, 이 경우는 형용사에 쓰였다. 동사나 형용사 모두와 함께 쓰이되, '-으라고' 형식과 결합하여 표준어 '-도록'의 뜻을 나타내는 것이 전남방언의 한 특징이다. 그래서 '니가 합격허라고 기도를 했다'라거나 '니 신세가 좋으라고 기도를 했다'와 같은 표현은 이 방언에서 매우 흔하게 확인할 수 있다.

59) 부정문에 쓰이는 '-든'은 표준어 '-지는'에 대응하는 형태이다. 그래서 '쇠든 안허다'는 '쇠지는 않다'의 뜻이다.

60) '잔'은 '좀'의 방언형이다. '잔' 외에 '좀'이나 '쫌'도 쓰이는데, '좀'이나 '쫌'에는 보조사가 붙지만 '잔'에는 붙지 않는다. 예를 들어 '좀만'이나 '쫌만'은 가능하나 '잔만'은 불가능하다. 이것은 전남방언에서 '좀'과 '잔'의 용법이 겹치면서도 부분적으로는 차이를 보이기 때문으로 해석된다. 아마도 '잔'의 경우, 담화표지로의 문법화가 '좀'에 비해 더 진행된 탓이 아닌가 한다.

61) '우물떡쭈물떡허다'는 '그럭저럭' 또는 '만족스럽지 않게 대충'의 뜻이다. 전남방언에는 '주물떡주물떡허다' 또는 '쭈물떡쭈물떡허다'라는 말이 있다. 이것은 물론 동

사 '주무르다'의 어간인 '주무르'가 어근으로 쓰인 '주물'에 접미사 '떡'이 결합한 것으로서 '어떤 일을 제 멋대로 주관하다'의 뜻을 갖는다. '우물떡쭈물떡허다'는 이 '주물떡주물떡허다'의 앞 형태 '주물떡' 대신 '우물떡'이 대체된 형식으로서, 이 말에도 '주관하다'의 뜻은 내포되어 있으나, '제멋대로' 대신 '대충' 또는 '그럭저럭'의 뜻이 가해져서 '대충 하다', '그럭저럭 해 나가다' 정도의 뜻을 갖게 된다.

62) '살릴 대로 살려 보다'는 '살릴 수 있을 때까지 최선을 다해 살려 보다'는 뜻이다. 표준어의 경우 '-을 수 있는 대로'와 같은 관용 형식으로 쓰이는데, 여기서는 '수 있는'이 생략된 형식으로 쓰이고 있다.

63) 표준어 '데리다'는 이 방언에서 '댈다'로 쓰인다. 그래서 '댈꼬'(=데리고), '댈다'(=데려다) 등의 활용을 보인다. 그리고 '댈다'의 /ㄹ/이 탈락된 '대꼬'나 '대다' 등이 수의적으로 쓰이기도 한다. '언능 대꼬 가그라'나 '대다 줘라' 등이 이런 예이다. 또한 '대꼬'나 '대다'의 '대'가 '디'로 고모음화 되어 '디꼬'나 '디다'로도 쓰인다.

64) '날이날마등'은 '날이면 날마다'의 뜻이다. '날이면 날마다'가 관용형식으로 쓰이므로 전남방언에서는 이음씨끝 '-면'이 생략된 채 굳어졌다.

65) '즈그'는 재귀대명사의 복수 '저희'의 방언형이다.

66) '전준가 어디서 살다'에서 '어디서'는 수의적이다. 그래서 '전준가 살다'라고 할 수도 있는데, 이 표현은 '전주인지 확실하지는 않지만'이라는 뜻이다. 여기서 보듯이 '전주인가'가 처격의 해석을 받을 수 있는 것이 특별하다.

67) '-든가 근다'는 확실하지 않은 사실을 말할 때 쓰이는 말법이다. 내포문 안에서의 '-은가'가 갖는 이 방언의 독특한 용법으로 보인다.

68) '-는고'는 의문형 씨끝인데, 여기서는 '-는지'의 뜻으로 쓰였다.

69) '낫어 주다'는 '낫워 주다'이다. 여기에서 보듯 전남방언은 '낫다'의 사동형으로서 '낫우다'가 쓰인다.

70) '추다'는 표준어에서 '다른 사람의 기분을 맞추느라 훌륭하거나 뛰어나다고 말하다'의 뜻으로 쓰이는데, 여기서도 비슷한 뜻인 '자랑하다'의 뜻으로 쓰였다.

71) '그랬는지 어쨌는지 모르다'는 확실하지 않은 사실을 말할 때 사용하는 말법이다.

72) '너무다'는 '너무나'의 방언형. 이 '너무다'에 다시 '라도'가 붙어 '너무다라도'가 되었다. 따라서 '너무다라도'는 표준어 '너무나도'의 뜻으로 해석된다.

73) '아짐'은 여기서 형수를 가리킨다. '아짐'은 표준어의 '아주머니'에 대응하는 전남방언형인데, 보통 당숙모나 형수를 가리킨다. 그리고 그 지칭 범위가 더 넓혀져서 동네의 아주머니나 낯모르는 아주머니를 일반적으로 가리킬 수도 있다.

74) '만치'는 '만큼'의 방언형.

75) '와락'은 '그다지'나 '별로'의 뜻으로서 언제나 부정문에서 쓰인다는 통사적 제약을 갖는다.

76) '비래'는 比例로서 '예를 들어 견주어 보다'는 뜻이다.

77) '뒵때'는 '도리어'의 뜻. 보통 '로'를 붙여 '뒵때로'로 쓰인다. '뒵때'는 기원적으로 '뒵다'에서 파생된 것으로 보인다. '뒵다'는 옛말 '드위다'와 어원을 같이할 것으로

추측되는데, 이로부터 중앙아시아 고려말의 부사 '되비'(=다시)나 표준어의 접두사 '되-', '뒤-' 등이 나온 것으로 보인다.

78) '찌뿟허다'는 보통 전남방언에서 '찌뿌듯하다'의 뜻으로 쓰이는데, 여기서는 '꺼림칙 하다'의 뜻으로 쓰였다.

79) '댕이다'는 '다니다'의 방언형. '댕기다'로 쓰이는데 이때 /ㄱ/이 탈락되어 '댕이다' 로의 수의적인 변이를 보인다.

80) '즉어머니'는 '즈그 어머니'가 줄어든 것으로서 '저희 어머니'의 뜻이다. 표준어 '저 희'는 전남방언에서 '즈그'로 쓰이며 '어머니'나 '아버지'처럼 모음으로 시작되는 친 족어의 경우 '즉'으로 줄어들기도 한다.

81) '평택가서'는 원래 '평택에 가서'의 뜻이었지만 여기서는 '가다'의 의미가 거의 사라 져서 '평택에' 정도의 뜻으로 해석된다.

82) '무엇'은 전남방언에서 '멋:'으로 쓰이는 것이 보통인데, 장음 /ㅓ/가 쉽게 고모음으 로 바뀌는 변화 경향에 의해 '뭇:'을 거쳐 '믓:'으로 되었다. 그러나 이런 변화가 전 남의 많은 지역에서 일어나지는 않는다. 예를 들어 광주나 담양 등 전남의 서북부 지역에서는 '멋:'으로 쓰일 뿐 '믓:'형은 쓰이지 않는다.

83) '주유소 가서'에서 '가다'의 의미는 느껴지지 않으므로 단순히 '주유소에서'와 같은 처소적 의미만 해석된다. 이것은 '가서'가 의미적으로는 처소로, 그리고 형태적으로 는 동사에서 조사로 바뀌었기 때문이다.

84) '젂다'는 '겪다'가 구개음화를 겪어 생긴 형이다.

85) '얌잔허다'는 '얌전하다'의 방언형.

86) '느그'는 표준어 '너희'의 방언형.

87) '서이'는 '셋'이다. '둘', '셋', '넷'을 이 방언에서는 '둘이', '서이', '너이'처럼 쓰기 도 한다.

88) '끄집다'는 '끌다'의 뜻. 따라서 '끄집어올리다'는 '끌어올리다'의 뜻이 된다.

89) '찌찌다'는 '처지다'의 뜻.

03 생업 활동

3.1 논농사

또 시자글 할까요?

― 얘.

또 인재 농사 진는 이야기거드뇨.

― 얘.

애, 요새 나락 품종드리 머:뜽거뜨리 이씀니까?

― 품:종이 이루 말:헐 쑤 읍씨 만:해요.

아.

― 긍깨

― 재:가 허능거슨 허고 인능건만 재:가 이: 말:씀 드리깨요.

애 애 애.

― 재:가 허고인능거슨 온누리 처째

애 애.

― 온누리가 그거시 싸:리 조코 올해 처:으므로 해씀니다. 저도요.

아아.

― 그거시 싸:리 조코 나라기 대가 빠씨 빠씨고¹⁾ 글다 글대요.

음.

― 근디 그거시 항가지 병:이 머이냐 거머는 주로 뭉고뺑이라고요 써금
뺑이 생개요. 대애가.

음.

― 그거시 그건만 방:지허고 조:심허머넌 이거시 수학또 조:코 밤마또
조:코 조:타 그래서 거 온누리를 해:꼬요,

내::.

― 그다매 동진 일호를 해:씀니다.

또 시작을 할까요?

— 예.

또 이제 농사 짓는 이야기거든요.

— 예.

예, 요새 벼 품종들이 어떤 것들이 있습니까?

— 품종이 이루 말할 수 없이 많아요.

아.

— 그러니까

— 제가 하는 것은 하고 있는 것만 제가 이 말씀 드릴게요.

예예예.

— 제가 하고 있는 것은 온누리 첫째

예예.

— 온누리가 그것이 쌀이 좋고 올해 처음으로 했습니다. 저도요.

아아.

— 그것이 쌀이 좋고 벼가 줄기가 억세고 그렇다고 그러데요.

음.

— 그런데 그것이 한 가지 병이 뭐냐 그러면은 주로 문고병이라고 썩는 병이 생겨요, 줄기에.

음.

— 그것이 그것만 방지하고 조심하면은 이것이 수확도 좋고 밥맛도 좋고 좋다 그래서 그 온누리를 했고요,

예.

— 그 다음에 동진 일호를 했습니다.

애

동진 일호

— 애.

고건 올해 마:니들 하지요?

— 애.

동진 일호

— 동진 일호를 인자 재:가 육 쩨:: 삼단보 삼단보 육딴보를 해:써요.

— 애 그러고 그 다으매 구:동진배라고 이써요.

구:송진배

— 애. 구:동진배 모닌

아 구:동진배?

— 애, 앤:나래 나와따 그래서

애.

— 구:동진배

— 그거시 왜 그러냐 흐머넌 애:: 동진일호보듬 밤마시 더 조:아요.

아하.

— 애, 싸리 더 마꼬

어.

— 쪼끔 더 구:꼬

어.

— 근디 굴:긍가 동시애 밤마시 읍:따 그래도 시방도 시 딱 바벌 해:서 처:매 막 해:가꼬 무글 때는 신동 저 동진 일호나 구:동진배나 또가트다 그러는디

애.

— 시근바블²⁾ 무거바쓸 때

어.

예.

동진 일호

― 예.

그건 올해 많이들 하지요?

― 예.

동진 일호.

― 동진 일호를 이제 제가 육 저 삼 단보 삼 단보 육 단보를 했어요.

― 예, 그리고 그 다음에 구동진벼라고 있어요.

구 동진벼

― 예. 구 동진벼 $$

아. 구 동진벼?

― 예, 옛날에 나왔다 그래서

예.

― 구동진벼

― 그것이 왜 그러느냐 하면은 예 동진일호보다 밥맛이 더 좋아요.

아하.

― 예, 쌀이 더 맑고

어.

― 조금 더 굵고

어.

― 그런데 굵음과 동시에 밥맛이 없다 그래도 시방도 딱 밥을 해서 처음에 막 해 가지고 먹을 때는 신동 저 동진 일호나 구동진벼나 똑같다 그러는데

예.

― 찬밥을 먹어 보았을 때

어.

- 바블 시켜나따 무거바쓸 때

어.

- 그때개 차벼리 나요.

어.

- 애, 그래서 재:가 싱냥을 헐라고 구:동진배를 해:씀니다.

음.

- 애.

- 그르고 인자 찰벼는 인자 지:가 무슨 찰벼를 핸:냐 그러머뇨 애 그 거시 아이고 종:뉴 먼:츠 먼:찬나라기냐³⁾ 왕:찰

아, 왕:찰

- 애.

아 어저깨 말씀하셔뜬 왕:찰이~

- 애.

- 왕:차리 왜 존:냐 그르머넌 항가지 인자 나뿐저믄 동지주글 모:쏜다 왜 그래요?

- 왜 그르나면 그거시 인자 재:가 올해 처:므로 해 해:나서 모:르거쓰 니다마는 말:든 인자 마:를 든는 풍월로 해:서는 동 저 글로 동지주글 쑤 머는 새:아를 맨들 때 푸러저분다 그래요.

아.

- 거:: 다른 차나라근 그 동지 저 동지주글 써노문 새:아리 푸러지질 안는디

으흠.

- 요고슨 잘 푸러저분다

음.

- 그거시 좀 단쩌미 이따 나뿌다.

내.

- 밥을 식혀 놨다 먹어 보았을 때

어.

- 그때에 차별이 나요.

어.

- 예, 그래서 제가 식량을 하려고 구동진벼를 했습니다.

음.

- 예.

- 그리고 이제 찰벼는 이제 제가 무슨 찰벼를 했느냐 그러면요 예 그 것이 아이고 종류 무슨 무슨 찰벼냐 왕찰

아. 왕찰.

- 예.

아 어제 말씀하셨던 왕찰

- 예.

- 왕찰이 왜 좋으냐 그러면은 한 가지 이제 나쁜 점은 동지죽을 못 쑨다.

왜 그래요?

- 왜 그러느냐면 그것이 이제 제가 올해 처음으로 해 봐서 모르겠습니 다마는 말 듣 이제 말을 듣는 풍월로 해서는 동 저 그것으로 동지죽을 쑤 면은 새알심을 만들 때 풀어져 버린다 그래요.

아.

- 그 다른 찰벼는 그 동지 저 동지죽을 쒀 놓으면 새알심이 풀어지지 를 않는데

으흠.

- 이것은 잘 풀어져 버린다.

음.

- 그것이 좀 단점이 있다, 나쁘다.

예.

- 그러고 싸:른 미:질도 조:코 찰지기도4) 찰지고 허능거슨 밥해무근 대는 그거시 더 조:타.

음.

- 이래서 올해 재:가 왕:차를 함번 해:바씀니다.

애.

근디 고건 쪼:끔 느깨 팬다매요?

- 애 느깨 팬디 아직 암팬 암패내요. 오나치개도5) 가서 물 푸무로 가서 봉께 아직 인자 모가지6) 인자 올라올라고 글고 인자 폼: 잡꼬 이때요.

(웃음) 그러새요.

- 허. 내.

- 긍깨 한 이사미리먼 패기는 패거써요.

그럼 지금 말:씀하싱거뜨른 쭘 조생종은 아니지요?

- 애, 중생종이애요 점부.

아 ****

- 애애.

그다매 인재 그러면 조생종이라고 또 따로 이씀니까? 벼를?

- 애 조생종은 시방 요우개 올라가시자머넌 거 왼:손피짜개7) 바로 짐미태 거 시방 나라기 눌룰헌 디가 이써요.

애.

- 그거이 아:조 조:생종이애요.

음.

- 근디 고거시 인자 풍재 수재는 다 떠러찌요.

음.

- 거그는 인자 완:저니 인자 나라기 인자 노랑비시 나기 따무내 비가 오나 바라미 부나 인자 그거슨 완:저니 이자 참 피해를 보지앙커쿠롬 되야가꼬 이써요.

- 그리고 쌀은 미질도 좋고 차지기도 차지고 하는 것은 밥 해 먹는 데는 그것이 더 좋다.

음.

- 이래서 올해 제가 왕찰을 한번 해 봤습니다.

예.

그런데 그것은 조금 늦게 팬다면서요?

- 예, 늦게 패는데 아직 안 팬 안 패네요 오늘 아침에도 가서 물 품으러 가서 보니까 아직 이제 이삭 이제 올라오려고 그리고 이제 폼 잡고 있데요

(웃음) 그러세요.

- 허. 예.

- 그러니까 한 이삼 일이면 패기는 패겠어요.

그럼 지금 말씀하신 것들은 좀 조생종은 아니지요?

- 예, 중생종이에요 전부.

아. ****.

- 예예.

그 다음에 이제 그러면 조생종이라고 또 따로 있습니까? 벼를?

- 예, 조생종은 시방 요 위에 올라가시자면은 그 왼쪽에 바로 집 밑에 그 시방 벼가 놀놀한 데가 있어요.

예.

- 그것이 아주 조생종이에요.

음.

- 그런데 그것이 이제 풍재 수재는 다 떨었지요.

음.

- 거기는 이제 완전히 이제 벼가 이제 노란 빛이 나기 때문에 비가 오나 바람이 부나 이제 그것은 완전히 이제 참 피해를 보지 않게끔 돼 가지고 있어요.

다 끈난내요. 이재 배:기만 허머뇨.

- 애, 다 끈나써요. 애.

- 근디 인자 바라미 부러서 인자 쓰러지능거시 인자 그거시 좀 잘 되면 쓰러징거시 하:니 되야서8) 글재 다릉 거슨 업:씀니다.

만:생종은 어떻개뜨리 이써요?

- 만:생종도 인넌디 그거슨 인자 안해바나서

아하.

- 아:조 좀 느따 그러대요 그거슨.

아.

- 애.

이 지여개서는 만:생종 잘 안 험?

- 이 지여개서는 만:생종얼 잘 안 험니다.

- 왜 그냐 그머는

어.

- 여가 해:발로 해:서 한 칠백고:찌

으흠.

- 칠백고:찌나 가차이 될꺼요. 쩌:그 사바초니라 헌 대가 팔백고:찡가 된다 그래요.

어.

노푼대내요.

- 애, 그렁깨 여가 아::조 절라도애서 보:성써는 여우 어 젤: 노푸다고 바야되요.

아하.

- 그 시차나9) 여그서 딱 주저안자서 내려다보머 보:성으로 가도 차가 내려간 디가 망코

어허.

다 끝났네요. 이제 베기만 하면.

― 예, 다 끝났어요. 예.

― 그런데 이제 바람이 불어서 이제 쓰러지는 것이 이제 그것이 좀 잘 되면 쓰러지는 것이 한이 돼서 그렇지 다른 것은 없습니다.

만생종은 어떤 것들이 있어요?

― 만생종도 있는데 그것은 이제 안 해 봐 놔서

아하.

― 아주 좀 늦다 그러데요 그것은.

아.

― 예.

이 지역에서는 만생종 잘 안 합?

― 이 지역에서는 만생종을 잘 안 합니다.

― 왜 그러느냐 그러면은

어.

― 여기에 해발로 해서 한 칠백 고지

으흠.

― 칠백 고지나 가까이 될 거예요. 저기 사바촌이라고 하는 곳이 팔백 고지인가 된다 그래요.

어.

높은 데네요.

― 예, 그러니까 여기가 아주 전라도에서 보성에서는 제일 높다고 봐야 돼요.

아하.

― 그 과연 여기서 딱 주저앉아서 내려다보면 보성으로 가도 차가 내려가는 데가 많고

어허.

- 여그서 군:만 너무먼 순전 강주까지 내련간 디고
- 그릉깨 여가 아조 고지대애요, 고지대.

음.

- 그릉깨 여가 앤:나래 임:금니미 조선팔또를 서리 재:일 모냐10) 온디를 가따가 발견해서 알려보내라 긍깨 다:: 천지마동 다 도라댕애봉깨 사바초니라고 인는디 거그 가머는 애 거그보고 새비산11) 새비꼬리라고 헌디 사니 이써요.

애.

- 근디 거:가먼 형재봉이 이써요.

애.

- 봉이 이르캐 날랄헌디12) 거그 형재봉애가 잴:모냐 서리가 와뜨람니다.

아::(웃음)

- 그래서 딱 헝깨 하:따 이노무반디가13) 강완도 다으매 머 어:디 움봉 다으매라등가 거그 다:매는 강그고나.

아.

- 애 그래서 여가 공장이 노푼 지대라 그래요.

아 괭장히 이캐 애.

- 얘.

그러건내요. 애.

얘 그러면 인재 그 나락 드까 농 가지고 농사 진:는 인재 그 과:정을 조금씩 말:씀해 주시 잴: 처:매는 인재 씨나락

- 얘.

그건 어:떠캐 고르냐?

- 인자 신나락 고릉거슨 어:트캐 고르냐 그러머넌 벼 비:기 저내요,

애.

- 인자 걸싸미라고14) 헝거또 이꼬 다른 인자 자 저 거시기가 이써요 나라기.

- 여기서 군만 넘으면 순전 광주까지 내려가는 곳이고
- 그러니까 여기가 아주 고지대예요, 고지대.

음.

- 그러니까 여기가 옛날에 임금님이 조선팔도를 서리 제일 먼저 오는 곳을 갖다가 발견해서 알려 보내라 그러니까 다 천지마다 다 돌아다녀 보니까 사바촌이라고 있는데 거기 가면은 예 거기보고 새우산, 새우골이라고 하는데 산이 있어요.

예.

- 그런데 거기 가면 형제봉이 있어요.

예.

- 봉이 이렇게 나란한데 거기 형제봉에 제일 먼저 서리가 왔더랍니다.

아. (웃음)

- 그래서 딱 하니까 아따 이놈의 곳이 강원도 다음에 뭐 어디 운봉 다음이라던가 거기 다음에는 가는구나.

아.

- 예, 그래서 여기가 굉장히 높은 지대라 그래요.

아 굉장히 이렇게 예.

- 예.

그러겠네요, 예.

예, 그러면 이제 그 벼 가지고 농사 짓는 이제 그 과정을 조금씩 말씀해 주시 제일 처음에는 이제 볍씨

- 예.

그것은 어떻게 고르느냐?

- 이제 볍씨 고르는 것은 어떻게 고르느냐 그러면은 벼 베기 전에요,

예.

- 이제 '걸삼'이라고 하는 것도 있고 다른 이제 저 거시기가 있어요, 벼가.

애.

- 키 큰 나락또 이꼬 저:근 나락또 이꼬 긍깨 그거뽀고 걸싸미라 흔디,

- 그 걸싸미 이쓰머는 내:가 일 가:사 매땀본 신나라글[15) 해:야 쓰거
따 면마지기를 해:야쓰거따 그러머는,

- 그 한:도 내애서 그릉거슬 다 재:거를 시켜부러요.

- 미리 뽀바서 인자 읍:쌔부러요.

내.

- 그거슨 이쓰나 마:나 헝깨요.

애

- 그래가지고 거그서 인자 빈:놈만 가지곤 신나라글 허고요,

음.

- 그러치 안흐면 기양 막 무대뽀 그양 비여논 노믄 걍 신나라글 헝기
시애요.

음.

- 애 그래가꼬 신나라기라고 탁 벼를 인자 비여다가 멍 덕써개다가[16)
몰랴가꼬[17)

- 신나락 헐로 인자 거그서 새깔 존:노므로

으흠.

- 개양 막 골라서 요노믄 신나락 요노믄 집 방애 찌글롬[18) 이노믄 매:
상헐롬 그르캐 딱:딱: 골라노치요.

아하.

개 아까 걸싸미라능거슨 업:쌔버릴 꺼싱가요?

- 애.

- 그거슨 거 나라기 이써바때짜 여물지도 안허고

음.

- 여무래바때짜 또 거 앤:날로 말허머 거 그거뽀고 머이라흐냐 거:이

예.

– 키 큰 벼도 있고 작은 벼도 있고 그러니까 그것보고 '걸삼'이라 하는데,

– 그 걸삼이 있으면은 내가 가령 몇 단보 볍씨를 해야 되겠다 몇 마지기를 해야 되겠다 그러면은,

– 그 한도 내에서 그런 것을 다 제거를 시켜 버려요.

– 미리 뽑아서 이제 없애 버려요.

예.

– 그것은 있으나 마나 하니까요.

예.

– 그래 가지고 거기서 이제 벤 것만 가지고 볍씨를 하고요,

음.

– 그렇지 않으면 그냥 막 막무가내로 그냥 베어 놓은 것은 그냥 볍씨를 하는 것이에요.

음.

– 예, 그래 가지고 볍씨라고 탁 벼를 이제 베어다가 멍 멍석에다가 말려 가지고

– 볍씨 할 것 이제 거기서 색깔 좋은 것으로

으흠.

– 그냥 막 골라서 이것은 볍씨, 이것은 집 방아 찧을 것, 이것은 매상할 것, 그렇게 딱딱 골라 놓지요.

아하.

그래 아까 '걸삼'이라는 것은 없애 버릴 것인가요?

– 예.

– 그것은 그 벼가 있어 봤댔자 여물지도 않고

음.

– 여물어 봤댔자 또 그 옛날로 말하면 그 그것보고 뭐라 하나 거의

앤:나래 나 알랑미쌀가치[19] 그르캐 찔쭉찔쭉해가꼬[20]

음.

— 바비 뻴:긍거또[21] 이꼬 꺼:릉거도 이꼬 그래요.

음.

** 고롱거슨 씬나라그로 쓰먼 안돼갠내요.

— 얘 그릉깨 그릉거슨 씬나락 쓰먼 안 돼요.

음.

씬나라근 인재 헐 노믈 딱 해:가지고 고노믈 어:떠땀니

— 인자 보:가늘 해:야죠.

보:과늘 어:디다 보:과늘 험니까?

— 인자 고까내다가 인자 딱 밸또로 인자 거:: 나:둘때는 다:가치 이르
캐 나:두기따무내 어:뜬노미 먼:나라긴지 먼:나라긴지 나라그로 바:서는
구별몯:해요.

애애.

— 그릉깨 인자 거그다가 인자 거이 골:패느로나 싸인패느로 인자 써요.

아.

— 이거슨 찬나락 이거슨 왕:찰 이거슨 머: 동진 일호 이거슨 동진 여
섬지니먼 섬진 글안흐머는 저런 인자 요 아까 거 문:나라기라 근자 그 나
라기먼 그 나락 그르캐 이르믈 점부 써나요.

아.

— 그래가꼬는 인자 신나락 인자 파:종할라고 인자 거 신나락 당굴 때
인자 그노믈 보고는 아 이거슨 문:나라기다 이거슨 맨마지기 엉기거따[22]
요노믄 맨마지기 엉기글란다 그런 시그로 해:서 딱 인자 골라서 인자 당
구지요.

음.

품:종별로 인자 씬나그를 인자 구분허거꾸마뇨?

옛날에 안남미같이 그렇게 길쭉길쭉해 가지고

음.

- 밥이 빨간 것도 있고 까만 것도 있고 그래요.

음.

** 그런 것은 볍씨로 쓰면 안 되겠네요.

- 예, 그러니까 그런 것은 볍씨 쓰면 안 돼요.

음.

볍씨는 이제 할 것을 딱 해 가지고 그것을 어디 담아

- 이제 보관을 해야지요.

보관을 어디에 보관을 합니까?

- 이제 곳간에다가 이제 딱 별도로 이제 그 놔 둘 때는 다 같이 이렇게 놔 두기 때문에 어떤 것이 무슨 벼인지 무슨 벼인지 벼로 봐서는 구별 못해요.

예예.

- 그러니까 이제 거기다가 이제 거의 볼펜으로나 사인펜으로 이제 써요

아.

- 이것은 찰벼, 이것은 왕찰, 이것은 뭐 동진 일호, 이것은 동진, 섬진이면 섬진 그렇지 않으면 저런 이제 이 아까 그 무슨 벼라 그 이제 그 벼면 그 벼, 그렇게 이름을 전부 써 놔요.

아.

- 그래 가지고는 이제 볍씨 이제 파종하려고 이제 그 볍씨 담글 때 이제 그것을 보고는 아 이것은 무슨 벼다, 이것은 몇 마지기 심겠다, 이것은 몇 마지기 심겠다, 그런 식으로 해서 딱 이제 골라서 이제 담그지요.

음.

품종 별로 이제 볍씨를 이제 구분하겠구먼요?

- 애 품:종별로 애.

나:중애 그: 씬나락 뿌릴 땐대도 소 그 소독또 합니까?

- 애, 해:야지요.

- 소독 불명히[23] 해야지요.

어트캐 해야 됩니까? 소독?

- 소도글 거 지도소애서 지금 행정상으로 이얘기는 어트캐 허냐 흐머
는 무를 삼십또를 끼래가꼬

어.

- 미지근허니 끼래가꼬

- 거그다가 인자 거 거시기를 해:요. 신나라글 당과요.

애.

- 그래가꼬 인자 일:차 소도글 해:가지고 그 다으매 인자 머이냐 흐먼
고또 소동냐기 이써요. 인자 거 신나락 소동냐기.

애.

- 그르면 신나락 소동냐기 가:사 무리 단마리 피료허다 흐먼 단말앞
까치로 인자 거 병으로 인자 거 함병애 오:십 오:십씨씽가 걷 거 뱅이 이
써요 쪼그마썩헝거 요:만썩헝거.

- 고놈 함병을 타가꼬 요놈 함병 타야 쓰거따 요놈 두:병 타야 쓰
거따 그래가지고는 딱:딱 부서가꼬는 인자 신나락별로 인자 거 야글
부서요.

- 부서가꼬 휘:휘: 저서서 거그다 인자 신나라글 부서요.

음.

- 부서가지고는 이:십 사시간 수물 내:시가늘 당구라 글대요.

음.

- 그믄 인자 오늘 오:후 다서씨 인자 여서씨애나 일곱씨애나 인자 당
과따 글먼 내:일 아칙 인자 일곱씨나 다서씨애 인자 그노믈 인자 무를

- 예. 품종 별로 예.

나중에 그 볍씨 뿌릴 때도 소 그 소독도 합니까?

- 예, 해야지요.

- 소독 분명히 해야지요.

어떻게 해야 됩니까? 소독?

- 소독을 그 지도소에서 지금 행정상으로 이야기는 어떻게 하느냐 하면은 물을 삼십 도를 끓여 가지고

어.

- 미지근하게 끓여 가지고

- 거기다가 이제 그 거시기를 해요. 볍씨를 담가요.

예.

- 그래 가지고 이제 일차 소독을 해 가지고 그 다음에 이제 뭐냐 하면 그것도 소독약이 있어요. 이제 그 볍씨 소독약이.

예.

- 그러면 볍씨 소독약이 가령 물이 닷 말이 필요하다 하면 닷 말 같이 이제 그 병으로 이제 그 한 병에 오십 오십 시시인가 그 병이 있어요 조 그만씩한 것 이만씩한 것.

- 그것 한 병을 타 가지고 이것 한 병 타야 되겠다, 이것 두 병 타야 되겠다, 그래 가지고는 딱딱 부어 가지고는 이제 볍씨별로 이제 그 약을 부어요.

- 부어 가지고 휘휘 저어서 거기다 이제 볍씨를 부어요.

음.

- 부어 가지고는 이십사 시간 스물네 시간을 담가라 그러데요.

음.

- 그러면 이제 오늘 오후 다섯 시 이제 여섯 시에나 일곱 시에나 이제 담갔다 그러면 내일 아침 이제 일곱 시나 다섯 시에 이제 그것을 이제 물을

가라야지요.

　애.

　― 그래가꼬 인자 시처요.[24]

　애.

　― 자꼬 인자 행개가꼬는[25] 딱 가따 당과노면 인자 완:저니 인자 그거슨 인자 신나락 인자 당궁거슨 끄시 나지요.

　내

고로 소도글 하구마뇨?

　― 애.

그래가지고 인재 애 인재 고노믈 인자 뿌리지요?

　― 그래가지고 인자 그노믈 인자 건저요.

　애.

　― 딱 인자

건저가꼬는

　― 애, 열흘이면 열흘 인자 일쭈일이면 일쭈일 일:쭈일 이상 당과야되야요.

　애.

　― 그래야 그거이 싸기 얼릉 트재, 글안흐면[26] 싸기 좀:해서 안 터요.

　애.

　― 그릉깨 보:통 저는 매치를 당구냐먼 한 시빌까지 당과요 저 당과나요.

　아.

　― 그래야 싸기 얼릉 터요.

　아하.

　― 애.

　― 그러문자 싸기 탁 터따 틀라고 빵귿빵귿 누니 인자 히낃히낃허니 거

갈아야지요.

예.

— 그래 가지고 이제 씻어요.

예.

— 자꾸 이제 행궈 가지고는 딱 갖다 담가 놓으면 이제 완전히 이제 그 것은 이제 볍씨 이제 담그는 것은 끝이 나지요.

예.

그렇게 소독을 하구먼요?

— 예.

그래 가지고 이제 예 이제 그것을 이제 뿌리지요?

— 그래 가지고 이제 그것을 이제 건져요.

예.

— 딱 이제

건져 가지고는

— 예, 열흘이면 열흘 이제 일 주일이면 일 주일 일 주일 이상 담가야 돼요.

예.

— 그래야 그것이 싹이 얼른 트지, 그러지 않으면 싹이 좀해서 안 터요.

예.

— 그러니까 보통 저는 며칠을 담그냐면 한 십 일까지 담가요, 저 담가 놔요.

아.

— 그래야 싹이 얼른 터요.

아하.

— 예.

— 그러면 이제 싹이 탁 텄다 트려고 방긋방긋 눈이 이제 희끗희끗하게

딱 누니 생개요.

　애.

　- 그문 그때 딱 건저가지고 방애다나 부를 때:가지고 인자 따:긴자 온
도를 마처서 딱 아 인자 나:둬요 인자 가마니가마니 다머서 딱 인자

　아하하.

　- 그르머는 한 하래 쩌녁 아니면 이틀 쩌녁 글안흐먼 산 사날 사흘까
지도 걸려요. 근자 초기 인자 요로캐 딱 터올라와요.

　아, 그러캐 방애다 놔두먼 ***

　- 애.

　해논 따뜯하개 해:노먼

　- 애.

　- 그르면 인자 그노믈 인자 어:쩐수가 인냐 그머는 모자리파내다 인자
흐글 인자 싹 다머요. 인자 상:토를.

　애,

　- 상토를 다머서 딱:: 골라노코는 초기 한 일쌘치나 이러캐 올라와쓸
띠개 쪼:까니 올라와쓸때 인자 그때 인자 파:종을 해:요.

　애

　- 애, 파:종을 딱 해:가지고 완:저니 인자 복토라고 또 이써요.

　애.

　- 복토랑거슨 무어뽀고 복토라흐냐그먼 인자 파내다가 흐글 다머가꼬
딱 골라노코 신나라글 짝 뿌려가꼬 그다매 인자 우:개다가 인자 딱 흐글
인자 더퍼요.

　아하, 덤능거뽀고

　- 애 인자 힌나라기 나라개 헌 허처논누미[27] 배일루말 배일뚱말:뚱

　애.

　- 글안흐먼 안보이고쿠럼 딱 더퍼요.

그 딱 눈이 생겨요.

　예.

　– 그러면 그때 딱 건져 가지고 방에다나 불을 때 가지고 이제 딱 이제 온도를 맞춰서 딱 아 이제 놔 둬요. 이제 가마니 가마니 담아서 딱 이제

　아하하.

　– 그러면은 한 하루 저녁 아니면 이틀 저녁 그렇지 않으면 사날 사흘까지도 걸려요. 그 이제 싹이 이제 이렇게 딱 터 올라와요.

　아. 그렇게 방에다 놔 두면 ***

　– 예.

　해 놓은, 따뜻하게 해 놓으면

　– 예.

　– 그러면 이제 그것을 이제 어떤 수가 있느냐 그러면은 못자리판에다 이제 흙을 이제 싹 담아요. 이제 상토를.

　예.

　– 상토를 담아서 딱 골라 놓고는 싹이 한 일 센티나 이렇게 올라왔을 때에 조금 올라왔을 때 이제 그때 이제 파종을 해요.

　예.

　– 예, 파종을 딱 해 가지고 완전히 이제 복토라고 또 있어요.

　예.

　– 복토라는 것은 뭘 보고 복토라 하느냐 그러면 이제 판에다가 흙을 담아 가지고 딱 골라 놓고 볍씨를 쫙 뿌려 가지고 그 다음에 이제 위에다가 이제 딱 흙을 이제 덮어요.

　아하, 덮는 것보고

　– 예, 이제 흰 벼가 벼에 흩뿌려 놓은 것이 보일 둥 말 둥

　예.

　– 그렇지 않으면 안 보이게끔 딱 덮어요.

애.

─ 그래가지고는 저런 마당 판판헌디다가 인자 다이를[28) 노코는 차복 차복[29) 인자 쟁애요.

애.

─ 싸:나요.

─ 딱: 싸노믄 거그서 인자 딱 싸:가꼬 확 더퍼요 인자 따듯허개

음.

─ 막 보온더깨로도 더푸고 막 저런 비니루로도 더푸고 막 더퍼가꼬는

─ 싸기 어느 정도 트냐그머는 한 이:샌치 삼샌치 정도 인자 딱 올라와 요 거그서.

얘 얘.

─ 그럴때 인자 마당애 마당애다가나 인자 지금 놈빠다개다 절:때 잘 안험니다.

오.

─ 왜 그냐그먼 귀찬헝깨요.

오, 마당애서

─ 왜: 귀찬흐냐거먼 쟁이지를 요노믈 이: 면:저글 다 섕개야 쓰꺼인디

음.

─ 여그다 가따 요르캐 모자리다걸 어:중간허개 이르캐 딱 해:노머는

음.

─ 그거까꼬 트랙타 드러가기도애 어중간 경웅기 드러가기도 어중간 허머는 입짱이 골:란해요 그거시 파도 몬:허고.

음.

─ 그렁깨 기양 애이 귀찬헝깨 기양 마당애다 해:불자 저롬 질빠다개 저런 디다 해:불자

음.

예.

- 그래 가지고는 저런 마당 판판한 곳에다가 이제 대를 놓고는 차곡차곡 이제 쟁여요.

예.

- 싸 놔요.

- 딱 싸 놓으면 거기서 이제 딱 싸 가지고 확 덮어요 이제 따뜻하게.

음.

- 막 보온 덮개로도 덮고 막 저런 비닐로도 덮고 막 덮어 가지고는

- 싹이 어느 정도 트느냐 그러면은 한 이 센티 삼 센티 정도 이제 딱 올라와요, 거기서.

예예.

- 그럴 때 이제 마당에 마당에다가나 이제 지금 논바닥에다 절대 잘 안 합니다.

오.

- 왜 그러느냐 그러면 귀찮으니까요.

오, 마당에서.

- 왜 귀찮은가 하면 쟁이지를 이것을 이 면적을 다 심어야 쓸 텐데

음.

- 여기다 갖다 이렇게 못자리에다 어중간하게 이렇게 딱 해 놓으면은

음.

- 그것 가지고 트랙터 들어가기도 어중간 경운기 들어가기도 어중간 하면은 입장이 곤란해요, 그것이 파지도 못하고.

음.

- 그러니까 그냥 에이 귀찮으니까 그냥 마당에다 해 버리자 저런 길바닥에 저런 데다 해 버리자.

음.

― 그래가꼬 인자 이르캐 마당애다 인자 주로 저너 마:니 해:요.

음.

― 자근집 마당이 쿵깨 거그다가 싹 해:요.

음.

― 그먼 마당애다 싹: 해노모는 가따가 쫙:: 까라노코는 인자 보:은더깨 라고 이써요.

애.

― 하:얀 배 처:니 인는디 모자리 비니루마이로30) 널버가꼬 시방 쩌그 저 고치 더퍼농거가치 생긴거를 쫙:쫙 더퍼서 바람 안 디리가고 안 날리 기거쿠름 딱:딱: 머이로 인자 이르캐 도:그로나 머이로 나:무로나 딱:딱: 눌러노코는

― 인자 하래 함번도 준 사람 이꼬 두:번 준 사람도 인는디요 저는 꼭:: 매일가치 하래 두:번썩 아침 저녀그로요 애 무를 줘:요.

음.

― 인자 조:로로31) 줘:얀디 조:로로 주면 애:가 터징깨 기양 수도꼭찌애 다 기양 호:스 기양 찡개가꼬32) 걍 막 자 거 물 준 거시기가 이써요. 조: 로 거 그 주댕이가치 생긴거요.

아::.

― 골로 기양 칙칙 막 뿌리고 댕개요 그냥. 그먼 금방 뿌려부러요.

음.

― 그래가지고 인자 모를 인자 한 요정도써기나 키워요 인자. 마당애서.

아하.

― 아, 그먼 요정도 크머는 인자 이노믈 모를 내:도 허거따.

애

― 그를 때는 인자 모를 내:기 시작험니다.

아.

- 그래 가지고 이제 이렇게 마당에다 이제 주로 많이 해요.

음.

- 작은집 마당이 크니까 거기다가 싹 해요.

음.

- 그러면 마당에다 싹 해 놓으면은 갖다가 쫙 깔아 놓고는 이제 보온 덮개라고 있어요.

예.

- 하얀 베, 천이 있는데 못자리 비닐처럼 넓어 가지고 시방 저기 저 고추 덮어 놓은 것같이 생긴 것을 쫙쫙 덮어서 바람 안 들어가고 안 날리게끔 딱딱 뭐로 이제 이렇게 돌로나 뭐로 나무로나 딱딱 눌러 놓고는

- 이제 하루 한 번도 주는 사람 있고, 두 번 주는 사람도 있는데요, 저는 꼭 매일같이 하루 두 번씩 아침 저녁으로요 예 물을 줘요.

음.

- 이제 물뿌리개로 줘야 하는데 물뿌리개로 주면 애가 터지니까 그냥 수도꼭지에다 그냥 호스 그냥 끼워 가지고 그냥 막 이제 그 물 주는 거시기가 있어요. 물뿌리개 그 그 주둥이같이 생긴 거요.

아.

- 그것으로 그냥 칙칙 막 뿌리고 다녀요 그냥. 그러면 금방 뿌려 버려요

음.

- 그래 가지고 이제 모를 이제 한 이 정도씩이나 키워요 이제. 마당에서.

아하.

- 아, 그러면 이 정도 크면은 이제 이것을 모를 내도 되겠다.

예.

- 그럴 때는 이제 모를 내기 시작합니다.

아.

- 애::, 그래가지고 인자 모를 내:서 경웅기로 시러날리고 차 인는 사람 차로 시러날리고 그래가지고는 인자 이:양기로 막 기양 모를 성기지요.

아.

이:양기는 먼: 얻 어:디가 집찜마다 일 이씀니까? 이:양기가? 아니먼 누구한태 빌려서 함니까?

- 아:니요, 전 저는 인자 일 트랙터 저 이:양기 인자 스농이:양기랑거슨 타고댕임시롱33) 헝거시고

애.

- 수동이:양시기랑거슨 인자 이르캐 자 자기가 인자

밀:고 댕깅거

- 밀:고 댕이자내34) 요로거 자꼬만 댕개요.

- 그먼 지:가 인자 요로캐 바꾸가35) 궁구러간시롱36) 모를 성개요.

오:::.

- 애.

- 그 이:양기는 이씀니다.

아.

- 요거이. 곧 쩌 건조시래 가먼 이씀니다, 지금뇨.

아.

앤:나래 이:양기 안 나올 때는 소느로 이

- 애 일리리 소느로 성개찌요.

음.

- 그때는 인자 진짜 참 선생님 말씀 차꼬 노내다가 모자리를 해:가꼬

- 소느로 그노믈 쩌가꼬 뭉꺼가꼬 노내다 저날려서 다 밸래가꼬

아.

- 그래가꼬 인자 소느로 성개째마는

- 지그믄 인자 그거시 아:니고 기냥 바로 그냥

－ 예, 그래 가지고 이제 모를 내서 경운기로 실어 나르고, 차 있는 사람 차로 실어 나르고, 그래 가지고는 이제 이양기로 막 그냥 모를 심지요.

아.

이양기는 무슨 어디에 집집마다 있습니까? 이양기가? 아니면 누구한테서 빌려서 합니까?

－ 아니요, 전 저는 이제 트랙터 저 이양기 이제 승용이양기란 것은 타고 다니면서 하는 것이고

예.

－ 수동이양기란 것은 이제 이렇게 이제 자기가 이제

밀고 다니는 것

－ 밀고 다니지 않고 이렇게 잡고만 다녀요.

－ 그러면 제가 이제 이렇게 바퀴가 굴러가면서 모를 심어요.

오.

－ 예.

－ 그 이양기는 있습니다.

아.

－ 이것이. 곧 저 건조실에 가면 있습니다, 지금요.

아.

옛날에 이양기 안 나올 때는 손으로 이

－ 예, 일일이 손으로 심었지요.

음.

－ 그때는 이제 진짜 참 선생님 말씀마따나 논에다가 못자리를 해 가지고

－ 손으로 그놈을 쪄 가지고 묶어 가지고 논에다 져 날라서 다 벌려 가지고

아.

－ 그래 가지고 이제 손으로 심었지마는

－ 지금은 이제 그것이 아니고 그냥 바로 그냥

이:양기로.

― 애, 이:양기로 성개붕깨 새:상 편해요.

그먼 혼자 혼자도 할 쑤 이씀니까?

― 애, 혼자 인자 이 그거 왜 혼자 허냐 그머는 모를 가따 인자 점부 요러캠 딱 요배미 성기거따 그먼 여가 먼: 거:리가 이 시방 정지잴로무거슨 저 논 함배비가 삼단보짜리 함배미가 뱅매타애요.

애.

― 뱅매타머는 여그서 딱 시작헐때 땅 여 함파늘 여:먼 여까지 와요.

음. 아하.

― 애.

― 그먼 그거이 뱅매타가 와딴 말쓰미요.

― 그먼 여그서 인자 또 땅 모파늘 나도요.

음.

― 여그서 또 여:믄 또 여까지 가요.

음.

― 그래가꼬 이르캐 지구자구로 와따가따 헌시롱 여그서 여꼬 여그서 여꼬

― 그럼 모:지럴쌔먼37) 또 인자 우:개다 인자 실코댕임시롱38) 또 인자 여:주고

― 그러먼 그냥 성개저요. (웃음)

음.

긍깨 지그믄 기개로 하니까 그러캐 아주 편하고

― 애.

앤:나래는 모 숭굴라먼 멷: 사:람드리 그냥

― 아, 인자 푸마시로 이써요.

애.

이양기로.

─ 예, 이양기로 심어 버리니까 세상 편해요.

그러면 혼자 혼자도 할 수 있습니까?

─ 예, 혼자 이제 이 그것 왜 혼자 하느냐 그러면은 모를 가져다 이제 전부 이렇게 딱 이 배미 심겠다 그러면 여기에 무슨 거리가 이 시방 경지 정리한 것은 저 논 한 배미가 삼 단보 짜리 한 배미가 백 미터예요.

예.

─ 백 미터면은 여기서 딱 시작할 때 딱 이 한 판을 넣으면 여기까지 와요.

음. 아하.

─ 예.

─ 그러면 그것이 백 미터가 왔단 말씀이오.

─ 그러면 여기서 이제 또 딱 모판을 놔 둬요.

음.

─ 여기서 또 넣으면 또 여기까지 가요.

음.

─ 그래 가지고 이렇게 지그재그로 왔다갔다 하면서 여기서 넣고 여기서 넣고

─ 그럼 모자랄 것 같으면 또 이제 위에다 이제 싣고 다니면서 또 이제 넣어 주고

─ 그러면 그냥 심어져요.

음.

그러니까 지금은 기계로 하니까 그렇게 아주 편하고

─ 예.

옛날에는 모 심으려면 몇 사람들이 그냥

─ 아, 이제 품앗이도 있어요.

예.

- 인자 노블 어더서도 허지마는자 도인자 기양 푸마시 해도 헐만허먼
돈: 이써도 너랑나랑 푸마시해서 성기자

야하.

- 그먼 막 온:동내싸람드리 와:허니[39] 달라드러서 기양

아.

- 막 내건 성기고 니건 성기고 막 이런 시그로 푸믈 자 푸마시를 해서
성개써요.

아.

- 그래꼬

그 저 주를 마초와야 되자나요? 모 숭굴 때?

- 애 얘 주를 (인)자 이찌요.

- 그뜬자 시:장애 가먼 거 모쭈리라고 이써요.

아::.

- 딱:딱 이주 요정도 다서친뜬지 여서치든지 보:통 여그서는 여서치
일곱치로 성개써요.

애.

- 그래가지고는 거 고동이라고[40] 빨:거니 인자 거 실:로 요로캐 해:노
코 형:급때기로도[41] 해:노코 딱:딱 표를 해:나써요.

아.

- 그믄 인자 요놈 인자 요르캐 딱:딱 이쓰먼 여그 함폭[42] 성기고 역함
폭 성기고 여그 성기고 또 여그 성기고 이르캐 인자 쭉:쭉 성기지요.

어::.

- 애.

그래요.

모 모 숭군니리 큰 니리연는대 앤:나래는.

- 애, 앤:나래는 큰니린대 지그믄 먼 아:무일 업써요.

－ 이제 놉을 얻어서도 하지마는 이제 또 이제 그냥 품앗이 해도 할 만
하면 돈 있어도 너랑 나랑 품앗이해서 심자

야하.

－ 그러면 막 온 동네 사람들이 와하고 달려들어서 그냥

아.

－ 막 내 것 심고 네 것 심고 막 이런 식으로 품을 이제 품앗이를 해서
심었어요.

아.

－ 그랬고

그 저 줄을 맞춰야 되잖아요? 모 심을 때?

－ 예, 예, 줄을 이제 있지요.

－ 그러면 이제 시장에 가면 그 못줄이라고 있어요.

아.

－ 딱딱 이 정도 다섯 치든지 여섯 치든지 보통 여기서는 여섯 치 일곱
치로 심었어요.

예.

－ 그래 가지고는 그 고동이라고 빨갛게 이제 그 실로 이렇게 해 놓고
헝겊으로도 해 놓고 딱딱 표를 해 놓았어요.

아.

－ 그러면 이제 이것 이제 이렇게 딱딱 있으면 여기 한 포기 심고 여기
한 포기 심고 여기 심고 또 여기 심고 이렇게 이제 쭉쭉 심지요.

어.

－ 예.

그래요.

모 모 심는 일이 큰 일이었는데 옛날에는.

－ 예, 옛날에는 큰 일인데 지금은 뭐 아무 일 없어요.

아.

- 머 새:꺼슬 가따줄락해 애:를 쓰기를 허까 먼:허까 먼:

(웃음)

- 자기 인자 술 조아헌 사라믄 수리나 한잔 가따주고 커:피 조아허믄 커:피 한잔 가따주고 (웃음)

그러캐 그러캐 됀내요.

- 애, 그르캐 되야써요.

애.

- 내.

지그믄 인재 그 모 하:튼 그 인재 십 숭구기 저내 애 저 논 이나 요롱거슨 가라야 짝 골라야 돼잔씀니까?

- 애, 가 가 가라서 골라야조.

애 어떤 어떤 시그로 인자

- 그릉깨 인자

- 모자리를 허기 점부터 이재 시야내 겨울사리라고[43] 이써요.

아.

- 겨울사리랑거슨 머:이냐 흐먼 겨우래 노늘 가라논다 이거여요.

애,

- 그러면 인자 땅 수며내 이뜬 벌래가틍거시나 공기가틍거 인자 점부 드러가서 인자 땅이 부푸러따 노가따 근머는,

애.

- 그거시 인자 보매 간:놈보듬[44] 훨씬 더 나:따

아.

- 그래가지고 인자 그 벌래도 주꼬 그렁깨 더 나:따.

미리 가라두구마뇨.

- 애, 그르근자

아.

- 뭐 곁두리를 가져다 주려고 해서 애를 쓰기를 할까 뭐를 할까 뭐 (웃음)

- 자기 이제 술 좋아하는 사람은 술이나 한 잔 가져다 주고 커피 좋아하면 커피 한 잔 가져다 주고 (웃음)

그렇게 그렇게 됐네요.

- 예, 그렇게 됐어요.

예.

- 예.

지금은 이제 그 모 하여튼 그 이제 심기 전에 저 논이나 이런 것은 갈아야 쫙 골라야 되잖습니까?

- 예, 갈아서 골라야지요.

어떤 식으로 이제

- 그러니까 이제

- 못자리를 하기 전부터 이제 겨울에 겨우살이라고 있어요.

아.

- 겨우살이란 것은 뭐냐 하면 겨울에 논을 갈아 놓는다 이것이에요.

예.

- 그러면 이제 땅 수면에 있던 벌레 같은 것이나 공기 같은 것 이제 전부 들어가서 이제 땅이 부풀었다 녹았다 그러면은,

예.,

- 그것이 이제 봄에 가는 것보다 훨씬 더 낫다.

아.

- 그래 가지고 이제 그 벌레도 죽고 그러니까 더 낫다.

미리 갈아 두구먼요.

- 예, 그리고 이제

- 그러치 앙코 인자 보매 인자 설: 쇠고 한 이사머릴 되면 인자 나리 어러따 노가따 해가꼬 얼:먼 또 쟁기지리 잘 안 되야요.

애

- 땅이 꽉:45) 어러불면
- 궁깨 땅이 인자 노그머는 그때 인자 쟁이지를 해:요.

내.

- 딱 처:매 초보를 가라가꼬 인자 경웅기로 갈:든지 트랙타로 갈:든지 딱 가라가꼬는
- 땅 나:도따가 인자 무를 여:가꼬요

애, 따:긴자 함볼 가라요.

- 무:를 여:가꼬 딱 함볼 가라가꼬 그다으매 또인자 재:보를 또 가라요.

애.

- 이거시 노늘 함불 간:놈과 두:벌 간:놈과 왜 다르냐 흐면 처째 땅애 서 나는 지시미46) 그거시 문:재가 이써요.

아하.

- 피가틍거시나 다른 잡초가틍거시

으~.

- 그러머는 함볼 갈:로믄 함볼 가라노머는 지시미 더 지슨디
- 두:볼 갈:고 시:볼 갈:머는 지시미 덜 지서요.

아하.

- 애.
- 피가틍거또 요로캐 빼쪽빼쪽 올라와가꼬 기양 또 가라붕깨 기양 무 처가꼬 주거불고 마저가꼬 주거불고

마:니 갈:쑤록 존:내요.

- 애.

- 그러지 않고 이제 봄에 이제 설 쇠고 이삼 월 되면 이제 날이 얼었다 녹았다 해 가지고 얼면 또 쟁기질이 잘 안 돼요.

예.

- 땅이 꽁꽁 얼어 버리면

- 그러니까 땅이 이제 녹으면은 그때 이제 쟁기질을 해요.

예.

- 딱 처음에 초벌을 갈아 가지고 이제 경운기로 갈든지 트랙터로 갈든지 딱 갈아 가지고는

- 딱 놔 두었다가 이제 물을 넣어 가지고요

예, 딱 이제 한 벌 갈아요.

- 물을 넣어 가지고 딱 한 벌 갈아 가지고 그 다음에 또 이제 재벌을 또 갈아요.

예.

- 이것이 논을 한 벌 가는 것과 두 벌 가는 것과 왜 다르냐 하면 첫째 땅에서 나는 김이 그것이 문제가 있어요.

아하.

- 피 같은 것이나 다른 잡초 같은 것이

으.

- 그러면은 한 벌 갈 것은 한 벌 갈아 놓으면은 김이 더 깃는데

- 두 벌 갈고 세 벌 갈면은 김이 덜 깃어요.

아하.

- 예.

- 피 같은 것도 이렇게 뾰족뾰족 올라와 가지고 그냥 또 갈아 버리니까 그냥 묻혀 가지고 죽어 버리고 맞아 가지고 죽어 버리고

많이 갈수록 좋네요.

- 예.

- 긍깨 인자 요론 디서는 더군다나 또 어:쩐 수가 인냐 그머는 애:: 저 '사삭찌기'라47) 그래가꼬요

애.

- 무를 대:면 얼릉 빠:저부러, 기양.

아하.

- 애.

진흐기 아니고

- 애, 진흐기 아니고 삳

모래?

- 얘, 모래 자가리기 따무내 기양 얼릉 빠:저 부러, 미트로, 걍.

어.

그런 논보다는 머:라고 그래요?

- '사삭찌기'

'사삭찌기'라 그래요?

- 얘.

아하.

- '사삭찌기'라 그래요.

음.

- 그무 그노믈 여러번 갈:면 갈:쑤록 으:처 존:냐 그르먼 꾸정무리 이러저가꼬 그 구녀글48) 매운다 이거시애요.

음.

- 그릉깨 앤:나래는 그거시 저 함볼 갈:면 인자 초보리라고 두:볼 갈:면 인자 그 '생가리49) 뜬다'고 시:벌 갈:면 인자 '시:벌띠기'라 글고 니:벌 갈:면 인자 그 물 인자 모다라고50) 인자 거 강:글 강:거시애요.

음.

- 그러대끼 시방은 트랙타로 해:도 꾸정무리 인자 마:니 이러주기 따무내

- 그러니까 이제 이런 곳에서는 더군다나 또 어떤 수가 있느냐 그러면은 예 저 '사석지기'라고 그래 가지고요,

예.

- 물을 대면 얼른 빠져 버려, 그냥.

아하.

- 예.

진흙이 아니고

- 예, 진흙이 아니고 삿

모래?

- 예, 모래 자갈이기 때문에 그냥 얼른 빠져 버려, 밑으로, 그냥.

어.

그런 논보고는 뭐라고 그래요?

- '사석지기'

'사석지기'라 그래요?

- 예.

아하.

- '사석지기'라 그래요.

음.

- 그러면 그것을 여러 번 갈면 갈수록 어째 좋으냐 그러면 구정물이 일어나 가지고 그 구멍을 메운다 이것이에요.

음.

- 그러니까 옛날에는 그것이 저 한 벌 갈면 이제 초벌이라고, 두 벌 갈면 이제 '생갈이 뜬다'고, 세 벌 갈면 이제 '세벌떼기'라고 그러고, 네 벌 갈면 이제 그 물 이제 모이라고 이제 그 가는 것이에요.

음.

- 그렇듯이 시방은 트랙터로 해도 구정물이 이제 많이 일어나기 때문에

먼 여러볼 갈: 피료 읍:찌마는 사삭쓰기논 인자 이러캐 아조 자갈뚱51) 요 지바패 가튼디 쩌그 저런 난등가튼디 이: 여패52) 가튼 대는 시:벌 니:벌 가라야 되야요.

애

— 그래야 이거시 그어 물꾸녀기 매여가꼬 무리 허여푸질53) 안타.

음.

— 그래가지곤 인자 싹: 가라가꼬 마지마개 인자 '노:타리'를 탁 인자 트랙타로 처가꼬는

— 써:래랑거시 이써요. 지드랜:해가꼬54) 널붕거시 이써요.

음.

— 글로 쫙:: 끄지버55)불먼 기양 반반:허니 골라짐니다요.

음.

— 그래가꼬 덜: 골라진 대는 사:람 히므로 인자 고르지요.

애

— 그래가꼬 한:사고56) 논빠다기 쫙: 골라야 이르캐 상빠닥마니로 쫙: 골라야 이거시 모가 새끼를 처도 무리 일:쩡허니 애 삼샌치썩 무를 대:라 그래요, 논빠다개다가.

노피 노피가요?

— 애, 물 노피가 삼샌치 되:다고

음.

— 그래야 야글 해나도 풀도 아놀라오고 풀도 모:돌라오고 근다고.

음.

— 그 삼샌치 무를 대:라 그래요.

음.

— 그 삼샌치 댈:라 그머는 노푼대가 이꼬 야푼대가57) 이쓰머는 지푼대 는58) 걍 한 매샌치 되야부고

뭐 여러 벌 갈 필요가 없지마는, 사석지기 논 이제 이렇게 아주 자갈등이 집 앞에 같은 곳, 저기 저런 난등(?) 같은 곳, 이 옆 같은 곳은 세 벌 네 벌 갈아야 돼요.

예.

― 그래야 이것이 물 구멍이 메워져 가지고 물이 빠지지를 않는다.

음.

― 그래 가지고는 이제 싹 갈아 가지고 마지막에 이제 '로타리'를 탁 이제 트랙터로 쳐 가지고는

― 써레라는 것이 있어요. 길다래 가지고 넓은 것이 있어요.

음.

― 그것으로 쫙 끌어 버리면 그냥 반반하게 골라집니다.

음.

― 그래 가지고 덜 골라진 데는 사람 힘으로 이제 고르지요.

예.

― 그래 가지고 한사코 논바닥이 쫙 골라져야 이렇게 상 바닥처럼 쫙 골라져야 이것이 모가 새끼를 쳐도 물이 일정하게 예 삼 센티씩 물을 대라 그래요, 논바닥에다가.

높이 높이가요?

― 예, 물 높이가 삼 센티 된다고.

음.

― 그래야 약을 해 놓아도 풀도 안 올라오고 풀도 못 올라오고 그런다고

음.

― 그 삼 센티 물을 대라 그래요.

음.

― 그 삼 센티 대려고 그러면은 높은 곳이 있고 얕은 곳이 있으면은 깊은 곳은 그냥 한 몇 센티 돼 버리고

그러개찌요.

- 노푼대는 일샌치도 모뙤고 그먼 그 노푼대는 푸리 나불지요.

음.

- 그릉깨 될:쑤 이쓰먼 논빠다글 쫙: 빤:드시 싹 골라가꼬 모를 셩개야 재대로 이거시 농사애 등니를 헌다 그래써요.

음.

그 앤:나래 아까 말:씀 하실 때 그 머 내:벌씩 간:다 그래짜나요?

- 애.

머 이 이르미 이꼬 머 그러내요. 초벌 갈:기라등가

- 애.

- 초볼갈기 시:볼갈기

아~.

- 인자 무사리

애.

- 그르캐 인자 여기

무사

- 무사리라

- 무사리랑거시 인자 그 마지마개 인자 거시기 허능거시얘요 인자. 저 논 근 물빠진 구녁 매여지라고 인자 막 꾸정무를 마:니 이른다 그래가꼬 '무사리'라 그래요.

아, 맨 마지마개 냉 무사리.

- 애.

처 매 첨머 처:매 강:거슨?

- 초볼간:다 그래찌요.

애?

- 초볼간:다

그러겠지요.

— 높은 곳은 일 센티도 못 되고 그러면 그 높은 곳은 풀이 나 버리지요.

음.

— 그러니까 될 수 있으면 논바닥을 쫙 반듯이 싹 골라 가지고 모를 심어야 제대로 이것이 농사에 득리를 한다 그랬어요.

음.

그 옛날에 아까 말씀하실 때 그 뭐 네 벌씩 간다 그랬잖아요?

— 예.

뭐 이 이름이 있고 뭐 그러네요. 초벌 갈기라든지.

— 예.

— 초벌 갈기 세 벌 갈기.

아.

— 이제 '무사리'

예.

— 그렇게 이제 여기

무사

— 무사리라

— '무사리'라는 것이 이제 그 마지막에 이제 거시기 하는 것이에요, 이제. 저 논 물 빠진 구멍 메워지도록 이제 막 구정물을 많이 인다 그래 가지고 '무사리'라 그래요.

아, 맨 마지막에 무사리.

— 예.

처음에 가는 것은?

— 초벌 간다 그랬지요.

예?

— 초벌 간다.

아, 초벌간:다 그러고

— 얘.

두:번째느뇨?

— 두:번째는 '생가리'

생가리?

— 생가리, 생가리.

'생가리' 아 '생가리' 어쩐다고 그럽니까?

— '생가리' 뜬다.

아, '생가리' 뜬다고 그래요?

— 얘.

어.

새:버느뇨?

— 새:버는 인자 무사리⁵⁹⁾ 간:다

아, 무사리 간:다

— 얘.

아.

— '살미'처라 참 '살미'처라 그러내.

얘?

— 새:벌강거 '살미'처라 '살미' '살미'

살미?

— 이~.

살미를 친다고?

— 얘, '살미' 처라 그래요.

'살미'처라

— 얘.

— 거그는 무리 허여풍깨 살미처라⁶⁰⁾ 그르캐 마:를 해:요.

아, 초벌 간다 그러고

— 예.

두 번째는요?

— 두 번째는 '생갈이'

생갈이?

— 생갈이, 생갈이.

'생갈이' 아 '생갈이' 어떻게 한다고 그럽니까?

— '생갈이' 뜬다

아, '생갈이' 뜬다고 그래요?

— 예.

어.

세 번은요?

— 세 번은 이제 무사리 간다.

아, 무사리 간다.

— 예.

아.

— '살미' 쳐라, 참 '살미' 쳐라 그러네.

예?

— 세 벌 가는 것 '살미' 쳐라 '살미' '살미'

살미?

— 이.

살미를 친다고?

— 예, '살미' 쳐라 그래요.

'살미' 쳐라.

— 예.

— 거기는 물이 빠지니까 살미 쳐라 그렇게 말을 해요.

무리 어쩡깨?

− 무리 허여풍깨 살미처라.

무리 '허여푸단' 마리 무슨 마리애요?

− 무리 얼릉 빠:저분다 이거시애요.

아, 얼릉 빠:저부니까

− 얘.

음.

− 살미처라.

음.

살 살미를 친다 그러내요.

− 얘, 살미 친다

아.

그리고 내:번째가

− 내:뻔째는 이자 모 성길 인자 '가쭹이'

음.

− '가쭹이' 해라.

가 갇

− '가종이'61) '가중이' '가쭹이' '가쭹이'

가종이 허다

− 얘.

예, '가종이' 헌다고

− 얘.

음.

− 그때는 인자 까 완:저니 인자 다: 인자 써:래질까지 싹 해:가꼬 인자
모 성깅거시애요, 인자.

음.

물이 어떠니까?

— 물이 '허여푸니까' 살미 쳐라.

물이 '허여푸단' 말이 무슨 말이에요?

— 물이 얼른 빠져 버린다 이것이에요.

아, 얼른 빠져 버리니까.

— 예.

음.

— 살미 쳐라.

음.

살 살미를 친다 그러네요.

— 예, 살미 친다.

아.

그리고 네 번째가?

— 네 번째는 이제 모 심는 이제 '가종이'.

음.

— '가종이' 해라.

가 갓

— '가종이', '가종이', '가종이', '가종이'

가종이 하다

— 예.

예, '가종이' 한다고.

— 예.

음.

— 그때는 이제 완전히 이제 다 이제 써레질까지 싹 해 가지고 이제 모 심는 것이에요, 이제.

음.

- 가쵱이 허능걷

아, 그럼 그 무사리칭걷 그 다:매 가종이 치나요?

- 애, 그러지요. 나:중애 쩰: 나중이지요.

아.

- 그릉깨 인자 내:불 가각 완:저니 강:거시지요.

내:번 갈:고 그다매 인재 간 다시 함번 해:보새

- '가쵱이'

처:으매는 초

- 생가리. 초볼 간다

초봄 가 초벌 강:개 생가리애요?

- 얘, 아 초볼간다

아.

그다매

- 그다매 생가리

얘.

- 그다매 인자 새:버른 무사리

얘.

- 인자 거 살미친다 그러지요이~

얘, 살미친다 그러고

- 얘.

- 그다매 인자 마지마개는 인자 저 노늘 인자 쓰 저 가쵱이

어.

- 가쵱이 헌다

어.

그러면 인자 초버른 재:가 알거꾸요.

- 얘.

- 가종이 하는 것

아, 그럼 그 무사리 치는 것 그 다음에 가종이 치나요?

- 예, 그러지요. 나중에 제일 나중이지요.

아.

- 그러니까 이제 네 벌 완전히 가는 것이지요.

네 번 갈고 그 다음에 이제 가는 다시 한 번 해 보세.

- '가종이'

처음에는 초

- 생갈이. 초벌 간다.

초벌 가는 것이 생갈이예요?

- 예, 아 초벌 간다.

아.

그 다음에

- 그 다음에 생갈이

예.

- 그 다음에 이제 세 벌은 무사리

예.

- 이제 그 살미 친다 그러지요.

예, 살미 친다 그러고

- 예.

- 그 다음에 이제 마지막에는 이제 저 논을 이제 쓰 저 가종이

어.

- 가종이 한다.

어.

그러면 이제 초벌은 제가 알겠고요.

- 예.

생가리 뜬다 마른 어떠캐?

― 다시 인자 거 두: 인자 요로캐 두두글 지여노치 안씀니까?

애.

― 그르먼 두두글 지:머는 생가리랑거슨 머이냐 흐머는 이 두두글 요러캐 딱 합해서 지여노머는 이 가운대가 쌩가리 쌩땅이 이써요.

애.

― 앙가라진대가 이짜내요?

애애.

― 그르문 이노믈 인자 두두글 깨:요.

아.

― 깨:머는 자 일 거시기가 쌩땅이 업:쓰껄 아님니까?

애앧

― 완:저니 다 갈리지요.

애.

― 그래서 생가리.

애 그니까 고개 쌩 생땅이 인능걸 깨:내요이~.

― 깽:거슬 생가리.

음.

생가리를 뜬다.

― 애.

그 다매가 인재 살미를 친다.

― 애.

애.

살미를 친다 마른?

― 인자 그 거 물꾸녀기 읍:써지개 인자 맨등거슬 인자 무리 얼릉 빠:징깨,

생갈이 뜬다는 말은 어떻게?

　― 다시 이제 그 두 이제 이렇게 두둑을 지어 놓지 않습니까?

예.

　― 그러면 두둑을 지으면은 생갈이란 것은 뭐냐 하면은 이 두둑을 이렇게 딱 합해서 지어 놓으면은 이 가운데가 생갈이 생땅이 있어요.

예.

　― 안 갈아진 데가 있잖아요?

예예.

　― 그러면 이것을 이제 두둑을 깨요.

아.

　― 깨면은 이제 거시기가 생땅이 없을 것 아닙니까?

예예.

　― 완전히 갈리지요.

예.

　― 그래서 생갈이.

예, 그러니까 그것이 생땅이 있는 것을 깨네요.

　― 깨는 것을 생갈이.

음.

생갈이를 뜬다.

　― 예.

그 다음에 이제 살미를 친다.

　― 예.

예.

살미를 친단 말은?

　― 이제 그 물구멍이 없어지게 이제 만드는 것을 이제 물이 얼른 빠지니까,

애.

— 무리 모드라고⁶²⁾ 인자 그거슬 생가리를 뜬다

음. 애.

물 빠지는 구멍을 업:쌘단 마리지요?

— 애.

음.

살미를 친단 마른 그러코시녀 무사리 뜬다 무사리 간 무사리 간:다?

— 그거이 팽상 살미.

가틍거애요?

— 애.

아.

무사리 무사리를 간:다 그먼 무사리가 머애요? 무사리?

— 무사리랑거슨 자 무래서 간:다 그소린디,

아.

— 살미친다 그래요 여그서는.

어 무사리를 갈먼 살미도 친다.

— 애.

구멍을 업:쌘다.

— 애.

구멍을 어트캐 업:쌔냐먼

— 꾸정무리 나가꼬 인자 거 꾸정무리 인자 가란저가꼬 구녀글 마근다 그래요.

음. 애.

인재 '가:종이' 친단 마른

— '가종이' 헌다 그거슨 인자 모셩이 헌다

애?

예.

— 물이 모이라고 이제 그것을 생갈이를 뜬다.

음. 예.

물 빠지는 구멍을 없앤단 말이지요?

— 예.

음.

살미를 친단 말은 그렇고 무사리 뜬다 무사리 간 무사리 간다?

— 그것이 결국 살미.

같은 것이에요?

— 예.

아.

무사리 무사리를 간다, 그러면 무사리가 뭐예요? 무사리?

— 무사리란 것은 이제 물에서 간다 그 소린데,

아.

— 살미 친다 그래요 여기서는.

어, 무사리를 갈면 살미도 친다.

— 예.

구멍을 없앤다.

— 예.

구멍을 어떻게 없애냐면

— 구정물이 나 가지고 이제 그 구정물이 이제 가라앉아 가지고 구멍을
막는다 그래요.

음. 예.

이제 '가종이' 친단 말은?

— '가종이' 한다 그것은 이제 모심기 한다.

애?

− 모 성기거캐 헌다

애, 모 싱 싱 싱길 쩡도로이~

− 애.

마지막

− 애.

저기 헌다 애 그럴 껭우애 앝 여거이

여러 가지

(웃음)

애 그러내요이~. 애 그다매 인재 써:래질까지 다 하셔꼬 내 그래서 인재 인재 모를 다 숭거먹 숭구고 나:먼 인재 그따문 은잴 저 지시미나 매:고 그러 먼 쓰거꾸마뇨?

− 내.

− 지심맹건 처:매 맹:거슨 '도:사리'⁶³⁾

애.

− 두볼 맹:거슨 '호무질'⁶⁴⁾

애.

− 새:볼 맹:거슨 인자 그 풀 인자 그거슨 만:드리락⁶⁵⁾ 헌디

애.

− 인자 저 거 여그서는 인자 새:볼까지배끼 안 매요. 이자 머 내:벌 다 서뻘 머 그르캐 막 푸리나 만:흐먼 인자 막 매:재마는 글안흐머는 인자 여 그말로 여 도 쩌 '도:사리'

애.

− 호무질.

애.

− '만:도리' 그래요.

그러지요.

- 모 심도록 한다.

예, 모 심을 정도로

- 예.

마지막

- 예.

저기 한다 예 그럴 경우에 이것이

여러 가지

(웃음)

예, 그러네요. 예 그 다음에 이제 써레질까지 다 하셨고 예 그래서 이제 이제 모를 다 심어먹 심고 나면 이제 그 다음은 이제 저 김이나 매고 그러면 되겠구먼요?

- 예.

- 김 매는 것은 처음에 매는 것은 '도사리'

예.

- 두 벌 매는 것은 '호미질'

예.

- 세 벌 매는 것은 이제 그 풀 이제 그것은 만도리라고 하는데

예.

- 이제 저 그 여기서는 이제 세 벌까지밖에 안 매요. 이제 뭐 네 벌 다섯 벌 뭐 그렇게 막 풀이나 많으면 이제 막 매지마는 그렇지 않으면은 이제 여기 말로 저 '도사리'

예.

- 호미질.

예.

- '만도리' 그래요.

그러지요.

- 얘.

아, 고로캐 인재 새:벌까지 다 매:고

- 얘.

지시믈 다 매:고 그 다음매 할 리른 멈:니까? 인재 ?

- 그다매 헝거슨 인자 피사리

피사리?

- 얘, 논뚜럭66) 깜:꼬 피사리 허고.

아.

피사리랑거슨 멈:니까?

- 피사리랑거슨 인자 거 논빠다개 피가 나요.

얘.

- 그먼 그거슬 뽀바야재 피가 만:흐면 영 뵈기도 실코

얘.

- 시나락 나:두기도 거 뜬:느 나:두면 신나라개가 마:니 피가 인자 여
물67) 이쓰먼 또 그이드매 나고

아하.

- 그릉깨 안 됭께 피사리랑거슨 피를 뽀분당거시애요.

아, 피를 뽑는다능 거시애요?

- 얘.

애 음

피사리하고

- 얘.

풀 뽑꼬 그러지요.

- 얘, 잡초가틍거 뽁꼬 피도 뽁꼬

으~.

아까 피사리허고 아까 무사리허고 그 사리가 또까치 드러가내요?

― 예.

아, 그렇게 이제 세 벌까지 다 매고

― 예.

김을 다 매고 그 다음에 할 일은 뭡니까? 이제?

― 그 다음에 하는 것은 이제 피사리

피사리?

― 예, 논두렁 감고 피사리 하고.

아.

피사리란 것은 뭡니까?

― 피사리란 것은 이제 그 논바닥에 피가 나요.

예.

― 그러면 그것을 뽑아야지 피가 많으면 영 보기도 싫고

예.

― 볍씨 놔 두기도 그 놔 두면 볍씨에 많이 피가 이제 물알 있으면 또
그 이듬해 나고

아하.

― 그러니까 안 되니까 피사리란 것은 피를 뽑는다는 것이에요.

아, 피를 뽑는다는 것이에요?

― 예.

예. 음

피사리 하고

― 예.

풀 뽑고 그러지요.

― 예, 잡초 같은 것 뽑고 피도 뽑고

으.

아까 피사리하고 아까 무사리하고 그 사리가 똑같이 들어가네요?

- 애.

무사리도 드러가고 피사리도 드라가고.

- 긍깨 여그서는 인자 거 운녀개[68] 가면 피사리락 혼디 여그서는 보:
통 피 뽀바라 그래요.

아.

- 피 뽀바라.

여그서는 피사리란 말 잘 안 쓰건내요?

- 애, 피사리란 말 잘 안 써요. 피뽄분다

어.

- 피 뽀부로 가새 그르재,

으~.

- 피사리허로 가새 그 소리는 잘 안해요.

요 요기 마리 아:니내요, 피사리란 마르니~

- 애, 애, 여그서는 잘 안 써요.

으~.

피뽑는다, 풀뽑는다이~?

- 애.

애.

그러먼 인자 다 농사 인자 카만 나:두먼 됌니까 인자?

- 인자 그러가꼬 인자 노늘 몰리고 달코 인자 도:개친다[69] 묻:헌다 인
자 그래가꼬 인자 완:저니 '도:개'를 처야 인자 가을 허지요.

'도:개'친단 마리 무슨 마리애요?

- '도:개'친다능 거스뇨 자 무리 인자 이르캐 잘 빼:지머는 기양 물만
빼:부먼 뽈: 빠:진디

애.

- 저런 상꼴착논

― 예.

무사리도 들어가고 피사리도 들어가고.

　　― 그러니까 여기서는 이제 그 윗녘에 가면 피사리라고 하는데 여기서는 보통 피 뽑아라 그래요.

아.

　　― 피 뽑아라.

여기서는 피사리란 말 잘 안 쓰겠네요?

　　― 예, 피사리란 말 잘 안 써요. 피 뽑는다.

어.

　　― 피 뽑으러 가세 그러지,

으.

　　― 피사리 하러 가세 그 소리는 잘 안 해요.

여 여기 말이 아니네요, 피사리란 말은?

　　― 예, 예, 여기서는 잘 안 써요.

으.

피 뽑는다, 풀 뽑는다

　　― 예.

예.

그러면 이제 다 농사 이제 가만 놔 두면 됩니까 이제?

　　― 이제 그래 가지고 이제 논을 말리고 닳고 이제 '도개' 친다 뭐한다 이제 그래 가지고 이제 완전히 '도개'를 쳐야 이제 가을하지요.

'도개' 친단 말이 무슨 말이에요?

　　― '도개' 친다는 것은요, 이제 물이 이제 이렇게 잘 빠지면은 그냥 물만 빼 버리면 빠지는데

예.

　　― 저런 산골짜기 논

애.

— 구렁논70)

애, 무슨 노니요?

— 구렁, 구렁.

구렁노는 어떤 노니애요?

— 구렁노는 인자 무리 만:흔 논

얘얘.

— 무리 잘 안 빠지고 만:흔 논

얘얘.

— 그런 노는 인자 도:개를 처야지요.

음.

— 도:개를 친당거슨 머:이냐그먼 무리 논빠대서 빠:지거쿠롬 거 논 어더박71) 미슬 이르캐 글거 막 기양 올려요. 막 파서.

애

— 그러고 올려가꼬는 근 요:만헌 인자 그 꼬:랑으로 인자 무리 인자 점부 해서 도라서 빠:지드룩 딱 헝거시 '도:개'

아::.

— 애.

그러먼 거기 인재 고랑을 만드내요. 올리***

— 애, 고랑을 만드라요.

— 그거이 바로 도:개여.

음.

— 그먼 인자 농사는 인자 도:개 처딱 흐믄자 농사는 다 징거시어요.

그먼 물 빠지개 해:서 무를 말릴라고 그럼니까?

— 애, 논빠다글 말리야 허지요.

아, 그래야찌요.

예.

- 구렁논

예, 무슨 논이오?

- 구렁, 구렁.

구렁논은 어떤 논이에요?

- 구렁논은 이제 물이 많은 논

예예.

- 물이 잘 안 빠지고 많은 논

예예.

- 그런 논은 이제 도개를 쳐야지요.

음.

- 도개를 친다는 것은 뭐냐 그러면 물이 논바닥에서 빠지게끔 그 논 언덕 밑을 이렇게 긁어 막 그냥 올려요. 막 파서.

예.

- 그렇게 올려 가지고는 이만한 이제 그 도랑으로 이제 물이 이제 전부 해서 돌아서 빠지도록 딱 하는 것이 '도개'

아.

- 예.

그러면 거기 이제 도랑을 만드네요. 올리 ***

- 예, 도랑을 만들어요.

- 그것이 바로 도개야.

음.

- 그러면 이제 농사는 이제 도개 쳐서 딱 하면 이제 농사는 다 지은 것이에요

그러면 물 빠지게 해서 물을 말리려고 그럽니까?

- 예, 논바닥을 말려야 하지요.

아, 그래야지요.

- 애, 궁깨 앤:나래는 여그서 여그서 사라도 저런 구렁논 가튼디서는 인자 저히드른 암바쏨니다마넌 든는 풍월로 해서는 인자 누:니 와가꼬 논빠다기 땡땡72) 어러가꼬 개양 논빠다기 소수고73) 그러머뇨 나라글 모:삐고

- 요 나막씨니라고 이써요.

음.

- 나:무로 요로캐 파가꼬 맨든 나막씨닌디 나막씨늘 싱:꼬 가서 나라 글 비여딴 마:리 이써써요.

음.

- 애.

쑥쑥 빠:지니까요.

- 애, 빠:지니까요. 근디 지그믄 인자 머 그런 니리 절:때 읍:찌마는 앤:나래는 그르캐 해서 나락또 비:고 그래따 이런 마리 드러써요.

- 궁깨 그때는 어:찌냐 그면 가락홀태로74) 나락 홀틀 때여.

(웃음)

그러거찌요.

- 애, 아 아주 어려워쓸 때

- 애.

음.

도:개를 친다 헐때 도:개라는 마른 멈:니까?

- 도:개라능거슨 그 꼬:랑을 글거올린다

아~.

- 그거뽀고

글거올린다.

- 애, 마지마개 인짠 저 꼬:랑을 글거올린다

음.

- 예, 그러니까 옛날에는 여기서 여기서 살아도 저런 구렁논 같은 데서는 이제 저희들은 안 봤습니다마는 들은 풍월로 해서는 이제 눈이 와 가지고 논바닥이 꽁꽁 얼어 가지고 그냥 논바닥이 솟고 그러면요 벼를 못 베고

- 이 나막신이라고 있어요.

음.

- 나무로 이렇게 파 가지고 만든 나막신인데 나막신을 신고 가서 벼를 베었단 말이 있었어요.

음.

- 예.

쑥쑥 빠지니까요.

- 예, 빠지니까요. 그런데 지금은 이제 뭐 그런 일이 절대 없지마는 옛날에는 그렇게 해서 벼도 베고 그랬다 이런 말을 들었어요.

- 그러니까 그때는 어떠냐 그러면 벼훑이로 벼를 훑을 때야.

(웃음)

그렇겠지요.

- 예, 아주 어려웠을 때

- 예.

음.

도개를 친다 할 때 도개라는 말은 뭡니까?

- 도개라는 것은 그 도랑을 긁어 올린다.

아.

- 그것보고

긁어 올린다.

- 예, 마지막에 이제 저 도랑을 긁어 올린다.

음.

- 그거이 바로 도:개락 홍거시애요.

그러지요.

- 애.

도:개치먼 그다으매는 인자

- 가으리지요, 인자.

가을 인자

- 나락삐지요.

나락 비:지요이~?

- 애.

애.

그 나락 빌:때는 인자 어트캐 함니까?

- 나락 빌:때는 인자 사:람자

앤:날 방식또 이꼬 지금 방식또 이꼬 그러지요.

- 애.

- 지금 방시근 인자 머 콤바이느로 막 걍 해:붕깨 인자 말:헐꺼또 읍:꼬,

애.

- 앤:나래는 그노믈 나스로 인자 일:리리 거러당어서 비여가꼬

애

- 논빠다개다 기야 깍:찌로75) 인자 이르캐 탁:탁 나도요 그냥.

- 두:주먹써기나 시:주먹써기나 기양 쌍 짜 까라나요.

애.

'깍:찌'라는 마리 이씀니까?

- 애 '깍:찌'라 그래요 여그서는.

멈:니까 깍:찌?

- 나락깍찌

- 그것이 바로 도개라고 하는 것이에요.

그러지요.

- 예.

도개 치면 그 다음에는 이제.

- 가을이지요, 이제

가을 이제

- 벼 베지요?

벼 베지요.

- 예.

예.

그 벼 벨 때는 이제 어떻게 합니까?

- 벼 벨 때는 이제 사람 이제

옛날 방식도 있고 지금 방식도 있고 그러지요.

- 예.

- 지금 방식은 이제 뭐 콤바인으로 막 그냥 해 버리니까 이제 말할 것
도 없고,

예.

- 옛날에는 그것을 낫으로 이제 일일이 걸어당겨서 베어 가지고

예.

- 논바닥에다 그냥 묶음으로 이제 이렇게 탁탁 놔 둬요, 그냥.

- 두 주먹씩이나 세 주먹씩이나 그냥 싹 깔아 놔요.

예.

'깍지'라는 말이 있습니까?

- 예, '깍지'라 그래요, 여기서는.

뭡니까 깍지가?

- 벼 묶음

아, 그거 머:로 깍:찌가 거 멀 멀:보고 깍:찌라고 함니까?

나라글

─ 나라글 비여서 인자 요르캐 주먹 주멍 논다능거시 깍:찌라 그래요.

아, 주먹주멍 논다고요?

─ 얘.

아.

─ 한 주먹썩 놓거슨 주먹주멍 논다

아.

─ 발써 새:주먹 내:주머글 놓거슨 깍:찌

아:: 한 주머기고이~

─ 얘.

깍:찌는 새:주머기나 내:주먹

─ 얘.

음.

─ 그래가꼬 인자 딱 홰놔:따가 인자 말라지먼 인자 조까 인자 '삐득삐득허먼'[76] 암말라짐니까?[77]

얘얘.

─ 그먼 그때 인자 타래로 뭉꺼요 인자. 나락 토매로[78] 뭉꺼.

음.

'토매'라고 그래찌요이~?

─ 얘, 토매라고요.

음.

─ 그래야꼬 열 무썩 딱 개래요.

음.

─ 가리 친다 그래요.

음.

아, 그것 뭐로 깍지가 그 뭘 뭘 보고 깍지라고 합니까?

벼를

— 벼를 베어서 이제 이렇게 주먹주먹 놓는다는 것이 '깍지'라 그래요.

아, 주먹 주먹 놓는다고요.

— 예.

아.

— 한 주먹씩 놓는 것은 주먹 주먹 놓는다.

아.

— 벌써 세 주먹 네 주먹을 놓는 것은 깍지

아, 한 주먹이고.

— 예.

깍지는 세 주먹이나 네 주먹

— 예.

음.

— 그래 가지고 이제 딱 해 놓았다가 이제 말라지면 이제 조금 이제 '삐득삐득하면' 말라지잖습니까?

예예.

— 그러면 그때 타래로 묶어요 이제. 벼 '토매'로 묶어.

음.

'토매'라고 그랬지요?

— 예, 토매라고요.

음.

— 그래 가지고 열 뭇씩 딱 가려요.

음.

— 가리 친다 그래요.

음.

- 그문 인자 가리를 처노콘자 그다매 인자 저날려요[79] 인자 지브로.

음음.

- 지브로 저날려서 배느를[80] 싸.

음.

- 완:저니 배느를 싸놔:따가 인자 그눔 나라기 다 드로와쓸 때는 인자 그노물 인자 홀태로[81] 인자 홀트지요.

음.

- 얘.

- 그 나락빼느리락 허고 나락빼느래서 인자 허러가꼬 홀틍거슬 인자 나락 홀튼다 그러지요.

나락 홀튼다 그러고

- 얘.

* 몰리기는 다 거 노내서 다 몰림니까? 아니먼 ****

- 아:디요, 다: 안 몰라지지요.

- 얘, 그릉깨 인자 나라글 홀타가꼬 고까내다 인자 쟁애가꼬

음.

- 인자 자기 힘:대로[82] 인자 넝:거시얘요. 인자 마당애다가.

아.

- 그때는 요론 질:도 옵:꼬 어:따 널:때가 업쓩깨 천상[83] 마당배낀 업:찌요 이녁[84] 마당 인자.

애얘.

- 거그다가 인자 덕:써글 피여가꼬 인자 말려요.

음.

- 말려가꼬 인자 이빨로 깨:바가꼬 톡톡 쏘리가 나고 어:쩌고 그먼 인자 "아따 다 말란내."

음.

- 그러면 이제 가리를 쳐 놓고 이제 그 다음에 이제 저서 날라요, 이제 집으로

음음.

- 집으로 져 날라서 볏가리를 쌓아.

음.

- 완전히 볏가리를 쌓아 놓았다가 이제 그것 벼가 다 들어왔을 때는 이제 그것을 이제 탈곡기로 이제 훑지요.

음.

- 예.

- 그 볏가리라 하고 볏가리에서 이제 헐어 가지고 훑은 것을 이제 벼 훑는다 그러지요.

벼 훑는다 그러고

- 예.

* 말리기는 다 그 논에서 다 말립니까 아니면 ***

- 아니요, 다 안 말라지지요.

- 예, 그러니까 이제 벼를 훑어 가지고 곳간에다 이제 쟁여 가지고

음.

- 이제 자기 힘껏 이제 너는 것이에요. 이제 마당에다가.

아.

- 그때는 이런 길도 없고 어디에 널 곳이 없으니까 결국 마당밖에는 없지요. 자기 마당 이제.

예예.

- 거기다가 이제 멍석을 펴 가지고 이제 말려요.

음.

- 말려 가지고 이제 이로 깨 봐 가지고 톡톡 소리가 나고 어쩌고 그러면 이제 "아따 다 말랐네."

음.

- 그래가꼬 인자 가마니다 인자 다머가꼬 방애씰로[85] 가서 방애 찌코 그러지요.

음, 방애씰로.

- 애 글믄 인자 그때 인자 우리 어려서 그 어:러신덜 허능거슬 보머는

- 지그믄 마끼양 머이 방아씰 이써가꼬 발통기로 기양 막 걍 찌꼬 기양 쟁미소가 이써가꼬 쟁미소애 가서 찌꼬 근디,

음.

- 우리 마으른 인자 이녁찌비 드들빵애[86] 아:니머는 여그 가머는 물방 아라고 이써써요. 당:산 뽀:짝 건:내가.

음.

- 거그거 시방도 보가 이씁니다마는 거 물방아애 가서 인자 찌여 오지요.

음.

- 찌여오믄 인자 거그서 인자 항가마니 쌀: 항가마니 찌그먼 쌀: 인자 한 되랄찌 머 두 반 저 반:되랄찌 그르캐 인자 싸글 주고 거그서 찌:와요.

음.

- 그래가꼬 해:무꼬 살:고 그래써요.

얘. ***

- 얘.

얘, 조씁니다. 그 다매.

✛ - 와:따 오늘 왜 이르캐 파리가 드롱고?

✛ 파리가 만:내요.

✛ - 어::, 참 이상허개 드로내.

그 다으매 애 앤:날 앤:나래 모 모낼 때 모를 인재 아주 앤:나래는 영 바태 따 노내다가 바로 씨 뿌려부러따 그래요.

- 얘.

− 그래 가지고 이제 가마니에다 이제 담아 가지고 방앗간으로 가서 방아 찧고 그러지요.

음, 방앗간으로

− 예, 그러면 이제 그때 이제 우리 어려서 그 어르신들 하는 것을 보면은

− 지금은 막 그냥 뭐 방앗간 있어 가지고 발동기로 그냥 막 그냥 찧고 그냥 정미소가 있어 가지고 정미소에 가서 찧고 그러는데,

음.

− 우리 마을은 이제 자기집에 디딜방아 아니면은 여기 가면은 물레방아라고 있었어요. 당산 바짝 건너에.

음.

− 거기 그 시방도 보가 있습니다마는 그 물레방아에 가서 이제 찧어 오지요.

음.

− 찧어 오면 이제 거기서 이제 한 가마니 쌀 한 가마니 찧으면 쌀 이제 한 되라든지 뭐 두 반 저 반 되라든지 그렇게 이제 삯을 주고 거기서 찧어 와요.

음.

− 그래 가지고 해 먹고 살고 그랬어요.

예. ***

− 예.

예, 좋습니다. 그 다음에

✢ − 아따, 오늘 왜 이렇게 파리가 들어오는고?

✢ 파리가 많네요.

✢ − 어, 참 이상하게 들어오네.

그 다음에 예 옛날 옛날에 모 모낼 때 모를 이제 아주 옛날에는 영 밭에다 논에다가 바로 씨 뿌려 버렸다 그래요.

− 예.

줄 마춰섭 줄마처서 모를 숭구기도 하고

- 애.

또 줄:도 업:씨 그냥

- '손톱모'

애?

- '손톱모'라고[87] 기양 줄 업:씨 기냥 자기가 꼬시고 자푼대로 꼬징거시 '손톱모'

아, 그걸 '손톱모'라고 그래요?

- 애.

아.

왜 손톱?

- 손톱모

손틈?

- 손톱, 손톱.

여그 손톱마리애요? 여기?

- 애 애 손톱.

왜 그런 노 **

- 기냥 그 그거슨 어:뜬 뜨스로 흔지는 몰라도 (웃음)

- 애, 그거뽀고 손톱모시라 그래요.

음.

- 소 '손톱모' 성기내 그래써요.

음 '손톱모' 숭구내. 고거는 줄 안 마추고.

- 애.

음.

그먼 줄마충건뇨?

- 줄모[88] 성긴다 그고

줄 맞춰서 줄 맞춰서 모를 심기도 하고

― 예.

또 줄도 없이 그냥

― '손톱모'

예?

― '손톱모'라고 그냥 줄 없이 그냥 자기가 꽂고 싶은 대로 꽂는 것이 '손톱모'.

아, 그것을 '손톱모'라고 그래요?

― 예.

아.

왜 손톱?

― 손톱모.

손톱?

― 손톱, 손톱.

여기 손톱 말이에요? 여기?

― 예 예. 손톱.

왜 그런 노**

― 그냥 그 그것은 어떤 뜻으로 한 것인 줄은 몰라도 (웃음)

― 예, 그것보고 '손톱모'라 그래요.

음.

― 소 '손톱모' 심네 그랬어요.

음, '손톱모' 심네, 그것은 줄 안 맞추고.

― 예.

음.

그러면 줄 맞추는 것은요?

― 줄모 심는다 그리고

아, 줄모 숭기능거요?

― 애.

음.

글고 인재 모:와도 안 쉉기고 바로 인재 씨 뿌려부릴 쑤도 이꼬

― 그거슨 인자 파:종이라 그래요.

파:종이라고요.

― 애.

애.

― 파:종이라 근디 지금도 인자 그르캐 파:종을 헌 사람도 인는디요.

애.

― 지그믄 인자 거 막 그냥 온:노내다 기양 막 그양 허처붕꺼뽀고 파:

종이락 헌디

― 또 파:종기라고 이써가꼬 거 기개로 인자막싸89) 선생님 말:씀차꼬90)

줄로 요르캐 딱:딱:딱딱 이르캐 모 쉉긴놈마이로91) 탁 쉉개간시롬 쉉김스

줄 마처서

― 애, 줄 마춰서 쉉깅거시 이꼬 그래요.

어.

그냥 빠:종항거하고 모 숭거하고 먼: 차이가 이씀니까?

― 파:종헝건하고 줄 마춰서 쉉긴다고 헝거슨 머이냐 그머는

― 일찍 쉉깅깨 얼릉 이:럴 초부러요.92) 모내기를 다 해부러요. 그거슨.

음.

― 왜 그냐 그면 노무 모 쉉기기 저내 기양 거그도 일찍 해:야 되야요.

음.

― 느깨 허먼 안 되야요.

아.

― 여그는 고:지대 노푼 지대라 서리가 와 불머넌 배래붕깨,

아, 줄모 심는 거요?

- 예.

음.

그리고 이제 모도 안 심고 바로 이제 씨 뿌려 버릴 수도 있고

- 그것은 이제 파종이라 그래요.

파종이라고요.

- 예.

예.

- 파종이라 그러는데 지금도 이제 그렇게 파종을 하는 사람도 있는데요

예.

- 지금은 이제 그 막 그냥 온 논에다가 그냥 막 그냥 흩뿌려 버리는 것보고 파종이라고 하는데

- 또 파종기라고 있어 가지고 그 기계로 이제 막 선생님 말씀마따나 줄로 이렇게 딱딱딱딱 이렇게 모 심는 것처럼 탁 심어 가면서 심으면서.

줄 맞춰서

- 예, 줄 맞춰서 심는 것이 있고 그래요.

어.

그냥 파종하는 것하고 모 심는 것하고 무슨 차이가 있습니까?

- 파종하는 것하고 줄 맞춰서 심는다고 하는 것은 뭐냐 그러면은

- 일찍 심으니까 얼른 일을 치러 버려요. 모내기를 해 버려요 그것은.

음.

- 왜 그러느냐 그러면 남의 모 심기 전에 그냥 거기도 일찍 해야 돼요

음.

- 늦게 하면 안 돼요.

아.

- 여기는 고지대 높은 지대라 서리가 와 버리면은 버려 버리니까,

아.

- 노무 모 모자리 헐띠개 그 사람드른 성개부러야 되야요.

음.

- 아이, 그렁깨 이:를 얼릉 초부러.

내.

- 그 대시내 인재 야글 해:붕깨 풀도 안 나부러. 또.

- 기양 모른 바다개다 개양 풀 몬:나개 헌 야기 이써요.

으흠.

- 그노물 기양 가따 허처부러 기양. 딱 해:부러요.

음.

- 그면 안 나.

- 그래가꼬 마:냐개 푸리 난다고면 또 푸를 주겨분 냐기 이써요.

음.

- 그면 인자 주겨부면 인자 그 딱 주겨노코는 인자 그때 인자 나라기 한 요 정도써기나 질:머는 인자 글때 인자 무를 대:요.

음.

- 무를 인자.

고 이:리 인자 곧 모 정도 됄때그마뇨? 모? 모?

- 애, 애, 모 되야쓸 때애요.

어.

- 그문 인자 글때 무를 딱 대:노만 거또 얼릉 빼:부러야재 그 무일 오래까지 대:노머는 나라기 고라불머는 주거부러요.

아.

- 긍깨 싹: 대:가꼬 함불 대:가꼬 완:저니 노니 저저따 글때 다시 무를 빼:요.

으~.

아.

- 남의 모 못자리 할 때에 그 사람들은 심어 버려야 돼요.

음.

- 아이, 그러니까 일을 얼른 치러 버려.

예.

- 그 대신에 이제 약을 해 버리니까 풀도 안 나 버려, 또.

- 그냥 마른 바닥에다 그냥 풀 못 나게 하는 약이 있어요.

으흠.

- 그것을 그냥 갖다 흩뿌려 버려 그냥. 딱 해 버려요.

음.

- 그러면 안 나.

- 그래 가지고 만약에 풀이 난다고 하면 또 풀을 죽여 버리는 약이 있어요.

음.

- 그러면 이제 죽여 버리면 이제 그 딱 죽여 놓고는 이제 그때 이제 벼가 한 이 정도씩이나 길면은 이제 그때 이제 물을 대요.

음.

- 물을 이제.

그 일이 이제 곧 모 정도 될 때구먼요? 모? 모?

- 예, 예, 모 됐을 때예요.

어.

- 그러면 이제 그때 물을 딱 대 놓으면 그것도 얼른 빼 버려야지, 그 물 오래까지 대 놓으면은 벼가 곯아 버리면은 죽어 버려요.

아.

- 그러니까 싹 대 가지고 한 벌 대 가지고 완전히 논이 젖었다 그럴 때 다시 물을 빼요.

으.

- 그래가꼬 딱 빼:서 인자 나:도따가 모가 인자 요정도써기나 인자 크고 또 우리 모 성긴놈만써기나 크먼 인자 그때는 인자 무를 대:지요.

음.

- 딱 대:나요.

아, 무를 너:따 빼:따를 잘해야 돼건내요.

- 얘, 너:따, 빼:따, 대:따, 자꼬 해:야 써요.

음.

- 얘.

음.

고 일하:긴 더 쉽:씀니까? 파:종이?

- 아, 저 일:허기야 훨씬 쉴:허지욤. 노내가서 헌눔보듬[93] 물로내[94] 가서 헌눔보듬.

아.

- 참 쉴:허지요.

근대 왜 파:종을 안 하고 다 모를 숭군담니까?

- 근디 그거시

수학이 안 낭가?

- 수학또 츠 처:매 하 일련 헐 때는 수하기 꽤나 나온디 쩌 몹 물론내 성긴놈허고 비허머는 거:이 간:는디,[95]

음.

- 마:냐긴 경오애 그거슬 연장으로[96] 개:속 개:속호먼 수하기 떠러저부러요.

아.

- 얘.

- 거 확 땅 지기를 그르캐 더 빠라무거분다내요.

아, 그러건내요.

- 그래 가지고 딱 빼서 이제 놔 두었다가 모가 이제 이 정도씩이나 이제 크고 또 우리 모 심은 것만큼씩이나 크면 이제 그때는 이제 물을 대지요.

음.

- 딱 대 놔요.

아, 물 넣었다 뺐다를 잘해야 되겠네요.

- 예, 넣다, 뺐다, 댔다, 자꾸 해야 돼요.

음.

- 예.

음.

그 일하긴 더 쉽습니까? 파종이?

- 아, 저 일하기야 훨씬 수월하지요. 논에 가서 하는 것보다 무논에 가서 하는 것보다.

아.

- 참 수월하지요.

그런데 왜 파종을 안 하고 다 모를 심는답니까?

- 그런데 그것이

수확이 안 나는가?

- 수확도 처음에 일 년 할 때는 수확이 꽤나 나오는데 저 물논에 심는 것하고 비하면은 거의 같은데,

음.

- 만약인 경우에 그것을 연속해서 계속 계속하면 수확이 떨어져 버려요.

아.

- 예.

- 그 확 땅 지기(地氣)를 그렇게 더 빨아 먹어 버린다네요.

아, 그러겠네요.

－ 얘.

음 그거시 모:가 인자 초기 낭:거시 크는 동아내 벌써 땅 히믈 마:니 빠라 무꺼찌 안씀니까?

－ 얘, 그르지요.

얘.

－ 그릉깨 안 된다리 그르대요.

음.

－ 그릉깨 인자 자꼬 그놈 일런 해:따가 또 일려는 모 성개따가 또 일 런 또 거시기해:따 그르캐 해:야 된다 그르대요. 근디 그거또 귀찬헌 이리 고 긍깨 그냥 성개분노미 싱간 편해요.97)

(웃음)

－ 일:쑌 저:근 사람드리 그르캐 저 파:종 거시기 직파를 마:니 해:요.

얘, 직파르료?

－ 얘.

－ 그거뽀고 직파라 흔디

내, 그러건내요. 직파라 글고

－ 얘. 건답직파.

건답 얘. *

－ 얘.

마른 노내다가

－ 얘, 마른 노내다 헌다 그래서

음.

농사 지을 때는 연장도 마:니 피료하지 아나요?

－ 아:머뇨, 마:니 피료허지요.

어:떤 연장드리 이씀니까?

－ 처째는 소시랑도98) 이써야 쓰고

－ 예.

음 그것이 모가 이제 싹이 난 것이 크는 동안에 벌써 땅심을 많이 빨아 먹겠지 않습니까?

－ 예, 그렇지요.

예.

－ 그러니까 안 된다고 그러데요.

음.

－ 그러니까 이제 자꾸 그것 일 년 했다가 또 일 년은 모 심었다가 또 일 년 또 거시기했다 그렇게 해야 된다 그러데요. 그런데 그것도 귀찮은 일이고 그러니까 그냥 심어 버린 것이 마음 편해요.

(웃음)

－ 일손 적은 사람들이 그렇게 저 파종 거시기 직파(直播)를 많이 해요.

예, 직파를요?

－ 예.

－ 그것보고 직파라 하는데

예, 그러겠네요. 직파라 그러고.

－ 예. 건답직파(乾畓直播).

건답 예.

－ 예.

마른 논에다가

－ 예, 마른 논에다 한다 그래서

음.

농사 지을 때는 연장도 많이 필요하지 않나요?

－ 아무렴요, 많이 필요하지요.

어떤 연장들이 있습니까?

－ 첫째는 쇠스랑도 있어야 되고

소시랑은 먼: 멀 어:뜨캐

- 소시랑이랑거슨 인자 소를 키우머는 마:고 그 인자 거 집까틍 막 여:주지 안씀니까?

얘얘.

- 그먼 글로99) 기양 콕 찌거서 기양 끄지버 내:고

어~.

- 또 땅 인자 거 논 바태가서 인자 조깐 어중간헝걷 이쓰먼 팔:라흐머뇨

어.

- 소시랑으로 파야재 사브로도 모:파고 거 사브로 일리리 볼바서 파기도 고:약허고 긍깨 소시랑도 이써야 쓰고

어.

- 또 꽹이도 이써야 쓰고

- 꽹이라능거슨 인자 요 농꼬랑가튼디 머 인자 바 거 어:디 또:랑가튼디 칠락허머는 독:짜가리100) 만:홍깨 글로 기양 콕콕 찌거가꼬 파:능 거또 이꼬

- 호:꾸도 이써야 쓰고 삽또 이써야 쓰고

- 논 매는 호맹이도101) 이써야 쓰고

어~.

- 긍기 이녀기 농기구라능거시 이루 말:헐쑤업씨 만:해야 써요.

(웃음) 그래요이~?

- 얘.

얘.

글고 인재 다 용:도애 마춰서

- 얘.

*** 다 이찌요?

- 얘.

쇠스랑은 무슨 뭐 어떻게

— 쇠스랑이란 것은 이제 소를 키우면은 외양간 그 이제 짚 같은 것을 막 넣어 주지 않습니까?

예예.

— 그러면 그것으로 그냥 콕 찍어서 그냥 끄집어 내고

어.

— 또 땅 이제 그 밭에 가서 이제 조금 어중간한 것 있으면 파려고 하면요,

어.

— 쇠스랑으로 파야지 삽으로도 못 파고 그 삽으로 일일이 밟아서 파기도 고약하고 그러니까 쇠스랑도 있어야 되고

어.

— 또 괭이도 있어야 되고

— 괭이라는 것은 이제 이 논고랑 같은 데 뭐 이제 그 어디 도랑 같은 데 치려 하면은 자갈이 많으니까 그것으로 그냥 콕콕 찍어 가지고 파는 것도 있고

— 포크도 있어야 되고 삽도 있어야 되고

— 논 매는 호미도 있어야 되고

어.

— 그러니까 자기가 농기구라는 것이 이루 말할 수 없이 많아야 돼요.

(웃음) 그래요?

— 예.

예.

그리고 이제 다 용도에 맞춰서

— 예.

*** 다 있지요?

— 예.

인자 노내 무를 댈:라먼 어뜬 멀: 연장이 이써야 함니까? 먼 도:구가 이씀니까? 노내?

– 항: 뜬도 인자 노내 물 댕:거슨자 삽하고 사비나 인자 이릉걸 가짜서 기냥 물꼬 마꼬

– 마:냐개 물또랑이 이쓰머는 거그를 마거야 인자 요 노느로 드로껄아:님니까요?

그러치요.

– 애, 글안흐먼 기양 고 또:랑으로 흘러내래야 가불지요.

어.

– 그릉깨 그른:디 인자 막끼 위해서 사브로 가꼬와서[102] 물꼬 마꼬

애.

– 인자 물꼬를 인자 무리 인자 어느 정도 차먼 은자 아까도 이얘기해:찌마는 삼샌치 사:샌치 차머는 무리 흘러내래가거꾸름 물꼬돔 단속허고

애.

– 땅 만드러야 써요. 요로캐 탁 터글 맨드라요. 그먼 여그서 인자 요:르캐 무리 차:가꼬 이쓰먼 이:이상 더 모:차거깨[103] 무리 더 차먼 인자 너머가개 물꼬를 인자 단소글 해:노코요.

음.

– 글고 인자 보도 마꼬

음.

보:랑거슨 어디?

– 보를 마근당거슨 요그 당:산뽀 마거짜 저저 당:산 미태 마거나찌안씀니까?

아.

– 그러캐 인자 보를 마거야 되지요.

어.

이제 논에 물을 대려면 어떤 뭐 연장이 있어야 합니까? 무슨 도구가 있습니까? 논에?

－ 아무렴. $$ 이제 논에 물 대는 것은 이제 삽하고 삽이나 이제 이런 것 가지고 와서 그냥 물꼬 막고

－ 만약에 물도랑이 있으면은 거기를 막아야 이제 이 논으로 들어올 것 아닙니까?

그렇지요.

－ 예, 그렇지 않으면 그냥 그 도랑으로 흘러내려 가 버리지요.

어.

－ 그러니까 그런 데 이제 막기 위해서 삽으로 가지고 와서 물꼬 막고

예.

－ 이제 물꼬를 이제 물이 이제 어느 정도 차면 이제 아까도 이야기했지마는 삼 센티 사 센티 차면은 물이 흘러 내려가게끔 물꼬도 단속하고

예.

－ 딱 만들어야 돼요. 이렇게 탁 턱을 만들어요. 그러면 여기서 이제 이렇게 물이 차 가지고 있으면 이 이상 더 못 차게 물이 더 차면 이제 넘어가게 물꼬를 이제 단속을 해 놓고요.

음.

－ 그리고 이제 보도 막고

음.

보라는 것은 어디?

－ 보를 막는다는 것은 여기 당산보 막았자 저 당산 밑에 막아 났잖습니까?

아.

－ 그렇게 이제 보를 막아야 되지요.

어.

- 지그믄 쌔매느로 됭깨 기양 얼릉 가서 기양 마거부먼 된디 앤:나래
는 도:그로 그노믈 다 싸:서

- 흐글 저다 부려가꼬

- 막 가마니때기나104) 머 이런 덕썩때기가틍걸 막 처:가꼬

- 물 몬: 흘러내래가개 마거가꼬 근자 보또랑으로 인자 무를 대:가꼬
인자 거근 거그서 인자 내로먼 인자 무를 노느로 대:고 그래찌요.

아.

큰 또랑애 마대서 보를 막

- 얘.

막슴니까?

- 큰 또:랑을 인자 마근다 해서 보 보마근다 그래요.

그러지요. 까지고 인자 그거슬 짜근 저 보또랑을 만듬니까?

- 얘.

- 그래가꼬 인자 보또랑으로 인자 흘러내래가먼 인자 거그서 인자 무
를 대:고 그러지요.

음.

그 앤:날 또 아래서 우:그로 물 품는 또 머

- 아, 두래바기105) 이찌요.

어.

- 두래박또 이꼬

- 지그믄 인자 막 양수기로 푸머불재마는 앤:나래는 나리 가무러가꼬
무리 저:그머는 두래바기라고 이써요.

두래바기 머?

- 물 푸머올링거슬 보고 두래바기라고 그래요.

소느로 올려요?

- 그러지요. 사:람 시므로.

– 지금은 시멘트로 되니까 그냥 얼른 가서 그냥 막아 버리면 되는데 옛날에는 돌로 그것을 다 싸서

– 흙을 져다가 부려 가지고

– 막 가마니나 뭐 이런 멍석 같은 것을 막 쳐 가지고

– 물 흘러 내려가지 못하게 막아 가지고 그 이제 봇도랑으로 이제 물을 대 가지고 이제 거기는 거기서 이제 내려오면 이제 물을 논으로 대고 그랬지요.

아.

큰 도랑에 막아서 보를 막

– 예.

막습니까?

– 큰 도랑을 이제 막는다 해서 보 보 막는다 그래요.

그러지요. 그래 가지고 이제 그것을 작은 저 봇도랑을 만듭니까?

– 예.

– 그래 가지고 이제 봇도랑으로 이제 흘러 내려가면 이제 거기서 이제 물을 대고 그러지요.

음.

그 옛날 또 아래서 위로 물 품는 또 뭐

– 아, 두레가 있지요.

어.

– 두레도 있고

– 지금은 이제 막 양수기로 품어 버리지마는 옛날에는 날이 가물어 가지고 물이 적으면은 두레라고 있어요.

두레가 뭐?

– 물 품어 올리는 것을 보고 '두레박'이라고 그래요.

손으로 올려요?

– 그러지요. 사람 힘으로.

어.

- 쩌:그 등냥 간:척찌가튼디 막 끼양 어:디 이런디 가트먼 물짜새라고[106] 이찌요.

어.

- 요르캐 발로 볼부먼 요르캐 도라간시롱 푸머징거

애.

- 염:저내나 그런디

애애.

- 근디 여그서는 인자 업: 그런 거시 읍:써요.

어.

- 그렁거이 업:쓩깨 인자 두래바기라고 인자 나:무로 인자 이르캐 함석까치 짜:요, 이르캐 상마니로.

애.

- 그래가꼬 양:귀애다가 니:귀애다가 끄늘 다라가꼬 사내키로 해:서 매운 막 푸머서 막 올려서

두:리 두:리 험니까?

- 애, 두:리 해:야지요. 호자는 몯:해요.

음.

- 호자[107] 헐라그먼 인자 바가치 인자 거 박 박빠가치[108] 요르캐 큰 노미나 머 요룽거스로 인자 자리를 맨드라가꼬 인자 떠:서 이르캐 푸머올리기도 허고

음.

- 근디

- 거 함서그로 해:가꼬 글안흐먼 인자 함서그로 인자 저버가꼬도 요르캐 소쿠리마니로[109] 맨드라가꼬 글로도 요르캐 막 무를 푸머올리고 그래써요 두:리썩.

어.

― 저기 득량 간척지 같은 곳 막 그냥 어디 이런 곳 같으면 무자위라고 있지요.

어.

― 이렇게 발로 밟으면 이렇게 돌아가면서 품어지는 것

예.

― 염전에나 그런 곳

예예.

― 그런데 여기서는 이제 없 그런 것이 없어요.

어.

― 그런 것이 없으니까 이제 두레라고 이제 나무로 이제 이렇게 함석같이 짜요, 이렇게 상처럼.

예.

― 그래 가지고 양 귀에다가 네 귀에다가 끈을 달아 가지고 새끼로 해서 막 품어서 막 올려서

둘이 둘이 합니까?

― 예, 둘이 해야지요. 혼자는 못 해요.

음.

― 혼자 하려면 이제 바가지 이제 그 박 바가지같이 이렇게 큰 것이나 뭐 이런 것으로 이제 자리를 만들어 가지고 이제 떠서 이렇게 품어 올리기도 하고

음.

― 그런데

― 그 함석으로 해 가지고 그렇지 않으면 이제 함석으로 이제 접어 가지고도 이렇게 소쿠리처럼 만들어 가지고 그것으로도 이렇게 막 물을 품어 올리고 그랬어요. 둘이씩.

** 가물 때요?

- 애. 가물 때.

애.

- 그때는 막 머 모 성길라고 물 댈 때는 머 쌈:도 허다가 어:처다가 그
먼 머 아재비[110] 삼촌 머 나:중애 농사 지여노코 차째, 시방은 머 소양[111]
업써. (웃음) 이런 말도 허고 그래요.

그러지요. 물댈라고.

- 애, 물댈라고.

그

서로 무를 댈:라고

- 애.

그거또 때를 노치먼 안대자나요?

- 안 되지요. 모도 모:썽기고.

어.

- 지그믄 인자 이르깬 경지정닐 해:농깨 무리 모듭꼬[112] 저:수지가
만:흥깨 인 저:수지애서 여르캐 인자 모:질허먼[113] 인자 보또랑으로 인
자 보:충해서 대:가꼬 인자 그 모도 성기고 긍깨 머 물쌈도 안허고 그르
지마는

- 앤:나래는 이 압:뜨래 농사지먼 쌈: 마:니 해요. 먿.

- 저니기고 나지고 먼 쌈:허니라고 정신읍써.

어, 서로 댈:라고

- 애.

- 그거슨 머 버배 가서도 소양 업써요. 으 서로 즈 농사지끼 위해서
헝거싱깨 머

- 아:무리 치고패고[114] 해 싸워바:때짜 머 "아이고 당신들끼리 해:결
허씨요" 그래부먼 끈나분디. (웃음)

*** 가물 때요?

─ 예. 가물 때.

예.

─ 그때는 막 뭐 모 심으려고 물 댈 때는 뭐 싸움도 하다가 어쩌다가 그러면 뭐 아저씨 삼촌 뭐 나중에 농사 지어 놓고 찾지, 시방은 뭐 소용 없어. (웃음) 이런 말도 하고 그래요.

그러지요. 물 대려고.

─ 예, 물 대려고.

그

서로 물을 대려고.

─ 예.

그것도 때를 놓치면 안 되잖아요?

─ 안 되지요. 모도 못 심고.

어.

─ 지금은 이제 이렇게 경지정리를 해 놓으니까 물이 모이고 저수지가 많으니까 이제 저수지에서 이렇게 이제 모자라면 이제 봇도랑으로 이제 보충해서 대 가지고 이제 그 모도 심고 그러니까 뭐 물싸움도 안 하고 그렇지마는

─ 옛날에는 이 앞 들에 농사지으면 싸움 많이 해요 뭐.

─ 저녁이고 낮이고 뭐 싸움하느라고 정신없어.

어, 서로 대려고.

─ 예.

─ 그것은 뭐 법에 가서도 소용없어요. 서로 농사 짓기 위해서 하는 것이니까 뭐.

─ 아무리 치고 패고 해 싸워 봤댔자 뭐 "아이고 당신들끼리 해결하십시오." 그래 버리면 끝나 버리는데. (웃음)

개 이재 가물 때는 어쩝니까? 가물 때는? 머 이르캐 머 보도 마가바짜 물도 안 흐르고

- 그럴때는 막 푸머야지요. 긍깨 가물때는 무를 푸머요.

어:디서 무를 푸뭄니까?

- 또:랑애서 가먼 아:무래도 무리 쩰쩰쩰[115) 나오고요.

어.

- 요론디는 아:무리 야물개[116) 마거바때짜 무리 새:부러요. 보: 뚜그로 헌 인자 거 너무로 인자 바다그로 새:부러.

애.

- 그릉깨 인자 봄무리 아놀라웅깨 인자 봄무를 모:때지 안씀니까?

애.

- 그르문 내봄:물 미태서 푸문디는 이 미태 보쨍이드리[117) 말:헐쑤가 웁써요.

음.

- 내 봄무래서 흘러내론놈 내봄물 미태서 허고 푸문디 느그드리 문:상과니냐?

음.

- 느그들 그미태로 내래간놈만 느그들또 푸머라.

음.

- 그래까꼬 인자 봄 미태서 막 푸머올리고 이래가꼬 농사를 지:꼬 그래써요.

음.

- 그때는 쟁기지리 머 저 니:벌갈기 아니 소양웁써 머. 맨 십뻐리고 머 물 찰때까지 막 가라자칭거애요. 머 열뻐니 되야뜬지 수무버니 되야뜬지. (웃음)

음.

그래 이제 가물 때는 어떻습니까? 가물 때는? 뭐 이렇게 뭐 보도 막아 봤댔자 물도 안 흐르고

— 그럴 때는 막 품어야지요. 그러니까 가물 때는 물을 품어요.

어디에서 물을 품습니까?

— 도랑에 가면 아무래도 물이 졸졸졸 나오고요.

어.

— 이런 곳은 아무리 야물게 막아 봤댔자 물이 새 버려요. 보 둑으로 하는 이제 그 너머로 이제 바닥으로 새 버려.

예.

— 그러니까 이제 봇물이 안 올라오니까 이제 봇물을 못 대지 않습니까?

예.

— 그러면 내 봇물 밑에서 품는 것은 이 밑 봇장이들이 말할 수가 없어요.

음.

— 내 봇물에서 흘러 내려온 것 내 봇물 밑에서 하고 품는데 너희들이 무슨 상관이냐?

음.

— 너희들 그 밑으로 내려간 것만 너희들도 품어라.

음.

— 그래 가지고 이제 보 밑에서 막 품어 올리고 이렇게 해가지고 농사를 짓고 그랬어요.

음.

— 그때는 쟁기질이 뭐 저 네 벌 갈기 아니 소용없어 뭐. 몇 십 벌이고 뭐 물 찰 때까지 막 갈아 젖히는 것이에요. 뭐 열 번이 됐든지 스무 번이 됐든지. (웃음)

음.

- 저도 그르캐 가무라서 무를 푸머서 농사 지여본 유:래도

아.

- 이써요.

애.

앤:나래는 가물 마:니 드러찌요?

- 애.

- 지그믄 새:상애 농사지끼 재:조 편씁니다 지금.

- 공무언 생화리 편타 그래도요 공무원들뽀듬 더 편해요 농사진118)

사람드리.

- 농사 딱 지여논 모 성개썰 끈나따 그러머는 약해노먼 그때부터서는

나리날마도119) 선생님 보다시피 이르캐 놀:고 (웃음) 닌:.

나라까 나라끔만 놉 조:으먼 재 재:일 조치요. (함께 웃음)

고생해도 그리 싸니까 그런대

- 애.

일하기는 앤:날보다 훨:씬 편해저쪼?

- 애, 훨:씬 편허지요.

애.

논 논 농 노내 헝거슨 대:개 인재 이야기를 항거 기씁니다. 내

아까 그 타:자근 타:작헐 때는 머 홀틀 때는 인자 저내 우리가 그:리매서

머 가락홀태도 이써꼬

- 애.

머 홀태가 여:러가지 종:뉴가

- 애.

- 긍깨 처째 인자 그때 인자 앤:나래는 처:으므로 나와쓸때는 가

락홀태,

애.

－ 저도 그렇게 가물어서 물을 품어서 농사 지어 본 유래도

아.

－ 있어요.

예.

옛날에는 가물 많이 들었지요?

－ 예.

－ 지금은 세상에 농사짓기 아주 편합니다, 지금.

－ 공무원 생활이 편하다 그래도요 공무원들보다 더 편해요, 농사짓는

사람들이.

－ 농사 딱 지어 놓은 모 심어서 끝났다 그러면은 약 해 놓으면은 그때

부터는 날이면 날마다 선생님 보다시피 이렇게 놀고 (웃음) 젠장.

벼값 벼값만 좋으면 제일 좋지요. (함께 웃음)

고생해도 그렇게 싸니까 그런데

－ 예.

일하기는 옛날보다 훨씬 편해졌지요?

－ 예, 훨씬 편하지요.

예.

논 논에 하는 것은 대개 이제 이야기를 한 것 같습니다. 예.

아까 그 타작은 타작할 때는 뭐 훑을 때는 이제 전에 우리가 그림에서 뭐

벼훑이도 있었고

－ 예.

뭐 훑이가 여러가지 종류가

－ 예.

－ 그러니까 첫째 이제 그때 이제 옛날에는 처음으로 나왔을 때는

벼훑이,

예.

- 그다매 인자 여그서는 그른 유:래가 업:는디 쩌 운녁 충청도로 가머는 둘러매처가꼬 뚜드린자거 몽:나무가[120] 이꼬요,

어.

- 여그서도 앤:나래 인자 거 함번썩 그런 인자 거 통:일배 처:으므로 나와쓸때요.

애.

- 그때는 그르캐 여그서도 뚜두러서 홀타보기도 해:써요.

아, 왜 그래뜽가요 통:일벼는?

- 통:일벼는 잘 쏘다징깨

아::.

- 귀가 알뱌가꼬 잘 떠러징깨

아.

- 기양 투덕투덕 기양 허머는 쩌: 운녁 싸람들마이로 투덕투덕허먼 기양 막 기양 얼른 걍 우쒤 쏘다진마스로,

아.

- 그르캐 내:엽써꼬

- 긍깨 홀태로[121] 홀튼놈보다 훨:씬 훨 빨라써요.

음.

- 왜: 그냐그문 홀태로 홀트먼 그때 통:일벼는 입싸기 널버가꼬 이거시 기양 거 홀태 손홀태로 이르캐 홀트머뇨 막 쩡개싸코 긍깨 성가싱깨 기양

- 만:헌노믄 몰라도 저 저:긍거슨 기양 투덕투덕해:가꼬[122] 올배찰:도[123] 허고 그래써요.

애.

- 근는디 인자 애:: 그:저내 인자 으 우리 어려서 헐 때는 기개홀태도[124] 옵:꼬

- 그 다음에 이제 여기서는 그런 유래가 없는데 저 윗녘 충청도로 가면은 둘러메쳐 가지고 두드리는 이제 그 막대기가 있고요,

어.

- 여기서도 옛날에 이제 그 한 번씩 그런 이제 그 통일벼 처음으로 나왔을 때예요.

예.

- 그때는 그렇게 여기서도 두드려서 훑어 보기도 했어요.

아, 왜 그랬던가요 통일벼는?

- 통일벼는 잘 쏟아지니까

아.

- 귀가 얇아 가지고 잘 떨어지니까

아.

- 그냥 투덕투덕 그냥 하면은 저 윗녘 사람들처럼 투덕투덕하면 그냥 막 그냥 얼른 그냥 우수수 쏟아지는 맛으로,

아.

- 그렇게 내었었고.

- 그러니까 그네로 훑는 것보다 훨씬 빨랐어요.

음.

- 왜 그러느냐 그러면 그네로 훑으면 그때 통일벼는 잎이 넓어 가지고 이것이 그냥 그 그네 그네로 이렇게 훑으면요 막 끼여 쌓고 그러니까 성가시니까 그냥

- 많은 것은 몰라도 저 적은 것은 그냥 투덕투덕해 가지고 올벼쌀도 하고 그랬어요.

예.

- 그랬는데 이제 예 그전에 이제 우리 어려서 할 때는 탈곡기도 없고

– 긍깨 인자 순:전 손홀태로 인자 거 발로 디:꼬 요로캐 자부댕개서 일리리 한 주먹125) 쪼그마썩 잡꼬 홀타서 인자 이르캐 해:가꼬 홀트고 그래찌요.

애.

– 글때는 농사도 머: 만:치 앙코 지금마니로 노늘 머 저 십땀보를 버:내 이:십땀보를 버:내 머 삼십땀보를 버:내 막 백땀보도 번:사람 막

– 쩌 옹마리가튼126) 디 가면 한 사라미 이:뱅마지기 진 사람도 이써요.

아하. 그래요?

– 얘, 순:전 기개로 헝깨요.

으~.

– 근디 인자 여그서는 시방 우리 조카가 재:일 인자 농사가 마:니 진:디

– 거그도127) 순전 자기지비 머 트랙타 이꼬 이:양기 이꼬 인자 거 거 시기만 인자 콤바인만 업:써따 뿌니재 그릉깨 그릉깨 한 오:심마지기 지:코 그럽니다마는

– 우리 조카가 질: 마니 지:채마는 요론디서는 인자 머 거지 말:헐끄또 읍꼬 옹마리가튼디 거:머리가튼디128) 가먼 머 한 지비서 이:뱅마넌 이:뱅마지기 삼뱅마지기썩 보:통으로 지여요.

음.

– 긍깨 인자 거그는 인자 거 농지개:량 먼 조하비 이따글등가 머이따등가 거그서 기양 싹 자버디리가꼬는

음.

– 한 사라마태로 망 미러줘:불고 막

내.

이:재 참 모 찌건는 사람 거그다 매깨부러따 그러대요.

– 얘. 막.

- 그러니까 이제 순전 그네로 이제 그 발로 딛고 이렇게 잡아다니면서 일일이 한 주먹 조금씩 잡고 훑어서 이제 이렇게 해 가지고 훑고 그랬지요.

예.

- 그럴 때는 농사도 뭐 많지 않고 지금처럼 논을 뭐 저 십 단보를 부치네 이십 단보를 부치네 뭐 삼십 단보를 부치네 막 백 단보도 부치는 사람 막

- 저 옥마리(지명) 같은 데 가면 한 사람이 이백 마지기 짓는 사람도 있어요.

아하. 그래요?

- 예, 순전 기계로 하니까요.

으.

- 그런데 이제 여기서는 시방 우리 조카가 제일 이제 농사를 많이 짓는데

- 거기도 순전히 자기 집에 뭐 트랙터 있고, 이양기 있고, 이제 그 거시기만 이제 콤바인만 없었다뿐이지, 그러니까 그러니까 한 오십 마지기 짓고 그럽니다마는

- 우리 조카가 제일 많이 짓지마는 이런 곳에서는 이제 뭐 그저 말할 것도 없고 옥마리 같은 곳 거머리(지명) 같은 곳 가면 뭐 한 집에서 이백만 원 이백 마지기 삼백 마지기씩 보통으로 지어요.

음.

- 그러니까 이제 거기는 이제 그 농지개량 무슨 조합이 있다 그러던가 뭐 있다던가 거기서 그냥 싹 잡아들여 가지고는

음.

- 한 사람한테로 막 밀어 줘 버리고 막

예.

이제 참 못 짓겠는 사람 거기다 맡겨 버렸다 그러데요.

- 예. 막.

- 모찌거싸:라믄 거그다 매깨붕깨요 그르고 인자 자기는 함빼내 수:[129] 다 바더서 기양 딱 무거불고 긍깨

음.

- 일구양:드기라고 이래서 조:코 저리 농사 안지여서 조:코 그눔 돈: 함빼내 바더가꼬 이자 지러서 무긍깨 조:코

으흠.

- 근다고 그러대요.

음.

농사가 지금 앤:날허고 너무 마:니 달라저쪼?

- 얘.

─ 못 짓겠는 사람은 거기다 맡겨 버리니까요, 그리고 이제 자기는 한 번에 수 다 받아서 그냥 딱 먹어 버리고 그러니까

음.

─ 일거양득이라고 이래서 좋고 저리 농사 안 지어서 좋고 그것 돈 한 번에 받아 가지고 이자 쳐서 먹으니까 좋고

으흠.

─ 그런다고 그러데요.

음.

농사가 지금 옛날하고 너무 많이 달라졌지요?

─ 예.

3.2 밭농사

애, 논농사는 이재 고론 정도로 하개씀니다. 그다매 인재 반농사 바태 바태
는 어떤 곡씨글 주로
- 아, 여그서는 인자 콩, 처째 콩이요이~.

애.
- 그 다매 꽤

꽤
- 애.
- 앤:날 가트먼 인자 저 미영130) 거 다:래

애.
- 그거 모카요이~.

애.
- 그거야 해:꼬.
- 인자 그고 팥까틍거

음.
- 인자 요 인자 업:씨 살먼 인자 잡꼭까틍거 인자 막 서:수기나131) 매
밀가틍거 요릉거 인자 주:로 인자 마:니 해:찌요.

음. 그래요이~.
- 애.

음.
한머 채:소 채:소 종뉴도 해:쓰
- 애, 채:수는 인자 물로니고요.

애.
- 애.

예, 논농사는 이제 그런 정도로 하겠습니다. 그 다음에 이제 밭농사 밭에 밭에는 어떤 곡식을 주로

— 아, 여기서는 이제 콩 첫째 콩이요.

예.

— 그 다음에 깨

깨

— 예.

— 옛날 같으면 이제 저 목화 그 다래

예.

— 그것 목화요.

예.

— 그것이야 했고.

— 이제 그리고 팥 같은 것

음.

— 이제 이 이제 없이살면 이제 잡곡 같은 것 이제 막 조나 메밀 같은 것 이런 것 이제 주로 이제 많이 했지요.

음. 그래요.

— 예.

음.

한 뭐 채소 채소 종류도 했으

— 예, 채소는 이제 물론이고요.

예.

— 예.

그러먼 애 그 노 바:슨 논하고 달리 인재 거 종:뉴애 따라서 인재 시기가 다를꺼 아님니까이~?

  – 인자 매밀가틍거슨 느깨 해:도 되고요.

애.

  – 콩 가틍거 인자 이렁거슨 은:재든지 애 모내기 뒤애 모를 완:저니 끈내분 뒤애 인자 거 끄까리라고[132) 해요 그거뿌고.

음.

  – 끄까리락 흔디 인자 그걸 콩 인자 시문다 그거이지요.

끄까리란 마리 이써요?

  – 애.

음.

그거는 놀 논

  – 인자 모 끈난 인자 이종이 끈난 뒤애

애, 아 콩 시믕거요?

  – 애, 콩 심:꼬 팥 심:꼬 인자 점부 그러지요.

애.

  – 그러고 인자 거 잡꼭까틍거 서:숙까틍거슨 인자 소:서가 너문 뒤애 인자 마:니 가라 잋짜 성개요.

음.

  – 그거슨 야:조 인자 걷: 밭또 인자 어중간 논도 어중간 헌디 그런디 다가 자 마:니 인자 거 서:숙까틍거슨 허고요

애.

  – 쑤시 가틍거슨 인자 거 콩 싱글때 걍 한나썩 콩바태다 드문드문 던 저노먼 나가꼬 인자 가으래 인자 그놈 쑤시도[133) 해:무꼬

음.

  – 그러지요.

그러면 예 그 밭은 논하고 달리 이제 그 종류에 따라서 이제 시기가 다를 것 아닙니까?

— 이제 메밀 같은 것은 늦게 해도 되고요.

예.

— 콩 같은 것 이제 이런 것은 언제든지 예 모내기 뒤에 모를 완전히 끝내 버린 뒤에 이제 그 '끝갈이'라고 해요, 그것보고.

음.

— 끝갈이라고 하는데 이제 그것을 콩 이제 심는다 그것이지요.

끝갈이란 말이 있어요?

— 예.

음.

그것은 논 논

— 이제 모 끝난 이제 이종이 끝난 뒤에

예, 아 콩 심는 거요?

— 예, 콩 심고 팥 심고 이제 전부 그러지요.

예.

— 그리고 이제 그 잡곡 같은 것 조 같은 것은 이제 소서가 넘은 뒤에 이제 많이 갈아 이제 심어요.

음.

— 그것은 아주 이제 그것 밭도 이제 어중간 논도 어중간 한 곳 그런 데다가 이제 많이 이제 그 조 같은 것은 하고요.

예.

— 수수 같은 것은 이제 그 콩 심을 때 그냥 하나씩 콩 밭에다 드문드문 던져 놓으면 나 가지고 이제 가을에 이제 그것 수수도 해 먹고

음.

— 그러지요.

음.

- 매밀가틍거슨 가라가꼬 주로 인자 묵또 해:무꼬 죽또 써무꼬 그런시 그로도 인자 허고

- 긍깨 인자 앤:나래는:자 가난허개 살:고 싱냥이 부족헝깨 인자 그런 잡꼬글 마:니 해:써요.

애.

- 애.

- 애, 그먼자 콩팥 인자 이릉거슨 매주도 쑤고 파슨 인자 밥또 해:무 꼬 떡또 해무꼬 인자 글:때 인자 피료허고

음.

근대 이거를 인재 콩이나 이렁거슬 아주 막 바태다 온:통 콩만 시믈 때도 이찌만 어떵건 다릉거 헐 때 중간중가내 머 허기도 허고 그러잔

- 애.

사이사이애다가

- 사이사이다 인자 거 긍깨 아까도 말:쏨드리다시피 인자 거 설: 자이 거시기 서:숙까틍거또 인자 거그다 인자 숭겨노코

애.

- 쑤시가틍거 성기고 주로 인자 거 녹뚜라고 이써요 녹뚜.

애.

- 녹뚜가틍거 인자 거 아:조 아:푼 사람들 미음 써주기도 조:코 조:치 아내요?

- 긍깨 녹뚜가틍거또 드문드문 여:노코

음.

- 그런시그로 해:써요.

바태 바태다가 드문드문 헌다고요?

- 애, 바태다가 인자 드문드문

음.

- 메밀 같은 것은 갈아 가지고 주로 이제 묵도 해 먹고 죽도 쒀 먹고 그런 식으로도 이제 하고

- 그러니까 이제 옛날에는 이제 가난하게 살고 식량이 부족하니까 이제 그런 잡곡을 많이 했어요.

예.

- 예.

- 예, 그러면 이제 콩, 팥 이제 이런 것은 메주도 쑤고 팥은 이제 밥도 해 먹고 떡도 해 먹고 이제 그럴 때 이제 필요하고

음.

그런데 이것을 이제 콩이나 이런 것을 아주 막 밭에다 온통 콩만 심을 때도 있지만 어떤 것은 다른 것 할 때 중간 중간에 뭐 하기도 하고 그러잖

- 예.

사이 사이에다가

- 사이 사이에다 이제 그 그러니까 아까도 말씀드리다시피 이제 그 거시기 조 같은 것도 이제 거기다 이제 심어 놓고

예.

- 수수 같은 것도 심고 주로 이제 그 녹두라고 있어요 녹두.

예.

- 녹두 같은 것 이제 그 아주 아픈 사람들 미음 쒀 주기도 좋고 좋잖아요?

- 그러니까 녹두 같은 것도 드문드문 넣어 놓고

음.

- 그런 식으로 했어요.

밭에 밭에다가 드문드문 한다고요?

- 예, 밭에다가 이제 드문드문

다릉거 심 시믄

― 애, 심는 사이다가 인자 드문드문

사이사이얘. 애 주로 먼: 심모 사이사이얘 그렁가요?

― 콩 성긴 디 인자 파

아 콩 성긴디 그렁거얘요?

― 애, 팥 성긴대나 콩 성긴 디

― 근디 팥 썽긴대나는 주로 인자 마:니 그릉거슬 쭈시가틍걸 안 여요.

― 그거이 그늘쩌붐[134] 쭈시가 마:니 드르가가꼬 그늘 쩌부면 파시 안 영깨요.

음, 오끼** 쭈시는 키가 크니까요.

― 애.

― 그릉깨 인자 거 콩 성긴대는 괜찬헌디 팥 썽긴대는 저녀 안 녀치요.

음.

고거:또 인재 멈니까? 고거또 멀 풀 뽀바 줘야조?

― 애 코 콩 콩 콩반 매:야지요.

콩반 맨:다고 그러지요?

고거또 여러번 함니까? 어떠캐?

― 그거또 시:불

시:불

― 애 시:불 매. 그르먼 인자 그거이 새:불 마지막 매:먼 인자 만:도리여.[135] 그그또.

고거또 만:도리요.

― 애.

으~.

― 그그또 만:도리

애, 잠깐 쉬여따 허시지요. 애 쪼끔

다른 것 심는

- 예, 심는 사이에다가 이제 드문드문

사이 사이에. 예 주로 무슨 심 사이 사이에 그런가요?

- 콩 심는 데 이제 팥

아, 콩 심는 데 그런 것이에요?

- 예, 팥 심는 데나 콩 심는 데

- 그런데 팥 심는 데 나는 주로 이제 많이 그런 것을 수수 같은 것을 안 넣어요

- 그것이 그늘져 버리면 수수가 많이 들어가 가지고 그늘져 버리면 팥이 안 여니까요.

음, $$** 수수는 키가 크니까요.

- 예.

- 그러니까 이제 그 콩 심는 데는 괜찮은데 팥 심는 데는 전혀 안 넣지요.

음.

그것도 이제 뭡니까? 그것도 뭐 풀 뽑아 줘야지요.

- 예, 콩 콩 콩밭 매야지요.

콩밭 맨다고 그러지요?

그것도 여러 번 합니까, 어떻게?

- 그것도 세 벌

세 벌

- 예, 세 벌 매. 그러면 이제 그것이 세 벌 마지막 매면 이제 만도리야. 그것도.

그것도 만도리요.

- 예.

으.

- 그것도 만도리.

예, 잠깐 쉬었다 하시지요. 예 조금

3.3 가을걷이와 겨우살이

오느리 이:십이리림니다.

- 오늘

- 이:십 오늘 이:십이:일

이십이:이링가요?

- 애.

아 이:십이:리이구나.

- 애.

- 그묘일 오느리.

애: : :, 그러쿠뇨.

어재까지 농사진는 이를 쫌 하셔꺼드뇨.

- 애.

** 그저깨.

- 애.

그 다매 또 나완내요. 여기 거 타:작하던 이야기를 쪼끔 해:달라고 그캐 나와 이써요.

- 애.

애, 나락 그 밴 나락 빈 빌:때가 비여서부터 타:작헐 때까지 과:정을

- 애.

어떠캐 항가

- 나락 인자 노내서 비여가꼬

애.

- 모냐 인자 말:씀 드리대끼136) 인자 이러캐 주먹주먹137) 딱·인자 넉:쭈머기고 석:쭈머기고 딱딱 인자 퍼개나요.138)

오늘이 이십이 일입니다.

― 오늘

― 이십 오늘 이십이 일

이십이 일인가요?

― 예.

아, 이십이 일이구나.

― 예.

― 금요일 오늘이.

예, 그렇군요.

어제까지 농사짓는 일을 좀 하셨거든요.

― 예.

** 그제.

― 예.

그 다음에 또 나왔네요. 여기 그 타작하던 이야기를 조금 해 달라고 그렇게
나와 있어요.

― 예.

예, 벼 그 벤 벼 벨 때가 베어서부터 타작할 때까지 과정을

― 예.

어떻게 하는지

― 벼 이제 논에서 베어 가지고

예.

― 먼저 이제 말씀 드리듯이 이제 이렇게 주먹주먹 딱 이제 네 주먹이
고 세 주먹이고 딱딱 이제 포개 놓아요.

애

― 그르문 인자 그노미 바라미 치면 인자 말라저요.

애.

― 그면 인자 말라진 뒤:애 인자 그노믈 다바를 뭉꺼요 나락따바를.

애.

― 땅 뭉꺼서 열 무썩 인자 그러캐 딱: 가리를 처요.

애.

― 그래가지고 나:중애 인자 그노믈

가리를 친단 마른 어떠캐 치능거애요?

― 아, 인자 요로캐 차근차근 포개서 인자 비 와 비가 와도 무리 안 들고크롬 딱 인자 요로캐 퍼개놈니다.

애.

― 그래가꼬 딱 인자 우:개다가 한 묻 탕 영거노머는¹³⁹⁾ 비가 와도 그르캐 마:니 안 드러가요.

애.

― 그래가지고 인자 그노믈 완:저니 인자 그르캐 딱 해서 뭉꺼 개래 놔:따가 시간 난:대로 인자 그노믈 저날래요 인자.

음.

― 지부로 인자 저다가 배누를¹⁴⁰⁾ 눌른다든지¹⁴¹⁾

음.

― 그라너먼 그대로 싸:놔따가 그냥 홀튼다든지

음.

― 이런 이리 이써요.

음. 내, 그래요이.

― 애.

자 홀틀 때는 어트캐 하지요?

예.

- 그러면 이제 그것이 바람이 치면 이제 말라져요.

예.

- 그러면 이제 말라진 뒤에 이제 그것을 다발을 묶어요. 벼 다발을.

예.

- 딱 묶어서 열 뭇씩 이제 그렇게 딱 가리를 쳐요.

예.

- 그래 가지고 나중에 이제 그것을

가리를 친다는 말은 어떻게 치는 것이에요?

- 아, 이제 이렇게 차근차근 포개서 이제 비 와 비가 와도 물이 안 들어오게끔 딱 이제 이렇게 포개 놓습니다.

예.

- 그래 가지고 딱 이제 위에다가 한 뭇 딱 얹어 놓으면은 비가 와도 그렇게 많이 안 들어가요.

예.

- 그래 가지고 이제 그것을 완전히 이제 그렇게 딱 해서 묶어 가려 놓았다가 시간 나는 대로 이제 그것을 져서 날라요 이제.

음.

- 집으로 이제 져다가 볏가리를 쌓는다든지

음.

- 그렇지 않으면 그대로 싸 놓았다가 그냥 훑는다든지

음.

- 이런 일이 있어요.

음, 예, 그래요.

- 예.

이제 훑을 때는 어떻게 하지요?

- 홀틀 때는 인자 애 시방은 인자 이르캐 막 경웅기로 기양 막 트랙따
아이 저 콤바이니로 허재마는 앤:나래는 그거이 업:짜내요?

애.

- 그르기따무내 인자 거 가락홀태 인자 시저른 앤:나리고

애.

- 우리가 인자 최:그내 알기로는 인자 홀태라142) 말:쓰미애요.

음.

- 그라너먼 인자 기개홀태

내.

- 그노믈 인자 딱 가따가 인자 모아노코는 차근차근 거그서 홀태 갈
트머는 요로캐 자부댕긴 홀태143) 가트먼 인자 거그서 한 사라미 띠여
주머뇨

애.

- 안 띠여주머뇨 자기가 지버서 허고 한 사라미 띠여주먼 인자 요 주
먹주먹 쪼그만썩 쪼그만썩 인자 홀틀망큼 띠여줍니다.

애.

- 그르문 인자 그서 인자 홀튼 사라미 딱 홀트머넌 인자 지비 채이꺼
아님니까?

애.

- 그르문 인자 지블 다시 다발로 뭉꺼서 또 던저노코

음.

- 이런 시그로 해:서 딱 홀틈니다.

애

- 애.

애애.

거 이재 홀 다 홀타따 그럼 곡씨근 어트캐 함니까?

‒ 훑을 때는 이제 예 시방은 이제 이렇게 막 경운기로 그냥 막 트랙터 아니 저 콤바인으로 하지마는 옛날에는 그것이 없잖아요?

예.

‒ 그렇기 때문에 이제 그 벼훑이 이제 시절은 옛날이고

예.

‒ 우리가 이제 최근에 알기로는 이제 그네란 말씀이에요.

음.

‒ 그렇지 않으면 이제 탈곡기

예.

‒ 그것을 이제 딱 가져다가 이제 모아 놓고는 차근차근 거기서 그네 같으면은 이렇게 잡아다니는 그네 같으면 이제 거기서 한 사람이 떼어 주면요

예.

‒ 안 떼어 주면요 자기가 집어서 하고 한 사람이 떼어 주면 이제 이 주먹주먹 조금씩 조금씩 이제 훑을 만큼 떼어 줍니다.

예.

‒ 그러면 이제 거기서 이제 훑는 사람이 딱 훑으면은 이제 짚이 찰 것 아닙니까?

예.

‒ 그러면 이제 짚을 다시 다발로 묶어서 또 던져 놓고

음.

‒ 이런 식으로 해서 딱 훑습니다.

예.

‒ 예.

예예.

그 이제 다 훑었다 그러면 곡식은 어떻게 합니까?

‒ 애.

‒ 홀타따 그러면 인자 그때는 인자 서시렁댕이라고[144] 그노믈 인자 깨ː끄시 딱 갈키로[145] 인자 글거내ː서요,

'서 서스렁댕이'가 머ː애요?

‒ 거 인자 집 호애기[146] 가틍거 지푸락 인자 입싹 가틍거 인자 떠러저가꼬 망 나와요.

애, 고거슬 머라고요?

‒ '서시렁등이'

어 '서시렁댕이'

‒ 애, 그 인자 딱 인자 그르면 갈키로 글거모아가꼬 한피짜개다[147] 땅나ː두고는 인자 알ː맹이만 가마니다 담ː씁니다.

애.

‒ 애.

‒ 그라너먼 기양 고까내다 막 그냥 퍼부술 쑤 이쓰머는 고까내다 가따 기양 가마니 안 대고 막 퍼부꼬요.

애.

‒ 그래나따 나ː중애 인자 그노믈 애 다 홀튼 뒤ː애는 멍서글 가따 깔ː고 덕써글료이~.

음.

‒ 가따깔고는 그노믈 너러요.

애.

‒ 그래가꼬 땅 말림니다.

음.

‒ 말려서 인자 가마니애다 담ː찌요.

내.

가마니 나오기 저내는 뭘ː 해씀니까?

— 예.

— 옳았다 그러면 이제 그때는 이제 '서시렁댕이'라고 그것을 이제 깨끗이 딱 갈퀴로 이제 긁어 내서요,

'서시렁댕이'가 뭐예요?

— 그 이제 짚 새꽤기 같은 것 지푸락 이제 잎사귀 같은 것 이제 떨어져 가지고 막 나와요.

예, 그것을 뭐라고요?

— '서시렁등이'

어 '서시렁댕이'

— 예, 그 이제 딱 이제 그러면 갈퀴로 긁어 모아 가지고 한쪽에다 딱 놔 두고는 이제 알맹이만 가마니에다 담습니다.

예.

— 예.

— 그렇지 않으면 그냥 곳간에다 막 그냥 퍼부을 수가 있으면은 곳간에다 가져다 그냥 가마니 대지 않고 막 퍼붓고요.

예.

— 그래 놨다 나중에 이제 그것을 예 다 훑은 뒤에는 멍석을 가져다 깔고 멍석을요.

음.

— 가져다 깔고는 그것을 널어요.

예.

— 그래 가지고 딱 말립니다.

음.

— 말려서 이제 가마니에다 담지요.

예.

가마니 나오기 전에는 뭘 했습니까?

- 가마니 나오기 저내는 앤:나래 서미라고 이써요.

어.

- 서미라능거시 머:이냐 그먼 지푸로 그노믈 영끔니다요.[148]

애

- 야:물개 딱 영꺼가꼬 애 거그다가 인자 거 한나썩 다무면 한 섬

- 애, 한섬썩 딱 다머서 인자 취깨드러다가 가따가 고까내다 쟁이고 그래써요.

애.

그러면 그 서믄 아직 (기침) 머임니까? 싸:리 아니고 나락?

- 애, 나라그로만 다머요.

애 가마니하고 어떤 차이가 이써 섬:하고는?

- 애 인자 그 가마니기를 짜 짜:기 저내 잠 가마니는 왜정시대애 일본 놈드리 와서 그거슬 가따 발견해:가꼬 짜:라 그래꼬요

애.

- 그 저내는 가마니를 짤:찌[149] 모르니까 인자 그르캐 서므로 영꺼서 인자 해:써꼬요,

- 지푸로 그르캐 딱 섬 인자 맨드라서 영꺼가꼬 이르캐 저버서 가마니 마니로 땅 만드라요, 이르캐.

애.

- 애 그래가꼬 인자 새끼로 창 뭉꺼가꼬는 가따 쟁이고 쟁이고 그래 써요.

음, 그러면 가마니보다는 거 구멍이 저 얼멍얼멍험니까?

- 그릉깨 야물개 영끄지요. 거 나라기 쏘다 나오지기 나오지 앙커크롬 배:개 야물개 영끔니다.

애. 그래요.

- 애.

─ 가마니 나오기 전에는 옛날에 섬이라고 있어요.

어.

─ 섬이라는 것이 뭐냐 그러면 짚으로 그것을 엮습니다.

예.

─ 야물게 딱 엮어 가지고 예 거기다가 이제 그 하나씩 담으면 한 섬

─ 예, 한 섬씩 딱 담아서 이제 추켜들었다가 가져다가 곳간에다 쟁이고 그랬어요.

예.

그러면 그 섬은 아직 (기침) 뭡니까? 쌀이 아니고 벼?

─ 예, 벼로만 담아요.

예, 가마니하고 어떤 차이가 있어, 섬하고는?

─ 예, 이제 그 가마니를 짜기 전에 가마니는 왜정 시대에 일본놈들이 와서 그것을 가져다 발견해 가지고 짜라 그랬고요,

예.

─ 그 전에는 가마니를 짤 줄 모르니까 이제 그렇게 섬으로 엮어서 이제 했었고요,

─ 짚으로 그렇게 딱 섬 이제 만들어서 엮어 가지고 이렇게 접어서 가마니처럼 딱 만들어요, 이렇게.

예.

─ 예, 그래 가지고 이제 새끼로 칭칭 묶어 가지고는 가져다 쟁이고 쟁이고 그랬어요.

음, 그러면 가마니보다는 그 구멍이 저 얼멍얼멍합니까?

─ 그러니까 야물게 엮지요. 그 벼가 쏟아 나오지 않게끔 배게 야물게 엮습니다.

예. 그래요.

─ 예.

음.

보리::::를 이캐 탁 타작허고 이개 거둬드릴 때는 어떤 과정이

- 아. 그

- 보리도 역씨 (트림) 저 나락허고 비슷험니다.

내.

- 애, 그래가지고 보리는 이르캐 홀태로 홀틍거시 아니고 도:리깨로
뚜두러요.

애.

- 도:리깨로 뚜두려가꼬 점:부 글거내고 인자 알:맹이만 땅 모으머는
인자 그노믈 막 자루애다가 인자 가마니나 이런 서매나 어:디 인자 자루
애다가 막 뚜두 다머요.

- 그래가지고 인자 역씨 다: 인자 타:자글 해 썰 띠개 또 그노믈 인자
내:서 말림니다.

얘, 개 말리구요.

- 애.

콩으뇨? 콩 콩은 어떠캐?

- 콩도 역씨 인자 그르캐 딱 거두머는 어:쩐 수가 인냐먼 인자 이르캐
둥을150) 짇:씀니다 인자 이녀기 질머질만한 정도로요.

아.

- 너무다가 인자 크믄 부:패가151) 마:너먼 질머지가가

허

- 어:색헝깨

- 자기가 질머질 수 인는 한 딱 그노멀 둥얼 저 동얼 지여오, 콩똥얼.

음.

- 그래가지고 질머지고 와서 딱 새와나:따가 바:싹 마른 뒤애 마당애
다 너러가지고 그거또 역씨 보리 타:작허대끼 도:리깨로 뚜둠니다.

음.

보리를 이렇게 딱 타작하고 이렇게 거둬 드릴 때는 어떤 과정이?

- 아. 그

- 보리도 역시 (트림) 저 벼하고 비슷합니다.

예.

- 예, 그래 가지고 보리는 이렇게 탈곡기로 훑는 것이 아니라 도리깨로 두들겨요.

예.

- 도리깨로 두들겨 가지고 전부 긁어 내고 이제 알맹이만 딱 모으면은 이제 그것을 막 자루에다가 이제 가마니나 이런 섬에나 어디 이제 자루에다가 막 담아요.

- 그래 가지고 이제 역시 다 이제 타작을 했을 때에 또 그것을 이제 내서 말립니다.

예, 그렇게 말리고요.

- 예.

콩은요? 콩 콩은 어떻게?

- 콩도 역시 이제 그렇게 딱 거두면은 어떤 수가 있느냐면 이제 이렇게 동을 짓습니다. 이제 자기가 짊어질 만한 정도로요.

아.

- 너무나 이제 크면 부피가 많으면 짊어지기가

허.

- 어색하니까

- 자기가 짊어질 수 있는 한 딱 그것을 동을 저 동을 지어요, 콩동을.

음.

- 그래 가지고 짊어지고 와서 딱 세워 놨다가 바싹 마른 뒤에 마당에다 널어 가지고 그것도 역시 보리 타작하듯이 도리깨로 두들깁니다.

음. 그래요이.

― 애 애.

그래가지고

― 그래가지고 콩얼 거더내:요.

애. 그래요이.

도리깨 가틍거슨 마당애서 주로 하개쪼?

― 애, 도리깨는 마당에서 허지요.

도리깨지르뇨?

― 애.

음.

고거 상:당히 돌리 돌려서 칠라먼

― 애, 널바야 되야요.

널바야 되거쪼.

― 애.

음. 애.

그럼 그 보리나 이런 대서도 '서스렁댕이'라고 함니까?

― 애, '서스렁댕이'라고 그러지요.

― 그렇깨 그노믈 글거내:서 땅 모아나따가 그노믈 인자 보리 딱 다머
내:고는 재:차 그노믈 까라가꼬는 인자 몽그라 인자 막 뚜둘지요.

― 그먼 인자 완저니 인자 다 알:맹이가 빠지먼 인자 글거서 인자 거
'서시렁댕이'는 인자 거르므로 내:불고요

애.

― 인자 알:맹이만 인자 글거모아서 인자 챙이로152) 까:불라가꼬 그래
가꼬 인자 담:찌요.

애, 그래요이.

그 인재 그르캐 말려서 고씨서 곡썩 해:노먼 그 다매 인재 고놈 찌거서 인재

음. 그래요.

— 예예.

그래가지고

— 그래 가지고 콩을 걷어내요.

예. 그래요.

도리깨 같은 것은 마당에서 주로 하겠지요?

— 예, 도리깨는 마당에서 하지요.

도리깨질은요?

— 예.

음.

그것 상당히 돌려서 치려면

— 예, 넓어야 돼요.

넓어야 되겠지요.

— 예.

음. 예.

그럼 그 보리나 이런 것에서도 '서스렁댕이'라고 합니까?

— 예, '서스렁댕이'라고 그러지요.

— 그러니까 그것을 긁어 내서 딱 모아 놓았다가 그것을 이제 보리 딱 담아 내고는 재차 그것을 깔아 가지고는 이제 몽글게 이제 막 두들기지요.

— 그러면 이제 완전히 이제 다 알맹이가 빠지면 이제 긁어서 이제 그 '서시렁댕이'는 이제 거름으로 내버리고요,

예.

— 이제 알맹이만 이제 긁어 모아서 이제 키로 까불러 가지고 그래 가지고 이제 담지요.

예, 그래요.

그 이제 그렇게 말려서 곡식 해 놓으면 그 다음에 이제 그것 찧어서 이제

머 *** 안씀니까?

- 재하늘 그러지요.

찌글 때는 인재 주로 멀:가고 찌거씀니까?

- 찌글 때는 인자 저 저 도:구통요.[153]

내.

- 도:구통애다 인자 저그 저 저:근 사람드른 도:구통애다 찌꼬 그러치
아녀머넌 인자 물방아[154] 인자 거가서 찌꼬요.

내.

- 애.

그래요이.

- 애, 모냐도 말:씀 드려씀니다마는 인자 물방아가 인자 우리 마을또
거 머 동내 거 우산 인저 당:산 건내가 물방아가 이써써요.

아.

- 애, 그믄 인자 거가서 인자 찌거다가 해:무꼬

음.

- 그러치아녀먼 기양 머 도:구통애다 기양 받 찌거서 챙이로 까:불라
가꼬 그노믈 인자 싸:를 맨드라서 해:무꼬

그먼 고걸

도구통애다 헝 거슬 마:니는 몯:허니까

- 애.

자주 해야 되건내요?

- 그러지요. 자조 인자 머: 한두끄니[155] 해:무글 쩡도배끼 함뻐내 모
찌거요.

애. 그러지요.

- 애.

- 긍깨 자조 찌거서 해:묵

뭐 ***않습니까?

　― 제한을 그러지요.

찧을 때는 이제 주로 무엇을 가지고 찧었습니까?

　― 찧을 때는 이제 저 저 절구통이요.

예.

　― 절구통에다 이제 저기 저 적은 사람들은 절구통에다 찧고, 그렇지 않으면은 이제 물레방아 이제 거기 가서 찧고요.

예.

　― 예.

그래요.

　― 예, 먼저도 말씀드렸습니다마는 이제 물레방아가 이제 우리 마을도 그 뭐 동네 그 유선각 이제 당산 건너에 물레방아가 있었어요.

아.

　― 예, 그러면 이제 거기 가서 이제 찧어다가 해 먹고

음.

　― 그렇지 않으면 그냥 뭐 절구통에다 그냥 찧어서 키로 까불러 가지고 그것을 이제 쌀을 만들어서 해 먹고

그러면 그것

절구통에다 하는 것을 많이는 못 하니까

　― 예.

자주 해야 되겠네요?

　― 그러지요. 자주 이제 뭐 한 두 끼니 해 먹을 정도밖에 한 번에 못 찧어요.

예. 그러지요.

　― 예.

　― 그러니까 자주 찧어서 해 먹

매:번 방아를 찌거서 바블 해:잡쑤건내요?

― 애. 그러지요.

(웃음) 그래요. 이:리 좀 망:컨내요.

― 이:리 만치요.

애.

그 방아 방 그 절굳 절구통은 인재 이러캐 움폭 드러간 대가 이꼬

― 애.

고거 머:라고 헌다 그래써요?

― 그거뽀고 '도:구통'이라 글고

아, '도:구통'이라 그럼니까?

― '도:구통' 아:니라 그래요.

도:구통 안.

― 애, '도:구통'애다 나라글 부서라.

으~.

― 그래가꼬 인자 도:구때로156) 인자 여그 말로 도:구때로 막 찍씀니다.

어, 도:구때로 쩌거요?

― 애, 그러면 인자 그거이 까:지지요 인자.

음음

그 도:굳통은 머:로 만드러요?

― 나:무로 만들고 앤:나래는 도:그로 파요.

아.

― 애, 요 저으지비도 이쓰니다마는

으.

― 도:그로 파가꼬 그노믈 도:구통을 만드라요.

아아.

― 글고 인자 도:구때는 머이로 허냐흐먼 나:무로 인자 참나무 가틍거

매번 방아를 찧어서 밥을 해 잡수겠네요?

— 예. 그러지요.

(웃음) 그래요. 일이 좀 많겠네요.

— 일이 많지요.

예.

그 방아 그 절구통은 이제 이렇게 움푹 들어간 데가 있고

— 예.

그것 뭐라고 한다 그랬어요?

— 그것보고 '도구통'이라 그러고

아, '도구통'이라 그럽니까?

— '도구통 안'이라 그래요.

도구통 안.

— 예, '도구통'에다 벼를 부어라.

으.

— 그래 가지고 이제 절굿공이로 이제 여기 말로 '도굿대'로 막 찧습니다.

아, 절굿공이로 찧어요?

— 예, 그러면 이제 그것이 까지지요, 이제.

음음.

그 절구통은 무엇으로 만들어요?

— 나무로 만들고 옛날에는 돌로 파요.

아.

— 예, 이 저희 집에도 있습니다마는

으.

— 돌로 파 가지고 그것을 절구통을 만들어요.

아아.

— 그리고 이제 절굿공이는 뭐로 하느냐 하면 나무로 이제 참나무 같은

이나 이런 나:무로 인자 깡씁니다.157)

내.

- 그라너먼 솔나무나158) 근디 솔나무는 물러가꼬 잘 결따니 나고 참나무는 야뭉깨 좀 무구와도 고노미 더 오래 쓸 쑤 이꼬 그래요.

애애.

그 저기는 저 도:구통 말고 고추나 보리 가는 또 이찌요? 고거시?

- 매똘

아니, 말고 요로캐 넙:쩍해가지고

- 아 그거는 인자 절 저 거 연:자방아라고요

어

- 연:자방아라고 그거슨 인자 여:런 디는 그저내 트키 쩌그저 부자찌비 산: 냥바니나 이써쓰까 딴: 지비는 업:써꼬요

연:자방아는 누, 머, 머:가 끄러요? 여그?

- 아, 소로 돌리고요

애.

- 소로 돌래야재 사:람 히므로는 커서 모똘랴요.

아. 그래요이.

애.

그 디딜빵아 가틍거슨 미태다 옴 옴팍하개 머 파 파농 거시 이찌요?

- 그거뽀고도 인자 거 절구통이라 그래요. 인자 도 저 도:구통이라고.

아 '도:구통'이라고 그럼니까?

- 애.

아.

- 애, 방은 자 그 방아 찐:는 디 요로캐 쪼그마내 똥글똥글흐니 해:가꼬

어.

것이나 이런 나무로 이제 깎습니다.

예.

− 그렇지 않으면 소나무나 그런데 소나무는 물러 가지고 잘 결단이 나고 참나무는 야무니까 좀 무거워도 그것이 더 오래 쓸 수 있고 그래요.

예예.

그 저기는 저 절구통 말고 고추나 보리 가는 또 있지요? 그것이?

− 맷돌

아니, 말고 이렇게 넓적해 가지고

− 아, 그것은 이제 저 그 연자방아라고요.

어.

− 연자방아라고 그것은 이제 이런 데는 그전에 특히 저기 저 부잣집에 사는 양반이나 있었을까 다른 집에는 없었고요.

연자방아는 누구, 뭐, 뭐가 끌어요? 여기?

− 아, 소로 돌리고요

예.

− 소로 돌려야지 사람 힘으로는 커서 못 돌려요.

아. 그래요.

예.

그 디딜방아 같은 것은 밑에 옴팍하게 뭐 파 놓은 것이 있지요?

− 그것보고도 이제 그 절구통이라 그래요. 이제 저 '도구통'이라고.

아, '도구통'이라고 그럽니까?

− 예.

아.

− 예, 방아는 이제 그 방아 찧는 데 이렇게 조그만해 가지고 동글동글하게 해 가지고

어.

- 땅얼 파가지고 거기다가 몰 움찔끌개 땅 무더노코 그 가애로는 쌔매느로 싹 발라불지요.

아. 애.

- 인자 흐기 트 흐기나 독:가틍거 모:뜨러가개요.

으음.

- 그래노코 인자 거 드들빵애가틍거이나 물방애가틍거슨 찍씀니다.

음, 그거도 다 도:구통이라 그러내요.

- 애.

저 어려쓸 때 보며는 꼬치까리 고추 김치 당글라먼 가라요.

- 애.

어:따 감:니까?

- 도:구통애나 그 도 확:또기라고[159] 이써요.

확:또기 또 이씀니까?

- 애.

확:똑허고 도:구통허고 다르지요?

- 애, 확:또기랑거슨 아까 말:씀 드리다시피 거 애 드들빵아나 방아까니나 그른 디 가서 찌긍거가치 그러캐 생개써요.

어.

- 근디 인자 좀 (인)자 도:구통보덤 적:쩌요.

음.

- 그믄 인자 장:꾸방애다[160] 그노믈 딱 안정을 시켜노코 거그다가 막 뜩뜩뜩뜩[161] 갈:머넌 잘 까라저요.

먼 그 먼 독 도:그로 갈지요?

- 꺼끌꺼끌헝깨

- 애, 도:그로요.

먼:도기라 글매 고걸?

- 땅을 파 가지고 거기다가 못 움직거리게 딱 묻어 놓고 그 가로는 시멘트로 싹 발라 버리지요.

아. 예.

- 이제 흙이 흙이나 돌 같은 것 못 들어가게요.

으음.

- 그래 놓고 이제 그 디딜방아 같은 것이나 물레방아 같은 것은 찧습니다.

음, 그것도 다 절구통이라 그러네요.

- 예.

저 어렸을 때 보면은 고추가루 고추 김치 담그려면 갈아요.

- 예.

어디에 갑니까?

- 절구통이나 그 돌확이라고 있어요.

돌확이 또 있습니까?

- 예.

돌확하고 절구통하고 다르지요?

- 예, 돌확이란 것은 아까 말씀드리다시피 그 예 디딜방아나 방앗간이나 그런 데 가서 찧는 것같이 그렇게 생겼어요.

어.

- 그런데 이제 좀 이제 절구통보다 작지요.

음.

- 그러면 이제 장독대에다 그것을 딱 안정을 시켜 놓고 거기다가 막 들들들들 갈면은 잘 갈아져요.

무슨 그 무슨 돌 돌로 갈지요?

- 꺼끌꺼끌하니까

- 예, 돌로요.

무슨 돌이라 그래요 그것을?

- 그거뽀고 포또리라162) 그래요.

아, 포또리라 그래요?

- 애, 포또리라고.

- 그걸 똥글똥글허니 요르캐 쓰 요글 소나내 쥐여질만헌노므로 막 이러캐 으득으득으득163) 문대요.164)

애.

- 애.

애, 그러지요.

- 애.

음.

보리방아 기통거슨 어트캐 찍 찌씀니까?

- 보리방애도 역씨 딱 무를 무처가꼬 도:구통애다 여:크나 드 자 드들 빵애다 여:크나 여:가꼬

음.

- 자꼬 무를 침니다.

아.

- 무를 안 치먼 절:때 안 까저요 보리는.

아. 그래요. 아

- 나라근 무를 치먼 안 되지마넌

어.

- 보리는 무를 처가꼬 딱 촉촉허니 해:가꼬 찌그머는 그 뛰여나가지도 앙코 잘 까지고 그래요.

으.

- 얘 그르믄 인자 함볼 찌거가꼬 모:대무긍깨 인자 그노믈 또 다심자 말려놔:따가 또 다으매 재:볼 찌거서 인자 그래가지고 바블 해:무꼬 그래찌요.

- 그것보고 팥돌이라 그래요.

아, 팥돌이라 그래요?

- 예, 팥돌이라고.

- 그것을 동글동글하게 이렇게 이것을 손 안에 쥐어질 만한 것으로 막 이렇게 빡빡 문질러요.

예.

- 예.

예, 그러지요.

- 예.

음.

보리방아 같은 것은 어떻게 찧습니까?

- 보리방아도 역시 딱 물을 묻혀 가지고 절구통에다 넣거나 디딜방아에다 넣거나 넣어 가지고

음.

- 자꾸 물을 칩니다.

아.

- 물을 안 치면 절대 안 까져요, 보리는.

아. 그래요. 아.

- 벼는 물을 치면 안 되지마는

어.

- 보리는 물을 쳐 가지고 딱 축축하게 해 가지고 찧으면은 그 튀어나 가지도 않고 잘 까지고 그래요.

으.

- 예, 그러면 이제 한 벌 찧어 가지고 못해 먹으니까 이제 그것을 또 다시 이제 말려 놓았다가 또 다음에 재벌 찧어서 이제 그래 가지고 밥을 해 먹고 그랬지요.

아, 보리는 대:개 두:벌 찍씀니까?

― 애, 둬:볼 찌거요.

아.

미:른 어트캐 찍:씀니까?

― 미:른 인자 찌긍거시 아니라 그거슨 매똘애다 가라요.

아 매:똥 가:새요?

― 애.

그래도 껍찌른 버껴야 댈꺼 아님니까?

― 아이, 그믄 인자 그 껍떡165) 아으 안 비끼고166)

어.

― 그냥 막 매또래다 다 갈:머는 가루가 나와요.

아하.

― 그르믄 인자 채로 인자 밴: 채로 딱 치머넌 가리만167) 딱 빠:지고

어

― 껍:떠근 딱 우:그로 인자 이르캐 모아지걸 아님니까?

애 애.

― 그르문 나:도따가 그노믄 무:스로 사용허냐그먼 단수니 짐승 안 주
먼 인자 거:를 누루글드더요168) 누루글.

아, 누룩. 누룩 딘는대

― 애.

― 그래가지고 인자 글로 인자 지그므로 말허먼 마껄리 탁쭈

음.

― 그거슬 만드라서도 무꼬 그러지요.

아, 고개 고거 고거뽀다는 밀

― 애, 밀지울169)

밀 지우리라 그러조이.

아, 보리는 대개 두 벌 찧습니까?

－ 예, 두어 벌 찧어요.

아.

밀은 어떻게 찧습니까?

－ 밀은 이제 찧는 것이 아니라 그것은 맷돌에다 갈아요.

아, 맷돌 가세요?

－ 예.

그래도 껍질은 벗겨야 될 것 아닙니까?

－ 아니, 그러면 이제 그 껍질 안 벗기고

어.

－ 그냥 막 맷돌에다 다 갈면은 가루가 나와요.

아하.

－ 그러면 이제 체로 이제 밴 체로 딱 치면은 가루만 딱 빠지고

어.

－ 껍질은 딱 위로 이제 이렇게 모아질 것 아닙니까?

예예.

－ 그러면 놔 두었다가 그것은 뭘로 사용하느냐 그러면 단순히 짐승 안 주면 이제 그것을 누룩을 디뎌요 누룩을.

아, 누룩 누룩 딛는 데

－ 예.

－ 그래 가지고 이제 그것으로 이제 지금으로 말하면 막걸리 탁주

음.

－ 그것을 만들어서도 먹고 그러지요.

아, 그것 그것 그것보고는 밀

－ 예, 밀기울

밀기울이라 그러지요.

- 애.

음.

그 다매 애 나라근 이르캐 껍찔 버끼며는 인재 나옹개 맨 처:음 나옹개

- 왕개

왕:재가[170] 나오고

- 애.

그다맨 고노믈 또 인재 저기 찌그며는

- 거먼 인자 이무깨[171]

이무깨가 나오고요.

- 애.

- 그르문 인자 이무깨는 소를 주고요

애.

- 왕재는 거르믈 허고

왕재는 거르믈 허고

- 애, 인자 싸:른 인자 보니니 해:무꼬요.

음.

이무깨까지만 나 더:: 머 나옹 거슨 업:씀니까?

- 다른 더: 나옹거슨 업:써요 인자.

애.

- 싸래기라고[172] 인자 뽀스가저서[173] 몸:무글꺼

애.

- 그거이 인자 쪼끔 나오면 인자 밸또로 나:도따가 닥또 주고 인자 짐승도 주고 그러지요.

애. 음.

그러머는 보리느뇨? 보리는 찌그먼 머가?

- 보리를 찌그먼 인자 껍:떠기 인자 이물깨 거 보리 껍:떠기 나와요.

― 예.

음.

그 다음에 예 벼는 이렇게 껍질 벗기면은 이제 나오는 것이 맨 처음 나오는 것이

― 왕겨

왕겨가 나오고

― 예.

그 다음에는 그것을 또 이제 저기 찧으면은

― 그러면 이제 쌀겨

쌀겨가 나오고요.

― 예.

― 그러면 이제 쌀겨는 소를 주고요.

예.

― 왕겨는 거름을 하고

왕겨는 거름을 하고

― 예, 이제 쌀은 이제 본인이 해 먹고요.

음.

쌀겨까지만 나 더 뭐 나오는 것이 없습니까?

― 다른 더 나오는 것은 없어요, 이제.

예.

― 싸라기라고 이제 빻아져서 못 먹을 것

예.

― 그것이 이제 조금 나오면 이제 별도로 놔 뒀다가 닭도 주고 이제 짐승도 주고 그러지요.

예. 음.

그러면은 보리는요? 보리는 찧으면 뭐가?

― 보리는 찧으면 이제 껍질이 이제 보릿겨 그 보리 껍질이 나와요.

** 고다 머:라고 해

― 보리째라 그래. 그거뿐고

보리째 아 재라 금니까? 보리째요?

― 애 애

음.

오어는 함번만 하나만 나고

― 애.

보리째 하나만 나고

― 애.

미:른 아까 말한 밀

― 밀 지울

애, 밀 지우리 나오고요.

― 얘.

음.

아까 인재 그 나락 다 타:작하고 홀튼 홀타가지고 인자 말려가지고 인자 가
마니나 서매다

― 애.

이르개 논다 해꾸요. 애

또::::: 또 그바깨 또 어 곡씩 저:장허는 대는 얻 어:디다 저:장함니까?

― 인자 저:장헌 대는 고깐 아니먼 인자 요런

고깐 아내다가 어:디다가 머 고깐 아:내다가

― 아.

― 고까나리고 나락 퍼부순 디 인자 부:자찝더런 다 퍼부순 고:까니 이써요

아 그래요?

바다개다

― 애.

**보고 뭐라고 해

- 보릿겨라고 그래, 그것보고.

보릿겨 아 겨라 그럽니까? 보릿겨요?

- 예예.

음.

그것은 한 번만 나고

- 예.

보릿겨 하나만 나고

- 예.

밀은 아까 말한 밀

- 밀기울

예, 밀기울이 나오고요

- 예.

음.

아까 이제 그 벼 다 타작하고 훑은 훑어 가지고 이제 말려 가지고 이제 가마니나 섬에다

- 예.

이렇게 놓는다 했고요. 예

또 또 그밖에 또 어 곡식 저장하는 데는 어디다 저장합니까?

- 이제 저장하는 곳은 곳간 아니면 이제 이런

곳간 안에다가 어디다가 뭐 곳간 안에다가?

- 아.

- 곳간이라고 벼 퍼붓는 데 이제 부잣집들은 다 퍼붓는 곳간이 있어요.

아. 그래요?

바닥에다

- 예.

땅애다 그냥 놔요?

- 아니요, 요르캐 딱 마루가치 이르캐 해:노코요

어.

- 거그다가 판자로 헌다든지 그라너먼 쌔매느로 볼른다든지 그래가지
고는 싹: 거그다가 야물개 쥐 안드러가거캐 단도리[174] 잘:해서

애.

- 딱 해:노씀니다.

애.

- 그러면 인자 차근차근 나라글 가따 퍼부수문 인자 또 차면 또 마꼬
또 차면 마꼬 그래야꼬

- 항칸 두:칸 새:칸 요르캐 차근차근 해가꼬 고까내다 이:빠이[175] 채
우고요.

애.

- 그러고도 인자 나문다 그러머넌 서매다 다머가꼬 인자 노:적배느리
라고[176] 이써요.

애

- 그러면 노:적빼늘 이:미태 큰 거 앤:나래 내:가 말:해뜬 부:자찌비는
노:적 빼느리 집챙이만썩 헌노미 새:깨썩 그러캐 드러안저요.

아.

- 막 곡쑤[177] 바더디리재, 자기 농사 지:채

음.

- 이렁깨 주채럴 몬:헝깨 마당애다가 장나물[178] 막 이런 노믈 비여다
가 착: 깔고 물 안 드러가개요

- 비가 와도 무리 그 나:무 미트로 해서 쪽 빠지거크롬 딱: 해서 거그
다 차근차근 해:가꼬 쟁애가꼬 노:적빼느를 딱 해:나요.

내.

땅에다 그냥 놔요?

- 아니요, 이렇게 딱 마루같이 이렇게 해 놓고요.

어.

- 거기다가 판자로 한다든지 그렇지 않으면 시멘트로 바른다든지 그래 가지고는 싹 거기다가 야물게 쥐 안 들어가게 단속 잘 해서

예.

- 딱 해 놓습니다.

예.

- 그러면 이제 차근차근 벼를 가져다 퍼부으면 이제 또 차면 또 막고 또 차면 막고 그래 가지고

- 한 칸 두 칸 세 칸 이렇게 차근차근 해 가지고 곳간에다 가득 채우고요.

예.

- 그리고도 이제 남는다 그러면은 섬에다 담아 가지고 이제 노적가리라고 있어요.

예.

- 그러면 노적가리 이 밑에 큰 것 그 옛날에 내가 말했던 부잣집은 노적가리가 집채만큼씩 한 것이 세 개씩 그렇게 들어앉았어요.

아.

- 막 수 받아들이지, 자기 농사짓지

음.

- 이러니까 주체를 못하니까 마당에다가 긴 나무를 이런 것을 베어다가 착 깔고 물 안 들어가게요.

- 비가 와도 물이 그 나무 밑으로 해서 쭉 빠지게끔 딱 해서 거기다 차근차근 해 가지고 쟁여 가지고 노적가리를 딱 해 놔요.

예.

- 그렁깨 앤:말로 부:자드리 닌:장마질꺼 음 더 노 노:적빼랜다 오쟁
이179) 찡긴단180) 마:리 이쓰 그런 비 저 비:두가181) 이써요 빈 저 마:리
음 음.

- 애, 그거시 문:마리냐 허먼 부:자더런 그거시 가난헌 사람더런 그러
치 안채마넌 부:자더런 그 욕씨미랑거시 하:니 업:써요.
오.

- 그렁깨 더: 가따가 그르캐 노:적빼느래다가 그르캐 큰 노:적빼느리
이쓴시롬도 거그다가 쪼그마넌 오쟁이를 찡긴다능거시 그거시 참 거 사:
람 욕씨미다 이거애요.
음.

- 음 그릉깨 그런 말:도 이꼬 그래써요. 근디 지금도 그 지비는 아드
리 모냐도 애:기해씀니다마넌 선생질허다가 지금 퇴:직해:가꼬 광주서 살:
고 인는디요, 거 그 거시기 거 어:디라드마 광주 저:거 송정리 나간 디 어:
디 거거이서 산:다 글등마뇨.
음.

- 근디 그르캐 앤:나래 부:자애써요 이지비 이 미태찌비가.
- 요지븐 자근지비고 그미태찌븐 큰지비고 근디
으흠.
오쟁이랑건 멀:보고 오쟁이라 그럼니까?
- 오쟁이랑거시 팽상 서믄 큥거시 서미고
내.
- 오쟁이랑거슨 쩍 더 치 째깐헝거
음.

- 짜그만헌 인자 사:람 시므로 맘:대로 기양 훌끈훌끈182) 들고 댕기고
기양 휘딱휘딱183) 떤질 쩡도 댕건뽀고 오쟁이라 그래요.
음.

- 그러니까 옛말로 부자들이 넨장 맞을 것 음 더 노 노적가리에다 오쟁이 끼운단 말이 있어 그런 비유가 있어요. 빈 저 말이.

음음.

- 예, 그것이 무슨 말이냐 하면 부자들은 그것이 가난한 사람들은 그렇지 않지마는 부자들은 그 욕심이란 것이 한이 없어요.

오.

- 그러니까 더 가져다가 그렇게 노적가리에다가 그렇게 큰 노적가리 있으면서도 거기다 조그마한 오쟁이를 끼운다는 것이 그것이 참 그 사람 욕심이다 이것이에요.

음.

- 음, 그러니까 그런 말도 있고 그랬어요. 그런데 지금도 그 집은 아들이 먼저도 이야기했습니다마는 선생질 하다가 지금 퇴직해 가지고 광주에서 살고 있는데요, 그 그 거시기 그 어디라 하더니마는 광주 저기 송정리 나가는 데 어디 거기에서 산다 그러더구먼요.

음.

- 그런데 그렇게 옛날에 부자였어요 이 집이 이 밑 집이.
- 이 집은 작은집이고 그 밑 집은 큰집이고 그런데

으흠.

오쟁이란 것은 무엇을 보고 오쟁이라 그럽니까?

- 오쟁이란 것이 결국 섬은 큰 것이 섬이고

예.

- 오쟁이란 것은 더 조그마한 것

음.

- 조그마한 이제 사람 힘으로 마음대로 그냥 번쩍번쩍 들고 다니고 그냥 훌쩍훌쩍 던질 정도 되는 것보고 오쟁이라 그래요.

음.

오쟁이는 머:담씁니까?

- 그그뜬자 오쟁이애다가 인자 다른:자 거시기 곡씩가틍거또 다물 쑤 이꼬 그라너면 따릉거또 인자 약초가틍거또 거그다 다머서 인자 쟁애노코 그릉거뿌고 오쟁이라 그래요.

애.

씬나락까틍걷 머:

- 씨나락또 오쟁이다 다물 쑤 이꼬요

음. 그래요이.

- 애.

음.

오쟁이도 그르먼 지:브로 만듬니까?

- 애, 오쟁이도 지부로 만드라요.

음. 그래요.

- 애.

음.

자 그러캐 인자 다 가을애 인자 이러캐 수화캐서 거더 드리면 그다매 인재 지배서 인재 멀 만든 지브로 지브로 멀: 만든다등가 또는

- 그렁깨 인자 지부로 인자 만드능거슨 천상 인자 앤:나래는 기와지비 업:꼬 스래트집또 업:씅깨 인자 초가지비라 지부로 인자 영:얼184) 마라믈185) 영꺼가꼬 지벌 이:코요.186)

애.

- 인자 글로 새끼를 까:고187)

애.

- 그러고 인자 가마니를 인자 글로 처가지고 곡씩또 당:꼬

애.

- 긍깨 지비라능거시 다양으로 씨여무글쑤 이써찌요, 그저내 앤:나래느뇨

오쟁이는 뭐 담습니까?

– 그것도 이제 오쟁이에다가 이제 다른 이제 거시기 곡식 같은 것도 담을 수 있고 그렇지 않으면 다른 것도 이제 약초 같은 것도 거기다 담아서 이제 쟁여 놓고 그런 것보고 오쟁이라 그래요.

예.

볍씨 같은 것 뭐

– 볍씨도 오쟁이에다 담을 수 있고요.

음. 그래요.

– 예.

음.

오쟁이도 그러면 짚으로 만듭니까?

– 예, 오쟁이도 짚으로 만들어요.

음. 그래요.

– 예.

음.

이제 그렇게 이제 다 가을에 이제 이렇게 수확해서 거두어들이면 그 다음에 이제 집에서 이제 뭘 만든 짚으로 짚으로 뭘 만든다든지 또는

– 그러니까 이제 짚으로 이제 만드는 것은 천생 이제 옛날에는 기와집이 없고 슬레이트집도 없으니까 이제 초가집이라 짚으로 이제 이영을 마름을 엮어 가지고 짚을 이고요.

예.

– 이제 그것으로 새끼를 꼬고

예.

– 그리고 이제 가마니를 이제 그것으로 쳐 가지고 곡식도 담고

예.

– 그러니까 짚이라는 것이 다양하게 써 먹을 수 있었지요 그전에 옛날에는요

애.

- 애.

- 멀 항가지 두가지::가 아니애요.

긍개 머 덕썩가틍거또 다 지브로 함니까?

- 애. 더.

- 애, 덕썩또 그르고 매꾸리애[188] 소쿠리가틍거또 다: 지부로 영꺼서 맨들고요.

애.

- 애.

- 그릉깨 지부로 다 다양:허개 씨여무거써요. 지비.

덕썩 덕썩또 그 종:뉴가 이찌요? 응 쫌 쿵:거 이꼬 똥글똥글헝거또 이꼬

- 애. 그

- 여그서는 덕써기라 글고 그거뿌고요

어.

- 니모지개 빤:들헝거슨

- 그러고 인자 여르캔 똥글똥글헝거슨 도리방석[189]

도리방서기라 험니까?

- 애 도리방서기라 그르캐 말해:요.

어. 그래요이.

- 애.

쫌 냄 자:근 내모지게 댕거또 이써요?

- 애, 그거슨 인자 매또리방 매똘방석[190]

아, 매똘방석

- 애, 도리방서기나 거 내모지 요르캐 해:농거시는 거 매똘방서기라고 인자 매똘:질헐라머넌 땅애 떠러지면 따른 고약헝깨 그노믈 딱: 까라노코 그 우개다 매또를 나:두고 갈:고 그래써요.

예.

— 예.

— 뭐 한 가지 두 가지가 아니에요.

그러니까 뭐 멍석 같은 것도 다 짚으로 합니까?

— 예. 더.

— 예, 멍석도 그렇고 먹서리에 소쿠리 같은 것도 다 짚으로 엮어서 만들고요.

예.

— 예.

— 그러니까 짚으로 다 다양하게 써 먹었어요. 짚이.

멍석 멍석도 그 종류가 있지요? 좀 큰 것 있고 동글동글한 것도 있고

— 예. 그

— 여기서는 '덕석'이라 그러고 그것보고요.

어.

— 네모지게 반듯한 것은

— 그리고 이제 이렇게 동글동글한 것은 도래방석

'도리방석'이라 합니까?

— 예, '도리방석'이라 그렇게 말해요.

어. 그래요.

— 예.

좀 작은 네모지게 된 것도 있어요?

— 예, 그것은 이제 맷방석

아, 맷방석

— 예, 도래방석이나 그 네모지게 이렇게 해 놓은 것이 그 맷방석이라고 이제 맷돌질 하려면은 땅에 떨어지면 고약하니까 그것을 딱 깔아 놓고 그 위에다 맷돌을 놔 두고 갈고 그랬어요.

음, 그걸 매뚤방서기라 그럽니까?

— 애.

음, 도리방서기라 그러고요.

— 애.

그다으매 또 머:: 인재 긍깐 앤:날냥반드른 다 추수 쩌 추수 끈나도 겨울애 그냥 놀:지 앙코 머:싱가 만들고

— 아이.

— 아:무뇨. 그러찌요, 개:속.

어.

— 마랑 영꺼 집해이고 인자 추와서 일 몰허머넌 방아내서 인자 덕썩 만들고

음.

— 가마니도 짜:고

— 그르캐 매꾸리가틍거 소쿠리가틍거또 다 만들고

— 또 내녀내 씰라고 또 쇠비연장 망:태라고[191] 이써요. 사내키를 까:가 꼬 영꺼서 망:태를 맨드라요.

— 그르믄 인자 내녀낸 인자 그노믈 질머지고 댕임시론 깔:도[192] 비:고 애.

— 그럴라고 그런 인자 거시기도 만들고 다 그래써요.

음.

— 긍깨 시야내도 절:때 놀질 안초.

그러지요이.

— 애.

음.

또 나:무로도 머:: 만들 쑤도 이씀니까? 머, 나무? 지바니고 머 나:무나?

— 애 나:무로 인자 헝거슨 팽상[193] 인자 집지키 아니먼 인자 그 해:다가

음, 그것을 맷방석이라 그럽니까?

— 예.

음, 도래방석이라 그러고요.

— 예.

그 다음에 또 뭐 이제 그러니까 옛날 양반들은 다 추수 저 추수 끝나도 겨울에 그냥 놀지 않고 뭔가 만들고

— 아이.

— 아무렴요. 그렇지요, 계속.

어.

— 마름 엮어서 짚 해서 이고 이제 추워서 일 못하면은 방안에서 이제 멍석 만들고

음.

— 가마니도 짜고

— 그렇게 먹서리 같은 것 소쿠리 같은 것도 다 만들고

— 또 내년에 쓰려고 또 $$ 연장 망태기라고 있어요. 새끼를 꽈 가지고 엮어서 망태기를 만들어요.

— 그러면 이제 내년엔 이제 그것을 짊어지고 다니면서 꼴도 베고

예.

— 그러려고 그런 이제 거시기도 만들고 다 그랬어요.

음.

— 그러니까 겨울에도 절대 놀지를 않지요.

그러지요.

— 예.

음.

또 나무로도 뭐 만들 수도 있습니까? 뭐 나무? 집안이고 뭐 나무나?

— 예, 나무로 이제 하는 것은 내나 이제 집짓기 아니면 이제 그 해다가

불때고 불.

  ─ 그라너먼 인자 글로 인자 나:무로 쟁기가틍거또 만들고

  ─ 아, 인자 요런 팽상가틍거또 만들고 나:무를 비여다 인자 구렁거슬 주로 마:니 허지요.

그래요이.

  ─ 애.

겨울애도 인자 쓸라먼 또 나:무로도 마:니 해야 해:야 대자나요?

  ─ 애 나:무 마:니 해:야지요.

여그서는 주로 어떤 나무드를 마:니 해 때씀니까?

  ─ 솔나무가틍거. 솔나무가 업:쓸때는 앤:나래는 건 푸를 비여다가 나:무를 푸를 말려가꼬 딱: 배누를 맨드라나요.

  아.

  ─ 그래따가 인자 글로가따가 때:기도 허고

  ─ 그러치아너머넌 사내 가서 인자 나:무 인자 거 앤:나래 비여 가고 인자 끌텅194) 인는놈 그런 놈도 파다가 막 걍 쟁애노코 그래써요.

  아.

  ─ 애, 그래가꼬 걸 나:무를 쟁애논 인자 나:무빼느를 눌러나따 시야내 때:고 그래요.

  음.

  ─ 애.

여기는 사니 마나서 나:무하는 대는 별 어려우믄 업:껀내요?

  ─ 애, 요런디는 사니 만:해농깨 그르캐 먼 나:무애 거 구애바뜬 안해요. 그 나:무헐라먼 자기 산 아니면 어떠캐 다른 나

  ─ 아, 따른 노무사내 가서 해:도 그르캐 과히 산:나무 굴:근나:무를 비이가고 쩌가고 그르무이나 무이라 그를까

  ─ 풀 뜨더가고 인자 요런 잡초 뜨더간디요

불 때고 불.

- 그렇지 않으면 이제 그것으로 이제 나무로 쟁기 같은 것도 만들고

- 아, 이제 이런 평상 같은 것도 만들고 나무를 베어다가 이제 그런 것을 주로 많이 하지요.

그래요.

- 예.

겨울에도 이제 쓰려면 또 나무로도 많이 해야 해야 되잖아요?

- 예, 나무 많이 해야지요.

여기서는 주로 어떤 나무들을 많이 해 땠습니까?

- 소나무 같은 것. 소나무가 없을 때는 옛날에는 풀을 베어다가 나무를 풀을 말려 가지고 딱 가리를 만들어 놔요.

아.

- 그랬다가 이제 그것으로 가져다가 때기도 하고

- 그렇지 않으면은 산에 가서 이제 나무 이제 그 옛날에 베어 가고 이제 그루터기 있는 것 그런 것도 파다가 막 그냥 쟁여 놓고 그랬어요.

아.

- 예, 그래 가지고 그것을 나무를 쟁여 놓은 이제 나무 가리를 쌓아 놨다 겨울에 때고 그래요.

음.

- 예.

여기는 산이 많아서 나무하는 데는 별 어려움은 없겠네요?

- 예, 이런 데는 산이 많아 놓으니까 그렇게 무슨 나무에 그 구애 받지는 않아요.

그 나무하려면 자기 산 아니면 어떻게 다른 나

- 아, 다른 남의 산에 가서 해도 그렇게 과히 산 나무, 굵은 나무를 베어 가고 쩌 가고 그러면이나 뭐라 그럴까

- 풀 뜯어 가고 이제 이런 잡초 뜯어가는데요.

어.

― 이릉거슨 아:무 상과니 업:써요. 그르캐 마:를 안해요.

근대 그 풀만 가지고 되개써요? 거 앤:날 나:무가?

― 그릉깨 아:무래도 인자 좀 솔깽이도195) 인자 해:다가 인자 솔깽이랑 거슨 머:이냐무 솔나무 거 인자 요러캐 나가꼬 짤잘헝거196)

애.

― 요만썩헝거 인자 그릉걸 밴:대 가서 소까다가 때고

― 그래도 인자 가꽈중깨 아:무 마:르이 그르캐 안해써요.

(웃음)

― 애.

솔깽이는 어대 주긍거 아니애요? 아니먼?

― 아니요, 산: 산:놈도 이써요.

자:긍거.

― 애, 짜:긍거. 우리칙 키로 한 질썩 남진 된 놈.

음.

― 그런 노미 이자 비:다 때:도 그르캐 상:과는 안해써요.

― 근디 인자 질:로 인자 어:서 누가 머이라 허냐흐먼 살림개 살림개애서 말 마:니 인자 그 단소글 허지요.

음.

― 함부로 건 사내가서 도벌해다 때:지 마라 그고

음. 그래요이.

그다매 인자 쪼 가리 마:니 글거다 때시기도 하고

― 애, 가리 인자 입싹 떠러지면 그놈 글거다 때:고요

애.

겨우래:는 밤도 길:고 허니까 쫌 금방 배도 고파지고이

― 애.

어.

– 이런 것은 아무 상관이 없어요. 그렇게 말을 안 해요.

그런데 그 풀만 가지고 되겠어요? 그 옛날 나무가?

– 그러니까 아무래도 이제 좀 솔가지도 이제 해다가 이제 솔가지란 것
은 뭐냐 하면 소나무 그 이제 이렇게 나 가지고 자잘한 것

예.

– 이만큼씩한 것 이제 그런 것을 밴 데 가서 �..다가 때고

– 그래도 이제 가꿔 주니까 아무 말을 그렇게 안 했어요.

(웃음)

– 예.

솔가지는 어디 죽은 것 아니에요? 아니면?

– 아니요, 산 산 것도 있어요.

작은 것.

– 예, 작은 것. 우리 키로 한 길씩 남짓 된 것.

음.

– 그런 것이 이제 베어다가 때도 그렇게 상관은 안 했어요.

– 그런데 이제 제일 이제 어디서 누가 뭐라 하느냐 하면 산림계 산림
계에서 말 많이 이제 그 단속을 하지요.

음.

– 함부로 그것은 산에 가서 도벌해다가 때지 말아라 그러고

음. 그래요.

그 다음에 이제 저 솔가리 많이 긁어다 때시기도 하고

– 예, 솔가리 이제 잎 떨어지면 그것 긁어다 때고요.

예.

겨울에는 밤도 길고 하니까 좀 금방 배도 고파지고,

– 예.

머 머 트키 겨우래 먼: 머꼬

- 그릉깨 인자이 그거시 절:때저그로 그런 이른 저히들또 인자 골:란 허개 살:고 업:씨 사라바나서 그런 이른 업:써써요. 함범 밤 무그머넌 그냥 두루눠서 아침매 날새두룩

(웃음)

- 애, 아침빱 묵뚜룩 인자 배가 고파도 창:꼬 인능거시지요.

어.

- 애, 글고 인자 저러캐 인자 잘살고 부:자더런 인자 방차미라고 인자 그건 인자 그라너먼 인자 구진 구닌 저 궁:거쩰도 허고 그러지요.

음.

- 근디 인자 아 부:자드리야 머 맘:대로 허지요 머. 꿀도 이꼬 닌:장마 쩰껄 시:자도 이꼬 무:또 이꼬 멀.

- 밸걷밸거 다 이써가꼬 다 무글 쑤 이째마넌 엄:는 사라더런 그러치 안씀니까요? 무 무글 꺼이 이써야지요?

머 감자라도 머

- 감자[197] 그까지껄 머 해:바야 머 끄니 여우고는[198] 또 그 아까와서 또 그르캐 맘:대롬 마:니 묵찌 몯:해요. 긍깨.

어

- 어:쩐 수가 인냐흐면 겨으래넌 인자 저러캐 부:자드리 짐치를 마:니 다머요, 싱권지를.[199]

아.

- 삼삼:허니 짜도 안허고 그르개 삼삼허니 다머서 마:이 다머노코넌 일:꾼덜 막 초대를 해:요, 오라고.

- 그문 인자 그 사랑방애 가서 놀:고 인자 그노믈 가따주면 막 줄줄 무 머꼬는 기양 막 짜 좀 무를 가따 몽:썬[200] 가따 떠다노코 무를 막 무꼬 긍깨 밤:나 인자 소:매[201] 보로 댕깅거시애요.

뭐 뭐 특히 겨울에 뭐 먹고

― 그러니까 이제 그것이 절대적으로 그런 일은 저희들도 이제 곤란하게 살고 없이살아 봐 나서 그런 일은 없었어요. 한번 밥 먹으면은 그냥 드러눠서 아침에 날새도록

(웃음)

― 예, 아침밥 먹도록 이제 배가 고파도 참고 있는 것이지요.

어.

― 예, 그리고 이제 저렇게 이제 잘살고 부자들은 이제 밤참이라고 이제 그것 이제 그렇지 않으면 이제 저 군것질도 하고 그러지요.

음.

― 그런데 이제 아 부자들이야 뭐 마음대로 하지요 뭐. 꿀도 있고 넨장맞을 것 홍시도 있고 뭐도 있고 뭐.

― 별것 별것 다 있어 가지고 다 먹을 수 있지마는 없는 사람들은 그렇지 않습니까? 먹을 것이 있어야지요?

뭐 고구마라도

― 고구마 그까짓것 뭐 해봐야 뭐 끼니 때우고는 또 그 아까와서 또 그렇게 마음대로 많이 먹지 못해요. 그러니까.

어.

― 어떤 수가 있는가 하면 겨울에는 이제 저렇게 부자들이 김치를 많이 담가요, 물김치를.

아.

― 삼삼하게 짜지도 않게 그렇게 삼삼하게 담가서 많이 담가 놓고는 일꾼들 막 초대를 해요, 오라고.

― 그러면 이제 그 사랑방에 가서 놀고 이제 그것을 가져다 주면 막 줄줄 먹고는 그냥 막 짜 좀 물을 가져다 몽땅 가져다 떠다 놓고 물을 막 먹고 그러니까 밤낮 이제 소변 보러 다니는 것이에요.

아.

─ 그르문 인자 머:시냐먼 그거이 이:드기라능거시 머:시 이:드기냐 그
먼 소:매 인자 모웅거시 이:드기애요.

(웃음)

─ 그래가지고 인자 그노믈 인자 곡씨개다 가따 주고

음.

─ 애, 인자 채:소가틍거또 가꾸고 순:전 그저내는 앤:나래는 그래찌요.

음.

─ 비:료가 업씅깨.

음.

─ 그래가꼬 가꽈서 인자 채:소가틍거또 가꽈무꼬 그래꼬요.

음.

─ 단수니 그래:가꼬 인자 그거뿌니애요. 애 거시기는.

애, 그러써요?

─ 애.

앤:나래 인재 정기른 나가 안드로와쓰니까 바매 바매는 어트캐 부를 어떠캐
켜씀니까?

─ 우리 처:매 알:기는 왜정시대애는 기리미 업써가꼬요 서규 그거시
애정시대부터 나와써요.

어.

─ 근디 서규끄믄 비싸고

애.

─ 인자 살쑤도 잘 업:꼬

애.

─ 그릉깨 초도 이거시 잘 모:싸고 긍깨 저 시:장애 가머넌 지름상어라
고 이써요 상어 고기. 해:물꼬기.

아..

　― 그러면 이제 뭐냐면 그것이 이득이라는 것이 뭐가 이득이냐 그러면 소변 이제 모으는 것이 이득이에요.

（웃음）

　― 그래 가지고 이제 그것을 이제 곡식에다 가져다 주고

음.

　― 예, 이제 채소 같은 것도 가꾸고 순전 그전에는 옛날에는 그랬지요.

음.

　― 비료가 없으니까

음.

　― 그래 가지고 가꿔서 이제 채소 같은 것도 가꿔 먹고 그랬고요.

음.

　― 단순히 그래 가지고 이제 그것뿐이에요. 예 거시기는.

예, 그랬어요?

　― 예.

옛날에 이제 전기는 나가 안 들어왔으니까 밤에 밤에는 어떻게 불을 어떻게 켰습니까?

　― 우리 처음에 알기는 왜정시대에는 기름이 없어 가지고요 석유 그것이 왜정시대부터 나왔어요.

어.

　― 그런데 석유값은 비싸고

예.

　― 이제 살 수도 잘 없고

예.

　― 그러니까 초도 이것이 잘 못 사고 그러니까 저 시장에 가면은 기름 상어라고 있어요 상어 고기. 해물고기.

애.

― 고노믈 사다가 인자 해:무그면 소:개 인자 거 지 기름만 마:니 든 인자 창사가202) 이써요.

애.

― 그르면 그노믈 인자 막 부글부글부글 끄르머넌 그거 인자 끄른시름 막: 그 지르미 나와요.

애.

― 그르문 인자 그 지르믈 인자 따라서 바다가꼬 글로 인자 심지를 자 저놈 창호질 문쫑우로 인자 심지를 만드라 딱: 건 당과가꼬 이런 보새기애다나203) 접씨애다나 딱: 당과노코는 부서노코는 거그다가 부럴 댕개나요.

음.

― 그먼 인자 부리 써지지204) 안씀니까?

아.

― 그러고 허고 또 관:솔뿔 사랑방애 가턴대는 그런 기름도 옵:쓩깨 관: 소리라고 이써요.

― 저 사내 가면 솔나무가 오고 주거가꼬 소:개서 썩따썩따 인자 지:만 허고205) 뺍따구만206) 이써서 사람말:로 허면 사람 빼가치.

음.

― 그문 그거시 인자 송:지니 자:뜩 무더가꼬 발:그니 인자 그거이 생개 써요.

내.

― 그먼 그노믈 일:리리 짜:구로 조사서207) 쪼개가꼬 그노멀 가따 써요.

음.

― 그노멀 딱: 댕개노머넌 만:날 지 앤:만허머넌 잘 안 꺼짐니다요.

아.

예.

‒ 그것을 사다가 이제 해 먹으면 속에 이제 거 기름만 많이 든 이제 창자가 있어요.

예.

‒ 그러면 그것을 이제 막 부글부글부글 끓이면은 그것 이제 끓으면서 막 그 기름이 나와요.

예.

‒ 그러면 이제 그 기름을 이제 따라서 받아 가지고 그것으로 이제 심지를 이제 저것 창호지를 문종이로 이제 심지를 만들어 딱 담가 가지고 이런 보시기에다가나 접시에다가나 딱 담가 놓고는 부어 놓고는 거기다가 불을 댕겨 놔요.

음.

‒ 그러면 이제 불이 켜지지 않습니까?

아.

‒ 그렇게 하고 또 관솔불 사랑방 같은 곳은 그런 기름도 없으니까 관솔이라고 있어요.

‒ 저 산에 가면 소나무가 죽어 가지고 속에서 썩다 썩다 지치고 이제 뼈다귀만 있어서 사람 말로 하면 사람 뼈같이.

음.

‒ 그러면 그것이 이제 송진이 잔뜩 묻어 가지고 발갛게 이제 그것이 생겼어요.

예.

‒ 그러면 그것을 일일이 자귀로 쪼아서 쪼개 가지고 그것을 가져다 켜요.

음.

‒ 그것을 딱 댕겨 놓으면은 만날 웬만하면 잘 안 꺼집니다.

아.

- 근자 그와 반며내 인자 영기가 마니 나지요 인자.

음.

- 그노미 이자.

- 따릉거 가짜내 영기가 마니 나와요.

음.

- 그먼 인자 문 가틍거 저런 디 이자 머이 지금마리 요로캐 조:캐 무니나 바름니까? 무 마이 뭉꾸녁 모냐 우리지비 뛰래지대끼 기양 뚜래조웅개 고론 디로 인자 공기 새:나가불고

으흠.

- 그래노코 인자 그 은자 그 미태서 공부도 헌 사람도 이꼬 근자 일:도 해가꼬 은자 덕썩가틍거 머 멍

- 매꾸리가틍거 소쿠리가틍거 이른 거또 만든 사람더리도 이꼬

음.

- 그래야꼬도 새:상을 생화를 해고 나와써요.

(웃음) 그래요이.

- 애.

그니까 인재 저 고론 저 생선 고 고기 기름가틍거슬 핸:는대

- 그라너먼 거시기도 되야요.

- 들지르미라고

애.

- 들꾀로[208] 지르믈 짜:가꼬 글로도 불 쓰고

어

- 그르고 살:고

그러면

- 피마주라고 이써요. 아주까리.

애.

- 그 이제 그와 반면에 이제 연기가 많이 나지요 이제.

음.

- 그것이 이제

- 다른 것 같지 않고 연기가 많이 나와요.

음.

- 그러면 이제 문 같은 것 저런 데 이제 뭐 지금처럼 이렇게 좋게 문이나 바릅니까? 뭐 많이 문구멍 먼저 우리집 뚫어지듯이 그냥 뚫어지니까 그런 곳으로 이제 공기 새 나가 버리고

으흠.

- 그래 놓고 이제 그 이제 그 밑에서 공부도 하는 사람도 있고 그 이제 일도 해 가지고 이제 멍석 같은 것 뭐 멍

- 먹서리 같은 것 소쿠리 같은 것 이런 것도 만드는 사람들도 있고

음.

- 그래 가지고도 세상을 생활을 하고 나왔어요.

(웃음) 그래요.

- 예.

그러니까 이제 저 그런 저 생선 그 고기 기름 같은 것을 했는데

- 그렇지 않으면 거시기도 돼요.

- 들기름이라고

예.

- 들깨로 기름을 짜 가지고 그것으로도 불 켜고

어.

- 그렇게 살고

그러면

- 피마자라고 있어요. 아주까리.

예.

– 그거또 지름 짜:다가 그러캐 부:를 쓰고 살:고 그래써요.

애.

– 궁깨 엄:는 사람드른 고기도 모:싸서 무꼬 그르머넌 주로 아주까리 지르미나 들지름 들쬐가틍거 바태다 가라가꼬 짜:가꼬 글로 불 쓰고

음.

– 그르고 새:상얼 우리도 어려서 사라써요.

앤:나래 저 어려쓸 보믄 그 사기로 만든 그 등자니 이따등가

– 초꼬지, 초꼬지.

초꼬지?

– 애.

초꼬지는 거기다 기르믄 대개 서규를 쓰지요?

– 애, 서규를 쓰지요. 따릉건 안 되애요.

그저내 인재 서 고놈 초꼬지 나오기 저내 지금 말:씀

– 애, 초꼬지 나오기 저내지요.

음.

그럼 초꼬지 나온부터는 서규를 좀 마:니

– 애 서규 쓰고요.

애.

그다매느뇨?

– 그다으매는 인자 거시기 거 초나 인자 이릉거 쓰고 서규뿔 쓰다가 인자

– 최:그내 인재 정:기 나온통애 인자 정:기로 인자 써찌요.

음음음

혹씨 이릉거또 써쓰니까? 머 삼 그 나오먼 그 아:내 저:르비

– 아, 저릅때209)

애, 저릅때가꼬도 불 씀니까?

- 그것도 기름 짜다가 그렇게 불을 켜고 살고 그랬어요.

예.

- 그러니까 없는 사람들은 고기도 못 사서 먹고 그러면은 주로 아주까리 기름이나 들기름 들깨 같은 것 밭에다 갈아 가지고 짜 가지고 그것으로 불 켜고

음.

- 그렇게 세상을 우리도 어려서 살았어요.

옛날에 저 어렸을 때 보면 그 사기로 만든 그 등잔이 있다든가

- 초꽂이, 초꽂이.

초꽂이?

- 예.

초꽂이는 거기다가 기름은 대개 석유를 쓰지요?

- 예, 석유를 쓰지요. 다른 것은 안 돼요.

그 전에 이제 그것 초꽂이 나오기 전에 지금 말씀

- 예, 초꽂이 나오기 전이지요.

음.

그럼 초꽂이 나오면서부터는 석유를 좀 많이

- 예, 석유 쓰고요

예.

그 다음에는요?

- 그 다음에는 이제 거시기 그 초나 이제 이런 것 켜고 석유불 켜다가 이제

- 최근에 이제 전기 나온 통에 이제 전기로 이제 켰지요.

음음음.

혹시 이런 것도 썼습니까? 뭐 삼 그 나오면 그 안에 겨릅이

- 아, 겨릅대.

예, 겨릅대 가지고도 불 켭니까?

- 저릅때가꼬는 부를 안 써써요. 횤뿌리라고

애.

- 인자 우리더리 인자 놀:고 노리허고 묻:허고 인자 막 그러면 인자 그노믈 요만썩 뭉꺼가꼬 불 댕개가꼬 막 댕기고 그러지요.

아.

- 거시기라능거슨, 저 부리랑거슨 안 써써요.

그래요이.

- 애.

음.

저릅 저릅때가꼬는 불 안 썬내요.

- 애.

애, 함번 저 빼떠리가, 건:전지를 좀 가라야 되갠내요.

음.

- 겨릅대 가지고는 불을 안 켰어요. 햇불이라고

예.

- 이제 우리들이 이제 놀고 놀이하고 뭐하고 이제 막 그러면 이제 그것을 이만큼씩 묶어 가지고 불 댕겨 가지고 막 다니고 그러지요.

아.

- 거시기라는 것은, 저 불이라는 것은 안 켰어요.

그래요.

- 예.

음.

겨릅, 겨릅대 가지고는 불 안 켰네요.

- 예.

예, 한번 저 배터리가, 건전지를 좀 갈아야 되겠네요.

음.

3.4 마을 공동체를 위한 일손

그 다으매는 인재 소::

― 애.

소 키우던 이야기를 조끔 해 주새 소애 대해서요.

― 애.

어디 소 소:를 키워 보셔씀니까? 소:를?

― 애::, 소도 키워찌요.

음.

― 긍:깨 인자 엄:는 사라믄 도:늘 주고 소를 사들 몯:헝깨요

애.

― 배내쏘라고210) 이써요.

― 배내쏘라능 거시 머이냐 그머는 나무지비서 쇠양치211) 나:가꼬 인자 젇 떨:만 헌 노믈료

애.

― 띠:머는 인자 그노믈 가따 본 내:가 키웁니다.

아::.

― 애, 키워요.

― 그먼 일:련가늘 키우머는 그노미 인자 어:천 수가 인냐먼 인자 거:이 새끼 밸: 때가 되야요.

어허.

― 그러먼 새끼를 딱 배:머는 배:가꼬 그노믈 나:머는 새끼는 내:가 차지허고

애.

― 애미는 도로 인자 거 주인한태 돌려 줍니다요.

그 다음에는 이제 소

― 예.

소 키우던 이야기를 조금 해 주세 소에 대해서요.

― 예.

어디 소, 소를 키워 보셨습니까? 소를?

― 예, 소도 키웠지요.

음.

― 그러니까 이제 없는 사람은 돈을 주고 소를 사지를 못하니까요.

예.

― 배냇소라고 있어요.

― 배냇소라는 것이 뭐냐 그러면은 남의 집에서 송아지 낳아가지고 이제 젖 뗄 만한 놈을요,

예.

― 떼면은 이제 그놈을 가져다가 내가 키웁니다.

아.

― 예, 키워요.

― 그러면 일년간을 키우면은 그놈이 이제 어떤 수가 있느냐면 이제 거의 새끼 밸 때가 돼요.

어허.

― 그러면 새끼를 딱 배면은 배어가지고 그놈을 낳으면은 새끼는 내가 차지하고

예.

― 어미는 도로 이제 그 주인에게 돌려줍니다.

아.

- 애, 그래가지고 인자 '소꼬삐를 자번내' 인자 이런 마를 해:써요.

어.

- 그먼 인자 그놈:자 완저닌자 주인 인자 큰 노믄 쥐: 불고 새끼 인자 그놈가:꼬 인자 자기가 인자 막 키웅거애요.

어.

- 키운디 나락째 가틍거이나 보리째 가틍거 인자 요롱거슬 인자 해:서 주고

응.

- 깔:212) 비여다 주고 시야내면213) 인자 소죽 써서 주고요,

애.

- 그래가지고 인자 정:성끋 인자 키워요.

애.

- 그먼 한 일련 이상 한 이:년 되먼 또 새끼 남니다요.

애.

- 그러먼 인자 나:는자 그눔 인자 애:미는 이자 도로 키우고 새끼는 인자 소장사들한태 인자 그놈 도로 인자 팔:고

어.

- 이래가지고 인자 소를 키워써요.

내.

- 그래가꼬 저도 소를 한 맴마리 키워 바:써요.

애.

- 애.

고 고 배내쏘라고 그럼니까 그?

- 애, 배내쏘라 그래요 여그서.

응.

아.

− 예, 그래 가지고 이제 '소고삐를 잡았네' 이제 이런 말을 했어요.

어.

− 그러면 이제 그놈 이제 완전히 이제 주인 이제 큰 놈은 줘 버리고 새끼 이제 그놈 가지고 이제 자기가 이제 막 키우는 거예요.

어.

− 키우는데 쌀겨 같은 것이나 보릿겨 같은 것 이제 이런 것을 이제 해서 주고

응.

− 꼴 베어다가 주고 겨울이면 이제 쇠죽 쒀서 주고요,

예.

− 그래 가지고 이제 정성껏 이제 키워요.

예.

− 그러면 한 일 년 이상 한 이 년 되면 또 새끼 낳습니다.

예.

− 그러면 이제 나는 이제 그놈 이제 어미는 이제 도로 키우고 새끼는 이제 소 장수들에게 이제 그놈 도로 이제 팔고

어.

− 이래가지고 이제 소를 키웠어요.

예.

− 그래 가지고 저도 소를 한 몇 마리 키워 봤어요.

예.

− 예.

그 그 배냇소라고 그럽니까? 그?

− 예, 배냇소라고 그래요, 여기서.

응.

− 애.

고먼 고 거 까지고 오는 소 송아지를

− 애, 배내쏘 가따 키워서 날: 새끼 나:머는 그노믄 인자 새끼는 내:가 차지허고 애미는 인자 쥔:한태 돌려주고요.

음.

고 애미소보다는 머:라고 애미소보다는 머라고 합니까?

− 자 애미보고는 인자 암송아지

음.

− 뿌사리214) 그러지요.

내.

− 애.

지금 소 키우능거하고 앤:날 소키우능거하고 좀 달라 다릉가요? 마:니?

− 하이, 검:나215) 다르지요.

음.

− 인자 방시근 거:이거이 간:는디 아 지그믄 기양 순전 깔:도 안 배다 주고 걍 저 집 거 앤시래재깅가216) 머잉가 거 거시기 처:리해:각 저 면: 처:리를 그거뽀고 면: 처:리라 허드만 그거 해:가꼬 개양 그놈 가따 빼:다 줘:불고

내.

− 순전 사료로 기양 막 비유글 인자 헝거슨 사료로 해:붕깨요.

애.

− 근디 앤:나래는 인자 그거시 업:씅깨 순전 지브로 해서 깔: 비여다 주고 소죽217) 써:주고

내.

− 인자 머 아:뜬 저 머:이 아:무 꺼리 이써야조? 보리째 가틍거 나락째 가틍거 떠러지면 기양 순전 깔:하고 그거이 거 머 그건만 기양 써:서 기양 소죽 주고

− 예.

그러면 그것 가지고 오는 송아지를

− 예, 배냇소 가져다가 키워서 새끼 낳으면은 그놈은 이제 새끼는 내가 차지하고 어미는 이제 주인에게 돌려주고요.

음.

그 어미소보고는 뭐라고 어미소보고는 뭐라고 합니까?

− 이제 어미보고는 이제 암송아지

음.

− 부사리라고 그러지요.

예.

− 예.

지금 소 키우는 것하고 옛날 소 키우는 것하고 좀 달라 다른가요? 많이?

− 아이, 아주 다르지요.

음.

− 이제 방식은 거의 거의 같은데 아 지금은 그냥 순전 꼴도 안 베어다 주고 그냥 저 짚 그 그 저장 목초인지 뭔지 그 거시기 처리해 가지고 저 무슨 처리를 그것보고 무슨 처리라 하던데 그것 해 가지고 그냥 그것 가져다가 빼어다 줘 버리고

예.

− 순전 사료로 그냥 막 비육을 이제 하는 것은 사료로 해 버리니까요.

예.

− 그런데 옛날에는 이제 그것이 없으니까 순전 짚으로 해서 꼴 베어다 주고 쇠죽 쒀 주고

예.

− 이제 뭐 어떤 저 뭐 뭐가 있어야지요? 보릿겨 같은 것, 쌀겨 같은 것 떨어지면 그냥 순전 꼴하고 그것이 그 뭐 그것만 그냥 쒀서 그냥 쇠죽 주고

내.

− 소 가틍거 주고 그래찌요.

음.

앤:나리 더 훨:씬 힘드러깨찌요?

− 얘, 힘드러찌요.

그럼 한 지배서 한두: 마리 새: 마리 키우질 몯하심니까?

− 아니요. 두:마리 시:마리도 키워찌요.

그러면 여그 핻 그 사:라미 더 피료하갠내요?

− 얘, 인자

− 긍깨 한 사라미 해:도 더 바뿌지요. 깔: 가틍거 인자 이렁거 비여다 줄라먼.

음.

− 지그밍깨 지비 이르캐 마:능깨 그르재 앤:나래는 집 까틍거 점:부 가따가 마람218) 영꺼서 지봉219) 해:야재, 묻: 해야재 써:러서 거름 해야재, (기침) 그래농깨 영판220) 심드러찌요.

얘얘. 그러건내요.

− 얘.

소 키울라먼 머:시 피료함니까? 여러가지 시:서리나 멛:?

− 시:서른 밸라 업:꼬요.

어~.

− 단수니 인자 작뚜라고 이써요.

얘.

− 작뚜 인자 그눔 가따가 인자 싹: 가라가꼬 집 써:러서 인자 풀 가틍 거 비와도 그눔 써:러가꼬

음.

− 그래가꼬 몽굴개 해:서 인자 그 소죽 써주고

예.

- 소 같은 것 주고 그랬지요.

음.

옛날이 더 훨씬 힘들었겠지요?

- 예, 힘들었지요.

그럼 한 집에서 한두 마리 세 마리 키우지를 못하십니까?

- 아니요. 두 마리 세 마리도 키웠지요.

그러면 여기 그 사람이 더 필요하겠네요?

- 예, 이제

- 그러니까 한 사람이 해도 더 바쁘지요. 꼴 같은 것 이제 이런 것 베어다 주려면.

음.

- 지금이니까 짚이 이렇게 많으니까 그렇지 옛날에는 짚 같은 것 전부 가져다가 마름 엮어서 지붕 해야지, 뭐 해야지, 썰어서 거름 해야지, 그래 놓으니까 아주 힘들었지요.

예예, 그러겠네요.

- 예.

소 키우려면 뭐가 필요합니까? 여러가지 시설이나 뭐?

- 시설은 별로 없고요.

어.

- 단순히 이제 작두라고 있어요.

예.

- 작두 이제 그것 가져다가 이제 싹 갈아가지고 짚 썰어서 이제 풀 같은 것 베어 와도 그것 썰어가지고

음.

- 그래 가지고 몽글게 해서 이제 그 쇠죽 쒀 주고

- 그냥 주기도 허고

소죽 소죽 소죽 쑬라먼 또 머:가 이써야 됩니까?

- 애, 솥 쩌 소딴지 이찌요.

으~.

- 가맏쏘시라221) 그래요, 그거뽀고 쏘딴지보고.

아.

- 가맏쏘시라 헌디 가마쏘시라고 큰: 노믈 인자 사다가 거그다가 인자 나:무 때:서 인자 불 때가꼬 인자 이노무 거슬 막 기냥 끼래가꼬 가따가 중 거슬 소주기라 글고,

음.

- 그냥 중 거슨 깔: 준다 인자 여:물 준다 인자 이런 시기고요.

음.

소주근 어:따가 퍼서 줍니까?

- 구시가222) 이써요.

음.

- 소: 인자 바끄러기요.

음.

- 나:무로 인자 이르캐 큰: 나:무를 비:다가 (인)자 파가꼬 구시를 맨든다든지

으음.

- 그러캐 나:무가 큰 뇌미 업:쓰먼 판자를 뚜꼰노믈223) 가:따가 탕 내:모지개 해:가꼬 야:물개 짜:머는 그거이 무리 안 새요.

으음.

- 그러무 기약 거그다가 기양 소죽 국쪼차224) 그양 건대기조차225) 막 주먼 소가 잘: 묵찌요.

음, 그래요이~?

－ 그냥 주기도 하고

쇠죽 쇠죽 쇠죽 쑤려면 또 뭐가 있어야 됩니까?

－ 예, 솥 저 솥 있지요.

으.

－ 가마솥이라고 그래요, 그것보고 솥보고

아.

－ 가마솥이라고 하는데 가마솥이라고 큰 것을 이제 사다가 거기다가 이제 나무 때서 이제 불 때가지고 이제 이놈의 것을 막 그냥 끓여가지고 가져다 주는 것을 쇠죽이라 그러고

음.

－ 그냥 주는 것은 꼴 준다 이제 여물 준다 이런 식이고요.

음.

쇠죽은 어디에다가 퍼서 줍니까?

－ 구유가 있어요.

음.

－ 소 이제 밥그릇요.

음.

－ 나무로 이제 이렇게 큰 나무를 베어다가 이제 파가지고 구유를 만든 다든지

으음.

－ 그렇게 나무가 큰 것이 없으면 판자를 두꺼운 것을 가져다가 탁 네 모지게 해 가지고 야물게 짜면은 그것이 물이 안 새요.

으음.

－ 그러면 그냥 거기다가 그냥 쇠죽 국이랑 그냥 건더기랑 막 주면 소 가 잘 먹지요.

음, 그래요?

- 애.

음.

그먼 인재 그 소::가 자고 그런 대는 또 만드러나야 될꺼 아니애요?

- 마:구226)

마:구를 또 만드러 나야 **?

- 애, 마:구 인자 그거야 머 불멩이227) 이써야지요.

애.

- 마:구애다가 인자 추웅깨 시야내는 집또 까라 주고,

- 인자 여르매는 인자 그노미 또 거식헝깨228) 인자 풀도 인자 지:가 무꼬 나문놈 바다개다 깔:고 자고 그러지요.

음.

- 그러고 인자 또 아:조 추우머는 소가 얼:머넌 안 댕깨요,

애.

- 소가 추우먼 안 댕깨 어치라고229) 이써요, 어치.

으흠.

- 어치라능거이 머:냐흐먼 지부로 탁 영거가꼬요 영: 영끄대끼 땅 영꺼서

으흠.

- 조:캐 만드라가꼬 등거리애다230) 탁 둘러줘:요.

아.

- 더퍼줘.

음.

- 그래가꼬 끄느로 콱 뭉꺼나.231)

음.

- 암 버서지개.

음흠.

— 예.

음.

그러면 이제 그 소가 자고 그런 곳은 또 만들어 놓아야 될 것 아니에요?

— 외양간

외양간을 또 만들어 놓아야 돼요?

— 예, 외양간 이제 그거야 뭐 분명히 있어야지요.

예.

— 외양간에다가 이제 추우니까 겨울에는 짚도 깔아 주고

— 이제 여름에는 이제 그것이 또 뭐하니까 이제 풀도 이제 제가 먹고 남은 것 바닥에다 깔고 자고 그러지요.

음.

— 그리고 이제 또 아주 추우면은 소가 얼면은 안 되니까요.

예.

— 소가 추우면 안 되니까 언치라고 있어요, 언치.

으흠.

— 언치라는 것은 뭐냐 하면 짚으로 탁 엮어가지고 이엉 엮듯이 딱 엮어서

으흠.

— 좋게 만들어 가지고 등에다 탁 둘러줘요.

아.

— 덮어줘.

음.

— 그래 가지고 끈으로 꽉 묶어 놓아.

음.

— 안 벗어지도록

음흠.

- 그르먼 등거리가 뜨뜨헝께 인자 시야내는 인자 잘 살지요.

음.

- 애.

그걸 어치

잘:고 그러내요.

- 애, 애.

우리 가트먼 오:바 코:트 가틍거시내요.

- 애, (웃음) 오:바코:트 가틍거이나

(웃음) 그러내.

- 애.

아까 인자 나무집 소 머길 때애 인재 배내쏘 가따가 인자 하는 방버이 이꼬

- 애.

또 다른 방버비 이씀니까?

- 다른 방버븐 인자 자기가 도:니써서 사다가 인자 키우먼 키웅거이고요, 다른 방버븐 업:써요.

나무지비서:: 가저올 때는 그 대 새앙치를 가저옴니까?

- 애, 쇠양치를 가저오지요.

큰 소는 앙 가

- 애, 큰 소는 안 되고

- 큰 소는 거따가 키울라 그머는 한 이:년 이상 키워서 줘:야 되고요.

- 거 잘 주도 안 헐라 글고, 큰 소는.

음.

- 애.

음. *** 이르캐

- 인자 애.

- 그러면 등이 따뜻하니까 이제 겨울에는 이제 잘 살지요.

음.

- 예.

그것을 언치

잘 살고 그러네요.

- 예, 예.

우리 같으면 오버, 코트 같은 것이네요.

- 예, (웃음) 오버 코트 같은 것이나

(웃음) 그러네.

- 예.

아까 이제 남의 집 소 먹일 때에 이제 배냇소 가져다가 이제 하는 방법이 있고

- 예.

또 다른 방법이 있습니까?

- 다른 방법은 이제 자기가 돈이 있어서 사다가 이제 키우면 키우는 것이고요, 다른 방법은 없어요.

남의 집에서 가져올 때는 그 송아지를 가져옵니까?

- 예, 송아지를 가져오지요.

큰 소는 안 가

- 예, 큰 소는 안 되고

- 큰 소는 거기다가 키우려고 그러면은 한 이 년 이상 키워서 줘야 되고요

- 거 잘 주지도 않으려고 그러고, 큰 소는.

음.

- 예.

음. *** 이렇게

- 이제 예.

소:: 지난버내 우리 이야기해찌만 인재 거 소양치 좀 커가지고 인자 소 길
드릴라먼 질드릴라먼 어떠캐 해서 질디릴라먼?

─ 질디릴라먼 인자 어:치캐 디리냐 흐머는 모냐도232) 얘:기 해찌마는
나:무를 비여다 그러캐 딱 끄직씨니라고233) 맨드라요.

얘.

─ 그래가꼬 거그다가 도:를 큰:: 노믈 영거.

내.

─ 큰:: 노믈 영거서 거글 사내키로 각:각: 쩸:매요,234) 인자 철사로나
사:내키로나.235)

얘.

─ 그래가지고 무곡깨 딱 맨드라가꼬는 인자 탁 멍얼236) 씨워가꼬 인
자 요러캐 끈나파를237) 다라가꼬 특 그거뽀고 '두대'라238) 그래요.

음.

─ 끈나파를 탁 다라서 인자 거 끄직씨내다 땅 매:요.

음.

─ 매:가꼬는 막 인자 여그 멍 씨워나싱깨 인자 암버서지껄 아니
까요?

얘.

─ 그먼 멍쭈리라고239) 요:리 모가지얘다 인자 탁 암버서지개 쩸:
매가꼬

멍을 쓰 멍을 머:얘요? 멍은?

─ 멍이랑거시 머:냐흐먼 여그다 영궁거뽀고 멍이라 그래. 소 모가지얘
다 영궁거뽀고.

얘, 모개다 헌

─ 얘.

─ 쟁기질헐 때도 찌여 무꼬 그래요 글로.

소 지난 번에 우리 이야기했지만 이제 그 송아지 좀 커 가지고 이제 소 길들이려면 길들이려면 어떻게 해서 길들이려면?

　ー 길들이려면 이제 어떻게 들이느냐 하면은 먼저도 이야기했지마는 나무를 베어다 그렇게 딱 '끌신'이라고 만들어요.

예.

　ー 그래 가지고 거기다가 돌을 큰 것을 얹어.

예.

　ー 큰 것을 얹어서 거기를 새끼로 꽉꽉 잡아매요. 이제 철사로나 새끼로나.

예.

　ー 그래 가지고 무겁게 딱 만들어 가지고는 이제 딱 멍에를 씌워가지고 이제 이렇게 끄나풀을 달아 가지고 그것보고 '두대'라 그래요.

음.

　ー 끄나풀을 탁 달아서 이제 그 '끌신'에다 딱 매요.

음.

　ー 매 가지고는 막 이제 여기 멍에 씌워 놓았으니까 이제 벗어지지 않을 것 아닙니까?

예.

　ー 그러면 봇줄이라고 이리 모가지에다가 이제 탁 벗어지지 않도록 잡아매 가지고

멍에를, 멍에를 뭐예요? 멍에는?

　ー 멍에란 것이 뭐냐 하면 여기다 얹는 것보고 멍에라 그래. 소 목에다 얹는 것보고

예, 목에다 하는

　ー 예.

　ー 쟁기질할 때도 써 먹고 그래요 그것으로.

- 음음.

- 그래가꼬 인자 그노를 딱 인자 그래가꼬 꾀뺑이를240) 딱 쥐:고 코뚜래를 댕댕허니 추켜들고 인자 소를 인자 끄지버요.241)

음.

- 그먼 인자 소가 끄직꼬 댕일껄 아님니까요?

애

- 그먼 인자 나:뒤따 인자 딱: 인자 친 그거뽀고 질디린다242) 그래요.

애, 질디린다고

- 애.

- 질디린다 그러먼 인자 지:가 이라저라243) 해:도 인자 마:를 아라무꼬 이:리 가고 저:리 가고 그먼 인자, 딱 코뚜래는 노코는 꾀뺑이로만 인자 이라이라 저리저리 인자 딱 근다 마리요.

음.

- 그러먼 인자 지:가 끄직꼬 가요, 막 하:넙씨.

음.

- 그래가꼬 인자 잘: 댕기머는 아:무 인자 노대지244) 앙코 이리 뛰고 저리 뛰고 안 허고 기양 그대로 인자 졸:졸:졸:졸 가면 인자, 그때는 인자 쟁기를 채와가꼬 쟁기지를 해 봉거애요.

내.

- 그래가꼬 쟁기지를 완저니 딱 헐 헐 쭈 알:머는 그때는 인자 질떠러전내245) 그래요.

음.

- 애.

질 떠러전내.

- 애.

질떠러전내 그먼 인자 그 뒤로부토믄 인자 쟁기 채와가꼬 인자

- 음음.

- 그래 가지고 이제 그것을 딱 이제 그래 가지고 고삐를 딱 쥐고 코뚜레를 등등하게[246) 추켜들고 이제 소를 이제 끌어요.

음.

- 그러면 이제 소가 끌고 다닐 것 아닙니까?

예.

- 그러면 이제 놔 뒀다가 이제 딱 이제 그것보고 길들인다 그래요.

예, 길들인다고.

- 예.

- 길들인다 그러면 이제 제가 이랴 저라 해도 이제 말을 알아듣고 이리 가고 저리 가고 그러면 이제 딱 코뚜레는 놓고는 고삐로만 이제 이랴 이랴 저라저라 이제 딱 그런단 말이에요.

음.

- 그러면 이제 제가 끌고 가요, 막 한없이.

음.

- 그래 가지고 이제 잘 다니면은 아무 이제 나대지 않고 이리 뛰고 저리 뛰고 하지 않고 그냥 그대로 이제 졸졸졸졸 가면 이제 그때는 이제 쟁기를 채워 가지고 쟁기질을 해 보는 것이에요.

예.

- 그래 가지고 쟁기질을 완전히 딱 할 줄 알면은 그때는 이제 '길 떨어졌네' 그래요.

음.

- 예.

길 떨어졌네.

- 예.

- 길 떨어졌네 그러면 이제 그 뒤부터는 이제 쟁기 채워 가지고 이제

개:속 인자 박 깔고 농 갈고 쟁기지를 헝거시지요.

음, 그러내요.

— 애.

애::.

지난버내 함번 다 애 야야기 허싱건 또 나옹거닌까요.

— 애.

소:: 일헐 때 소를 모:는 소리

— 애 소리가 인자 이라 저라

어어.

— 이리 가여. 이리 저리 그래요.

어.

— 이라 저라 그러고 이리저리 그거뿌고 소를 가자 그 소리애요.

음.

— 인자 소를 딱 갈 때는 이리 글고

애.

— '저리' 글고

애.

— 이라 글고

내.

— 그먼 인자 그거이 소 몬 소리애요.

그개 인재 그거또 이라허고 저라 잘 자라는 인재 방향이

— 방향이 인자 요 윈:짜그로 가고 오린짜그로247) 가 그거슨.

— '저리' 글머는 인자 윈:짜그로 가고요.

애.

— '이리' 글먼 오른짜그로 가고

아 그래요?

계속 이제 밭 갈고 논 갈고 쟁기질을 하는 것이지요.

음, 그러네요.

― 예.

예.

지난번에 한번 다 이야기하신 것은 또 나오는 것이니까요.

― 예.

소 일할 때 소를 모는 소리

― 예, 소리가 이제 이랴 저랴

어어.

― 이리 가요. 이리저리 그래요.

어.

― 이랴 저랴 그리고 이리저리 그것보고 소를 가자 그 소리예요.

음.

― 이제 소를 딱 갈 때는 '이리' 그리고

예.

― '저리' 그리고

예.

― 이랴 그리고

예.

― 그러면 이제 그것이 소 모는 소리예요.

그것이 이제 그것도 이랴하고 저랴 저랴는 이제 방향이

― 방향이 이제 왼쪽으로 가고 오른쪽으로 가 그것은.

― '저리' 그러면은 이제 왼쪽으로 가고요.

예.

― '이리' 그러면은 오른쪽으로 가고

아, 그래요?

- 이라 그러먼 인자 가고

음.

- 애, 그거애요.

음.

인자 가다가 멈출 때 인재

- 와

와 가**

- 애, 와 글고요.

애. 글고 또

도라라 헐라먼

- 인자 돌: 때는 인자 꾀뺑이로 인자 이리 글고 인자 요 왼:짜그로 돌라먼 왼:짜그로는 절때 안 동깨

애.

- 오른짜그로 긍깨 이리

아.

- 이라

거그서 꼬뺑이를 잡아

- 애, 자부땡개요.248)

- 그러먼 인자 지:가 아라서 기양 딱 인자 도라와서 그거 인자 저 갈 때로 인자 스지249) 아 안 허믄 와와 그래가꼬는 뒤로 인자 물러 또 그래.

애.

- 인자 물러 그 소리는 어:쩌냐 그먼 여그 여까지 가라야 쓰꺼인디 요만치 와 부러딴 말쓰미애요.

애.

- 그먼 인자 요만치 가라야 되거찌요?

내.

－ 이랴 그러면 이제 가고

음.

－ 예, 그거예요.

음.

이제 가다가 멈출 때 이제

－ 우아

우아 가**

－ 예, 우아 그러고요

예, 그리고 또

돌아라 하려면

－ 이제 돌 때는 이제 고삐로 이제 이리 그리고 이제 이 왼쪽으로 돌려면 왼쪽으로는 절대 안 도니까

예.

－ 오른쪽으로 그러니까 이리

아.

－ 이랴.

거기서 고삐를 잡아

－ 예, 잡아당겨요.

－ 그러면 이제 제가 알아서 그냥 딱 이제 돌아와서 그것 이제 저 갈 데로 이제 서지 않으면 우아 우아 그래 가지고는 뒤로 이제 물러 또 그래.

예.

－ 이제 물러 그 소리는 어떠냐 그러면 여기 여기까지 갈아야 될 것인데 이만큼 와 버렸단 말씀이에요.

예.

－ 그러면 이제 이만큼 갈아야 되겠지요?

예.

- 그렁깨 인자 물러 글고 인자 쟁기로 끄지부면 인자 지:가 인자 뒤:로 뒤꺼름질 해:서 여까지 와요.

- 그면 인자 거:다 쟁기를 대:고 가능거애요.

그면 소가 그러개 마:를 잘 드씀니까?

- 하, 잘 드찌요.

아, 그래요.

- 애, 잘 드러요.

- 그렁깨 '질떠러전내' 그러면 발써 소 말 잘 아라무거요 소가.

애, 그래요.

- (웃음)

소 그 새깔 새까리나 또 머 모양 얼루기 이따등가 머 ** 이르미 또 이씀니까?

- 애, 인자

- 애, 인자 거 거뭉소

애.

- 인자 이런 인자 저 거시 아조 빨:강 거슨 황색 대:추색

내.

- 애, 그거뽀고 '고동뿌사리'라[250] 그런디 대:추색 아조 무속깨 생인 노무요

'고동뿌사리'요?

- 애.

그건 새까리

- 인자 그거이

- 뿌사리 중애서 인자 색 여 새기 대:추색마니로 빨:개가꼬 걍 고야키 무속깨 생개써요.

음.

- 그러니까 이제 물러 그리고 이제 쟁기로 끌면 이제 제가 이제 뒤로 뒷걸음질 해서 여기까지 와요.

- 그러면 이제 거기다가 쟁기를 대고 가는 것이에요.

그러면 소가 그렇게 말을 잘 듣습니까?

- 하, 잘 듣지요.

아, 그래요.

- 예, 잘 들어요.

- 그러니까 '길 떨어졌네' 그러면 벌써 소 말 잘 알아들어요. 소가.

예, 그래요.

- (웃음)

소 그 색깔 색깔이나 또 뭐 모양 얼룩이 있다든지 뭐 ** 이름이 또 있습니까?

- 예, 이제

- 예, 이제 그 거멍소

예.

- 이제 이런 이제 저 거시기 아주 빨간 것은 황색 대추색

예.

- 예, 그것보고 '고동부사리'라고 그러는데 대추색 아주 무섭게 생긴 것이요.

'고동부사리'요?

- 예.

그건 색깔이

- 이제 그것이

- 부사리 중에서 이제 색 여 색이 대추색처럼 빨개가지고 그냥 고약하게 무섭게 생겼어요.

음.

- 그러먼 그거뽀고 '고동뿌사리내' 글고

음.

- 인자 거멍소가 이꼬요.

내.

- 단수니 인자 얼룩쏘도 인자 인는디 그거슨 '부지땅[251] 마진' 소라고[252] 인자 그런 말:도 인자 이썩꼬 그래써요.

부지땅 마즌 소요?

- 애, 인자

어 무슨 말 어뜬 소를?

- 그걸 버 어:떤 소:냐 허믄 이런 노:랑 새개다가 요로캐 주리 쪽쪽쪽 쪽 기양 꺼머 주리 조까석 이써요. 등 몸떵이 터리.

아.

- 그거뽀고 저 저 저 소는 저 부지땅 마진 소내 인자 우리가 글고 그래써요.

노란 노란 바탕애 거멍 주리?

- 애.

음.

- 주리 쪼까석 쭉쭉 이꼬,

음.

- 인자 그래써요.

음.

- 그고 인자 거 히:컨[253] 저미나 먼: 요롱 거 이쓰먼 점배기소라 그러고

음. 히컨

- 애.

점배기소라 그러고

- 그러면 그것보고 '고동부사리'네 그러고.

음.

- 이제 거멍소가 있고요.

예.

- 단순히 이제 얼룩소도 이제 있는데 그것은 '부지깽이 맞은 소'라고 이제 그런 말도 이제 있었고 그랬어요.

부지깽이 맞은 소요?

- 예, 이제

어 무슨 말 어떤 소를?

- 그것을 어떤 소냐 하면 이런 노란 색에다가 이렇게 줄이 쭉쭉 그냥 까만 줄이 조금씩 있어요. 등 몸뚱이 털이.

아.

- 그것보고 저 저 저 소는 저 부지깽이 맞은 소네 이제 우리가 그러고 그랬어요.

노란 노란 바탕에 검은 줄이?

- 예.

음.

- 줄이 조금씩 쭉쭉 있고.

음.

- 이제 그랬어요.

음.

- 그리고 이제 그 하얀 점이나 무슨 이런 것 있으면 '점박이소'라 그러고

음. 하얀

- 예.

점박이소라 그러고

— 애.

음. 하얀 저미 이쓰먼

— 애.

지그믄 소들또 쯤 새깔또 마:니 달라저쪼? 왜국애서 드로와가지고

— 그러지요, 지그믄.

운쩔 저쏘도 이꼬 지그믄

— 애, 저쏘 저쏘가 인자 얼룩떨룩 인자 꺼멍 점도 이꼬 힌점도 이꼬 막
앤나래는 점부 노랑 꺼멍 고론 놈

— 애.

— 노랑소 아니먼 꺼멍소애요.

아.

— 그렁깨 닌:장 소 살찌 모르먼 거멍소 사라 그런 마리 이써써요.

아. 왜.

— 애, 인자 소는 꺼멍소가 그거시 크기도 잘 크고 말:도 잘 드꼬

— 그렁깨 소 살찌 모르먼 거멍소 사라

아.

— 애, 그런 마:를 해:써요.

아.

노랑소보다는 더

— 애.

** 나:딴 마리구뇨.

— 애.

소 인재 그 또 인재 뿌리 이짠씀니까? 뿌리?

— 애, 뿌리 이찌요.

뿌리 인재 모양애 따라서 이르미 인나 모르개써요 뿔.

— 인자 개:빠리내254) 개:뿌리내.

－ 예.

음. 하얀 점이 있으면

－ 예.

지금은 소들도 좀 색깔도 많이 달라졌지요? 외국에서 들어와 가지고

－ 그러지요, 지금은

이제 젖소도 있고 지금은

－ 예, 젖소 젖소가 이제 얼룩덜룩 이제 거멍 점도 있고 흰 점도 있고 막

옛날에는 전부 노랑 거멍 그런 것

－ 예.

－ 노랑소 아니면 거멍소예요.

아.

－ 그러니까 넨장 소 살 줄 모르면 거멍소 사라 그런 말이 있었어요.

아. 왜

－ 예, 이제 소는 거멍소가 그것이 크기도 잘 크고 말도 잘 듣고

－ 그러니까 소 살 줄 모르면 거멍소 사라

아.

－ 예, 그런 말을 했어요.

아.

노랑소보다는 더

－ 예.

** 낫단 말이군요.

－ 예.

소 이제 그 또 이제 뿔이 있잖습니까? 뿔이?

－ 예, 뿔이 있지요.

뿔이 이제 모양에 따라서 이름이 있나 모르겠어요 뿔.

－ 이제 게뿔이네 게뿔이네

애.

― 인자 저::

― 거 단수니 그 그거애요.

개:뿌리 머애요?

― 개:뿌리랑 거슨 머이냐 흐믄 이:러캐 생깅 거시 이써요.

― 소가 이러캐 아:푸로 탁 뿌리 요로캐

아 아:푸로

― 애 탁 이르캐 이르캐 요:로캐 댄 노미 이써요, 요로캐.

오.

― 그거뿌고 개:뿌리라고 허고

― 요곤 인자 요로캐 되머는 한쪼근 자빠지고 한쪼근 이르캐 꼬꼬시 시구먼 춤 춤뿌리라²⁵⁵⁾ 글고

춤뿔?

― 애, 춤뿔, 춤춘다고.

아.

― 애.

갠: 개:뿔 무

― 개:뿔, 춤뿔 그래요.

개:뿌른

― 개:뿌른

바다애서 나는 개:가틍거

― 애, 개:뿌른 인자 바다애서 나온 인자 개:발가치 요로캐 생개따 해서 개:뿔

음.

― 그르고 인자 춤뿌리랑 거슨 요로캐 여푸로 한나너고 한나는 꼬꼬더니 스고 그거뿌고 춤뿔

예.

— 이제 저

— 그 단순히 그거예요.

게뿔이 뭐예요?

— 게뿔이라는 것은 뭐냐 하면 이렇게 생긴 것이 있어요.

— 소가 이렇게 앞으로 탁 뿔이 이렇게

아 앞으로

— 예, 탁 이렇게 이렇게 이렇게 된 것이 있어요, 이렇게.

오.

— 그것보고 게뿔이라 하고

— 이것은 이제 이렇게 되면은 한쪽은 넘어지고 한쪽은 이렇게 꼿꼿하게 서면 춤 춤뿔이라 그러고

춤뿔?

— 예, 춤뿔, 춤 춘다고

아.

— 예.

게뿔

— 게뿔, 춤뿔 그래요.

게뿔은

— 게뿔은

바다에서 나는 게 같은 것

— 예, 게뿔은 이제 바다에서 나오는 이제 게 발같이 이렇게 생겼다 해서 게뿔

음.

— 그리고 이제 춤뿔이라는 것은 이렇게 옆으로 하나 넣고 하나는 꼿꼿하게 서고 그것보고 춤뿔

아하.

- 그런 마:른 써써요.

애, 개:뿌리내 춤뿌리내

- 애.

음, 재민는 마리내요.

- 애해.

그다매 인재 그 고다매 * 고론 뿌리 큰 소보다는 아까 뿌사리라고 그래쓰니까?

- 애, 뿌사리라고 인자 고동뿌사리라고

- 고동뿌사리는 기양 보:통 기양 추 뿌리 요로캐 기양 탁 여푸로 퍼저가꼬 고야캐 생개찌요.

아.

그 뿌사리는 대:개 숩쏘갠내요?

- 애 숩쏘보고²⁵⁶⁾ 뿌사리라 그래요.

애, 암소는 아니고요.

- 애. 암소는 암소라 글고

암소라 허고

- 애.

암소도 뿌리 이쓰니까?

- 암소가 뿌리 이찌요, 숩 저 뿌사리도 이째마는.

- 소는 다 뿌리 이써요.

그래요?

- 애.

- 뿌리 업쓰면 그거슨 댕이지를 몯:해요.

아.

- 버서저불고 콘 코뚜래 여그서 요:리 해서 빵:거리²⁵⁷⁾ 해가꼬 요로캐

아하.

　－ 그런 말은 썼어요.

예, 게뿔이네 춤뿔이네

　－ 예.

음, 재미있는 말이네요.

　－ 예예.

그 다음에 이제 그 그 다음에 * 그런 뿔이 큰 소보다는 아까 부사리라고 그
랬습니까?

　－ 예, 부사리라고 이제 고동부사리라고

　－ 고동부사리는 그냥 보통 그냥 뿔이 이렇게 그냥 탁 옆으로 퍼져가지
고 고약하게 생겼지요.

아.

그 부사리는 대개 수소겠네요?

　－ 예, 수소보고 부사리라 그래요.

예, 암소는 아니고요

　－ 예, 암소는 암소라 그러고

암소라 하고

　－ 예.

암소도 뿔이 있습니까?

　－ 암소가 뿔이 있지요. 숫 저 부사리도 있지마는

　－ 소는 다 뿔이 있어요.

그래요?

　－ 예.

　－ 뿔이 없으면 그것은 다니지를 못해요.

아.

　－ 벗어져 버리고 코뚜레 여기서 이리 해서 '빵거리' 해 가지고 이렇게

코뚜래를 너머간디

어.

― 이 노미 버서지머는 이 코뚜래가 이러캐 자빠라징깨 말:도 잘 안 드꼬 그래요 긍깨,

― 요:리 탁 가르매 인는 대로 요:리 한가운대로 해서 탁 애냉기로258) 냉개가꼬 거그다 꾀뺑이를 달지요.

그러면 암소뿔하고 숨쏘불하고는 어느 거이 더 크고

― 아 인자 크기는 인자 암소뿌리 더 질:고

아하.

― 뿌사리 뿌른 좀 짤붑꼬259) 퉁고꼬260) 그러지요.

아.

― 애.

어느 거이 더 사:나워요?

― 사:농거슨 인자 뿌사리 뿌리 채261) 더서 사납찌요.

그러지요.

― 애.

뿌사리 뿌리 사납꼬

― 애.

소가 인재 그 나이애 따라서 아주 인재 아주 어른 놈 이르미

― 한 살 무건내, 두:살 무건내, 그 아홉 살배기시, 새:살배기시262) 자꾸 그래요.

― 그믄 인자 우리는 모:른디 인자 소 폴:고 사고 헌 거간쟁이드리나 애.

― 거 소 사로 댕인 사람드른 딱 발써 주뎅이263) 벌:려서 이비 요로캐 딱 떠들러 보머는 자 이:가 머 떵니가264) 인내 머 먼: 아금니265) 먼:니가 인내 그래까꼬 야, 요고슨 매쌀 무거따 한살배기다 두:살배기다 그걸 알:

코뚜레를 넘어가는데

어.

― 이것이 벗어지면은 이 코뚜레가 이렇게 넘어지니까 말도 잘 안 듣고 그래요. 그러니까,

― 이리 탁 가르마 있는 데로 이렇게 한가운데로 해서 탁 '애냉기'로 넘겨가지고 거기다 고삐를 달지요.

그러면 암소 뿔하고 수소 뿔하고는 어느 것이 더 크고

― 아 이제 크기는 이제 암소 뿔이 더 길고

아하.

― 부사리 뿔은 좀 짧고 굵고 그러지요.

아.

― 예.

어느 것이 더 사나워요?

― 사나운 것은 이제 부사리 뿔이 훨씬 더 사납지요.

그러지요.

― 예.

부사리 뿔이 사납고

― 예.

소가 이제 그 나이에 따라서 아주 이제 아주 어린 것 이름이

― 한 살 먹었네, 두 살 먹었네, 그 아홉살배길세, 세살배길세 자꾸 그래요.

― 그러면 이제 우리는 모르는데 이제 소 팔고 사고 하는 거간꾼들이나

예.

― 그 소 사러 다니는 사람들은 딱 벌써 주둥이 벌려서 입이 이렇게 딱 떠들어 보면은 이제 이가 뭐 떡니가 있네 뭐 무슨 어금니 무슨 이가 있네 그래 가지고, 이것은 몇 살 먹었다 한살배기다 두살배기다 그것을 알

고 그래요.

음. 그래요이.

- 애, 우리는 잘 모르재마넌 딱 요로캐 떠들러 보먼 발써 던니내 문:니내, 요로캐 해:가꼬

음 주로 이빨로 알구마뇨?

- 애, 아지 이빨로 아라요.

음 개 머 두:살배기 소니

- 애.

다른 이르믄 업:꾸요?

- 애.

음.

근디 소 조:은 놈 고를라면 멀: 바야 댐니까 그거슨?

- 소 존:노를 볼라먼 처쩨는 암소는 뒬 요 방:댕이를266) 보고

애.

- 빼를 바요.

애.

- 빼가 늘찐늘찐허고267) 좀 뒬: 방:댕이가 닥쏘믄 아::따 거 암소 궁댕이마니로 생갠내 사람보고도 그러그등요.

아하하.

- 그래야 그거이 새끼도 잘 나코

음.

- 빼가 국씰국씰허니268) 늘씬늘씬해야 소가 크고

내

- '좀쏘'는269) 빼가 짤붑꼬 앵생헝거시 좀쏘고

어허.

- 그릉깨 인자 빼를 보고 사라, 궁댕이를 보고 사라 그러지요.

고 그래요.

　음. 그래요.

　— 예, 우리는 잘 모르지마는 딱 이렇게 떠들어 보면 벌써 덧니네, 무슨 이네, 이렇게 해 가지고

　음 주로 이빨로 알구먼요?

　— 예, 알지 이빨로 알아요.

　음 뭐 두살배기 소니

　— 예.

　다른 이름은 없고요?

　— 예.

　음.

　그런데 소 좋은 것 고르려면 무엇을 봐야 합니까? 그것은?

　— 소 좋은 것을 보려면 첫째는 암소는 뒤 방둥이를 보고

　예.

　— 뼈를 봐요.

　예.

　— 뼈가 늘씬늘씬하고 좀 뒤 방둥이가 $$$ 아따 거 암소 궁둥이처럼 생겼네 사람보고도 그러거든요.

　아하하.

　— 그래야 그것이 새끼도 잘 낳고

　음.

　— 뼈가 굵직굵직하게 늘씬늘씬해야 소가 크고

　내

　— ‘좀소’는 뼈가 짧고 앙상한 것이 좀소고

　어허.

　— 그러니까 이제 뼈를 보고 사라, 궁둥이를 보고 사라 그러지요.

음.

'좀쏘'라고 그래요? 쪼그만헌?

― 애, 쪼그만헝 거뽀고 '좀쏘'라 그래요.

어어어.

― 그거뽀고 느시270) 음:내 인자 그런 인자 으:미지요.

음 느시 업:따구요.

― 애.

음 주로 그런 어 뼈를 바:야 된다요?

― 애.

다릉건 업:꾸요?

― 애, 다릉 건 업:꼬

애.

재 소애 대해선 그 정도로 하고요

그 다매 인재 머슴 사능 거

― 애.

앤:나래 머슴들또 종:뉴가 종:뉴라 할까 그 쫌 큰

― 큰머심, 자근머심, 깔땀사리271) 그래써요.

새: 새: 종뉴로 나눈다고요?

― 애.

― 중머심 상:머심 중머심 깔땀사리 그래써요.

애.

― 긍깨 인자 상:머시믄 머이냐 그먼 아조 인자 자기가 일:도 잘허고 심도 조:코 그 이 문: 이리든지 아 발써 이 과자를 가따가 이거 치워야 쓰꺼신디 중머시미나 인자 요 깔땀사리나는 이거 치울찌를 모르고 근자 그러지요.

어.

음.

'좀소'라 그래요? 조그마한?

― 예, 조그마한 것보고 '좀소'라 그래요.

어어어.

― 그것보고 늦이 없네 이제 그런 이제 의미지요.

음 늦이 없다고요?

― 예.

음 주로 그런 어 뼈를 봐야 된다고요?

― 예.

다른 것은 없고요?

― 예, 다른 것은 없고

예.

이제 소에 대해서는 그 정도로 하고요

그 다음에 이제 머슴 사는 것

― 예.

옛날에 머슴들도 종류라 할까 그 좀 큰

― 큰머슴, 작은머슴, 꼴머슴 그랬어요.

세 종류로 나눈다고요?

― 예.

― 중머슴, 상머슴, 중머슴, 꼴머슴 그랬어요.

예.

― 그러니까 이제 상머슴은 뭐냐 그러면 아주 이제 자기가 일도 잘하고 힘도 좋고 이 무슨 일이든지 아 벌써 이 과자를 가져다가 이것 치워야 될 텐데 중머슴이나 이제 요 꼴머슴은 이것 치울 줄도 모르고 그 이제 그러지요.

어.

－ 그렇깨 인자 상:머시믄 발써 이:미 알:고 약 인자 중머심보고 야 거 거시기를 이거 치워라 치워야 거그다가 무:슬 노껄 아니냐 이런 시그로 해서 머:이든지 잘 도라가 머리가.

아하.

－ 애, 그 농사도 잘 지:코

음.

－ 그렇깨 그 사람보고는 인자 상:머심

음.

－ 그 다매 인자 인는 사라믄 중머심

음.

－ 인자 그 다매 인능 거슨 인자 깔땀사리라 헝거슨 머이냐 흐믄 까:리나 비여날리고 심:바람도 허고

음.

－ 머 그런 사람보고 인자 깔땀사리 그러지요.

그러먼 머 인재 당여니 새:경도 다르건내요?

－ 아무 그러지요. 생애 새경이 인자 차벼리 이찌요. 월급쨍이덜 노푼 사람 월급쨍이

(웃음)

－ 얍띠얄븐 월급쨍이

큰머시믄 보:통 일녀니먼 얼마나 앤:나래 바더쓰니까?

－ 앤:나래 우리가 노무지블 살 때개 큰 머시미라 그래도 쌀:로 갸:사 다서까마니를 안 바쓰니까?

애.

－ 그러머는 '수문 새경'이라고272) 이써요.

－ 수문 새경이 머이냐 그러머는 거 여패 싸람273) 인자 거 중머심 모:르개 주는 새경이 이써.

 그러니까 이제 상머슴은 벌써 이미 알고 이제 중머슴보고 야 거 거 시기를 이것 치워라 치워야 거기다가 뭘 놓을 것 아니냐 이런 식으로 해서 뭐든지 잘 돌아가 머리가.

아하.

 예, 그 농사도 잘 짓고

음.

 그러니까 그 사람보고는 이제 상머슴

음.

 그 다음에 이제 있는 사람은 중머슴

음.

 이제 그 다음에 있는 것은 이제 꼴머슴이라 하는 것은 뭐냐 하면 꼴 이나 베어 나르고 심부름도 하고

음.

 뭐 그런 사람보고 이제 꼴머슴 그러지요.

그러면 뭐 이제 당연히 새경도 다르겠네요?

 아무렴 그러지요. 새경이 이제 차별이 있지요. 월급장이들 높은 사 람 월급장이.

(웃음)

 얇디얇은 월급장이

큰머슴은 보통 일 년이면 얼마나 옛날에 받았습니까?

 옛날에 우리가 남의집을 살 때에 큰 머슴이라 그래도 쌀로 가령 다 섯 가마니를 받잖습니까?

예.

 그러면은 '숨은 새경'이라고 있어요.

 숨은 새경이 뭐냐 그러면은 그 옆 사람 이제 그 중머슴 모르게 주는 새경이 있어.

아아아.

- 마:냐개 요 다서까마니다 딱 너 토 올 일련 니: 다섣까마니 주깨 우리집 와 사라라

애.

- 그르먼 아이고 안 헐라요

음.

- 새경이 약허 저:긍깨 안헐라요 그먼

- 수문 새경으로 주꺼잉깨 와서 사라라 근담 마리요.

음. 으흠.

- 그러머는 항 가마니를 더 줘요.

아 그건 다른 사람 모:르개

- 애, 다른 사람 모:르개.

아하.

- 그르고 인자 거 중머심보고는 인자 어처냐 그먼 또 인자 너 새경 얼:마 주깨 와서 사라라 글지 안씀니까?

애.

- 그먼 (혀를 차는 흉내를 내며)

- 아이고 (숨을 들이키며) 그러캐 바꼬는 안 되건는디요 어쩌고 그먼 또

- 그 사람도 또 역씨 그러캐 해서 줄 쑤도 이써요.

어허.

- 애, 그믄 인자 상:머시믄 모:르고 인자 자기만 뭉꿉 마:니 바든 줄 알:고 이찌요.

어.

- 중머시믄 인자 역씨 인자 중머심도 그러캐 해:딴 말쓰미요.

어

- 그러머는 아하 그러캐 해서 새경을 줄 쑤도 이꼬

아아아.

－ 만약에 이 다섯 가마니다 딱 올 일 년 너 다섯 가마니 줄게 우리집 와 살아라

예.

－ 그러면 아이고 안 하겠소.

음.

－ 새경이 약해서 작으니까 안 하겠소 그러면

－ 숨은 새경으로 줄 테니까 와서 살아라 그런단 말이요.

음. 으흠.

－ 그러면은 한 가마니를 더 줘요.

아 그건 다른 사람 모르게

－ 예, 다른 사람 모르게

아하.

－ 그리고 이제 그 중머슴보고는 이제 어쩌냐 그러면 이제 또 이제 너 새경 얼마 줄게 와서 살아라 그렇잖습니까?

예.

－ 그러면 (혀를 차는 흉내를 내며)

－ 아이고 (숨을 들이키며) 그렇게 받고는 안 되겠는데요 어쩌고 그러면 또

－ 그 사람도 또 역시 그렇게 해서 줄 수도 있어요.

어허.

－ 예, 그러면 이제 상머슴은 모르고 이제 자기만 많이 받는 줄 알고 있지요.

어.

－ 중머슴은 이제 역시 이제 중머슴도 그렇게 했단 말씀이에요.

어.

－ 그러면은 아하 그렇게 해서 새경을 줄 수도 있고

애.

― 그르고 인자 주로 인자 앤:나래는 골:란허개 상:깨 보매 처:매 막 드러가쓸 때애 '들쌔경'이라고[274] 이써요.

음.

― 들쌔경을 얼:마 주깨 사라라 그머넌 가:사 다섣까마니를 천는디 들쌔경얼 시:가마니나 준다고 안 그런씀니까?

애.

― 그러머는 시:가마니 바꼬 날쌔경이라[275] 헝거슨 머:이냐 그머는 두:가마니는 인자 가으래 인자 농사 지여가꼬 주능 거시애요.

음.

― 애.

― 그래서 그거이 들새경이 이꼬 날쌔경이 이따 이런

음.

― 애, 마:리 이써써요.

그러면 인재

― 실찌 우리도 그러캐 바더꼬

나놔서 미리 쫌 주고 나중애

― 애, 나:중애 주고

그렁 거 업:쓸때는 보:통 맨 나:중애 줍니까?

― 애 그러고 인자 그도 인자 저도 몯헐쌔먼[276] "아:따 어:찌꺼이냐 내가 빋 쪼까 더 주드라도 가으래 주마"

엄.

― 지그믄 싸:리 업씅깨 모쭌다 이런 시그로도 헐 쑤 이꼬 그래요.

음 그래요?

― 애.

음 그거 재민내요.

예.

─ 그리고 이제 주로 이제 옛날에는 곤란하게 사니까 봄에 처음에 막 들어갔을 때에 '들새경'이라고 있어요.

음.

─ 들새경을 얼마 줄게 살아라 그러면은 가령 다섯 가마니를 쳤는데 들새경을 세 가마니나 준다고 그렇잖습니까?

예.

─ 그러면은 세 가마니 받고 '날새경'이라 하는 것은 뭐냐 그러면은 두 가마니는 이제 가을에 이제 농사 지어가지고 주는 것이에요.

음.

─ 예.

─ 그래서 그것이 들새경이 있고 날새경이 있다 이런

음.

─ 예, 말이 있었어요.

그러면 이제

─ 실제 우리도 그렇게 받았고

나눠서 미리 좀 주고 나중에

─ 예, 나중에 주고

그런 것 없을 때는 보통 맨 나중에 줍니까?

─ 예, 그리고 이제 그도 이제 저도 못할 때는 "아따 어쩌겠니? 내가 빚 조금 더 주더라도 가을에 주마."

엄.

─ 지금은 쌀이 없으니까 못 준다 이런 식으로 할 수 있고 그래요.

음. 그래요?

─ 예.

음 그것 재미있네요.

- (웃음)

** 새경 새:경도

또 개:야근 어터캐 함니까? 왜 개:야건 전전 우리?

- 새:경 준단 개약?

애, 고거 고거 머 종 머 개약써를 쓰능 거슨 아닐 거시고

- 아이 그 그거슨 업:꼬 구:두저그로 해요.

이번 애.

- 애.

- 구:두저그로 해:도 머 틀:림업씨 새경 띠여무근 사람 업:씅깨요.

- 새경 띠여무그먼 팽생을 비더무그 비러무근다 헝깨 이거 새경은 안 띠여무거요.

(웃음)

- 애, 준다거먼 주고

음.

- 언:재 준다그먼 주고 그거 이찌요. 애.

애.

그러먼 애:서 어뜬 사라미 저 이:를 잘 한다 이러 이러머는 그 사람 서로

- 앋 서로 대래갈라 글조.

서로 대래갈라 그러거쪼이?

- 애

- 그렁깨 인자 그 통애 인자 새경이 쪼까썩 올라강거시여 또.

오.

- 애.

- 마:냐개 인자 내:가 인자 이:럴 잘헌다

어.

─ (웃음)

** 새경 새경도.

또 계약은 어떻게 합니까? 왜 계약은 전전 우리?

─ 새경 준다는 계약?

예, 그거 그거 뭐 종 뭐 계약서를 쓰는 것은 아닐 테고.

─ 아이 그 그것은 없고 구두로 해요.

이번 예.

─ 예.

─ 구두로 해도 뭐 틀림없이 새경 떼어먹는 사람 없으니까요.

─ 새경 떼어먹으면 평생을 빌어먹어 빌어먹는다 하니까 이것 새경은
안 떼어먹어요.

(웃음)

─ 예, 준다고 하면 주고

음.

─ 언제 준다고 하면 주고 그것 있지요. 예.

예.

그러면 예를 들어서 어떤 사람이 저 일을 잘 한다 이러 이러면은 그 사람
서로

─ 아 서로 데려가려고 그러지요.

서로 데려가려고 그러겠지요?

─ 예.

─ 그러니까 이제 그 통에 이제 새경이 조금씩 올라거는 거야, 또.

오.

─ 예.

─ 만약에 이제 내가 이제 일을 잘한다

어.

- 선생니미 인자 꼭 나:를 가따가 대래다 써야 쓰꺼인디 여패 싸라미 자:꼬 인자 즈그 지비 오라 즈그 지비 오라고 찝쩍찝쩍해 싸면

어.

- 인자 선생니미나 저한태 와가꼬 아이고 어이 바경 나 아:무래써 안 되건내 저 새경을 조깐 더 주깨 저 사람보돔 더 줄태니까 우리집 와 살: 소 글먼

어.

- 이 사람 저 귀가 자울라질꺼²⁷⁷⁾ 아닙니까요?

어허허.

- 저 사라믄 다서까마니 준다건디 선생니믄 여서까마니 준다겅깨 가: 급쩌기먼 여서까마니 준 대로 가야지요.

어.

- 애.

- 그래가지고 새경도 쪼까썩 더 올를 쑤도 이꼬 그래써요.

그러지요.

- 애.

근대 이재 또 이 머슴 나무 집 사는 입쌍애서는 보먼 꼭 새경도 새경이지만 그 지비 잘해주냐 이렁 거또 중요하지

- 인자 그거는 인자 보:통 인자 그거이 사:라미 인자 멍매로도²⁷⁸⁾ 간 다헝깨 인자

- 왜 그냐 그면 앤:나래 일:꾸는 일:로 주이늘 쉬:고²⁷⁹⁾ 주이는 멍매로 일:꾸늘 쉬:고

멍매가요?

- 애.

멍매가 머애요?

- 멍매가 머이냐 허먼 잘해주고 인자 반찬 가틍거이나 머이나 인자 잘해주고

- 선생님이 이제 꼭 나를 갖다가 데려다 써야 될 텐데 옆 사람이 자꾸 이제 저희 집에 오라 저희 집에 오라고 집적대면

어.

- 이제 선생님이나 저에게 와 가지고 아이고 어이 박형 나 아무래도 안 되겠네 저 새경을 조금 더 줄게 저 사람보다 더 줄테니까 우리집 와서 살게 그러면

어.

- 이 사람 저 귀가 기울어질 것 아닙니까?

어허허.

- 저 사람은 다섯 가마니 준다고 하는데 선생님은 여섯 가마니 준다고 하니까 가능하면 여섯 가마니 주는 데로 가야지요.

어.

- 예.

- 그래 가지고 새경도 조금씩 더 오를 수도 있고 그랬어요.

그러지요.

- 예.

그런데 이제 또 이 머슴 남의집사는 입장에서는 보면 꼭 새경도 새경이지만 그 집이 잘해 주느냐 이런 것도 중요하지

- 이제 그것은 이제 보통 이제 그것이 사람이 이제 먹매로도 간다 하니까 이제

- 왜 그러느냐 그러면 옛날에 일꾼은 일로 주인을 세고 주인은 먹매로 일꾼을 세고

먹매가요?

- 예.

먹매가 뭐예요?

- 먹매가 뭐냐 하면 잘해주고 이제 반찬 같은 것이나 뭐나 이제 잘해주고

음.

− 그거슬 잘해주므로 해:서 일:꾸늘 맘:대로 이:리저리 부래무꼬

음.

− 주이늘 인자 휘여자불라고머는 어:찌캐뜬지 지:가 이:를 잘해야 주인한태 큰소리 뺑뺑 치재,

그러지요.

− 애 일:도 몯허고 어디 큰소리 치거씀니까?

내.

− 애 그렁깨 그런 마리 이꼬 그래써요.

음, 그래요이.

− 애.

그러면 일: 일: 쩌 해:주기로 딱 개약 어느 정도 이야기가 대써요,

− 애.

그러면 저 따로 무슨 식 항 시기 이씀니까?

− 아니, 시근 업:꼬요

애

− 인자 서:를 딱 안 쇠:씀니까? 음녁 서:를

애.

− 그러면 인자 일:꾸니 이써야 쓰꺼인디 일:꾸니 업:따 이 마리애요.

애.

− 그먼 자기가 거 소죽까틍거나 인자 머 기양 끼리고 무:슬 허고 헐라머는 아주 귀차넝깨

어.

− 너 인자 우리지비 와서 살:먼 언:재나 언:재쯔미나 우리지비 와서 살:쑤 인냐, 드롤 드롤쑤 인냐 그래요.

애애.

음.

- 그것을 잘해줌으로 해서 일꾼을 마음대로 이리저리 부려먹고

음.

- 주인을 이제 휘어잡으려고 하면은 어떻게든지 자기가 일을 잘해야 주인에게 큰소리 뻥뻥 치지

그러지요.

- 예, 일도 못하고 어디 큰소리 치겠습니까?

예.

- 예, 그러니까 그런 말이 있고 그랬어요.

음, 그래요.

- 예.

그러면 일 일 저 해주기로 딱 계약 어느 정도 이야기가 됐어요.

- 예.

그러면 저 따로 무슨 식 식이 있습니까?

- 아니, 식은 없고요

예.

- 이제 설을 딱 쇠잖습니까? 음력 설을.

예

- 그러면 이제 일꾼이 있어야 될 텐데 일꾼이 없다 이 말이에요.

예

- 그러면 자기가 그 쇠죽 같은 것이나 이제 뭐 그냥 끓이고 뭘 하고 하려면은 아주 귀찮으니까

어.

- 너 이제 우리집에 와서 살면 언제나 언제쯤이나 우리집에 와서 살 수 있느냐, 들어올 수 있느냐 그래요.

예예.

- 그러면 인자 이 사라미 인자 자기지비 골랑헝깨 얼 다:머280) 하래라
도 얼릉 이뻐리라도281) 헐랑깨

어.

- 아 그먼 내가 아:무깨 아무날 가깨요.

음.

- 그러면 그래라.

음.

- 그르먼 보:통 정월 보르미라고 아니씀니까 음녀그로요?

애애애애.

- 보름 아:내 드러가머넌 딱 그사람보고 인자 새경을 인자 절쩡을 완
저니 허고는

- 애 거 자기가 인자 스 그거뽀고 머:라 그냐? 아이고 아까 또 나올
라 글드만 이저분내. 음. 자우지가내 살:기로 헝거뽀고 그건 그거뽀고
무 머:라 헌디 이저부런내. 인자 오래 됭깨 그거또 이자 인자 생가기 안
나내.

(웃음)

개:야글 맨는

- 애, 개:악글 인자 매저요

어.

- 인자 언:재쯤 내가 드러가서 살:라요. 매친날 갈라요.

어

- 그래라 그래가꼬는

- 그때 인자 와서부텀 인자 그지비 와서 산:시롱 이:럴 허지요.

어.

- 그르믄 인자 주이는 이자 시개무글 이리 인자 어 업:씅깨 자기는 인
자 자기 아라서 기양 척척 해붕깨 싱:경을 안 쓰고요.

- 그러면 이제 이 사람이 이제 자기 집이 곤란하니까 다만 하루라도 얼른 입치레라도 하려고 하니까

어.

- 아 그러면 내가 아무께 아무 날 갈게요.

음.

- 그러면 그래라.

음.

- 그러면 보통 정월 보름이라고 있잖습니까? 음력으로요?

예예예예.

- 보름 안에 들어가면은 딱 그 사람보고 이제 새경을 이제 결정을 완전히 하고는

- 예, 그 자기가 이제 그것보고 뭐라 그러냐? 아이고 아까 또 나오려고 그러던데 잊어 버렸네. 음 좌우지간 살기로 한 것보고 그것은 그것보고 뭐라고 하는데 잊어 버렸네. 이제 오래 되니까 그것도 이제 생각이 안 나네.

(웃음)

계약을 맺는

- 예, 계약을 이제 맺어요.

어.

- 이제 언제쯤 내가 들어가서 살겠소. 몇 일에 가겠소.

어.

- 그래라 그래 가지고는

- 그때 이제 와서부터는 이제 그 집에 와서 살면서 일을 하지요.

어.

- 그러면 이제 주인은 이제 시켜 먹을 일이 이제 없으니까 자기는 이제 자기 알아서 그냥 척척 해 버리니까 신경을 안 쓰고요.

음.

— 애.

처음 그 헌 날 고로케 일하기로 헌나른 머 상을 크게 한잔 낸다등가 그 렁거

— 애.

— 긍깨 그거시 아이고 그거시 곧 그거이 그거이 생가기 안 나내.

아니, 머:라드라? 머 두엄쌍이라등가 머 막 두엄

— '뒤염쌍'이 '뒤염쌍'이라 헝가 그거뽀고 머:라 흔디 생가기 안 나내 여그서.

애.

— '되임쌍', '되임쌍'

어.

— 되임쌍

되임쌍이랑 거

— 애, 여그 우리 말로는 '되임쌍'이라 그래요.

— 애, 되임쌍이라 그래가꼬

음.

— 자기덜 장만헌대로 걸:개 장만해서 그날 딱 채래줘요, 아치개 가먼.

어허.

— 그래가꼬 탁 그날 무꼬 근자 그날부터서 인자 이 오늘 하래 쉬:고 낼:부터 헐라요.

애.

— 딱 근단 말쓰미요

어.

— 그르믄 인자 그 그날 하래는 인자 되임쌍을 딱 어더무꼬는 하래는 인자 즈그지비서 패니 쉬지요.

음.

— 예.

처음 그 하는 날 그렇게 일하기로 한 날은 뭐 상을 크게 한 잔 낸다든지 그런 것

— 예.

— 그러니까 그것이 아이고 그것이 곧 그것이 생각이 안 나네.

아니, 뭐라더라? 뭐 '두엄상'이라든가 뭐 막 두엄

— '뒤염상'이 '뒤염상'이라 하는가 그것보고. 뭐라 하는데 생각이 안 나네 여기서.

예.

— '되임상', '되임상'[282]

어.

— 되임상

되임상이란 것

— 예, 여기 우리말로는 '되임상'이라 그래요.

— 예, 되임상이라 그래 가지고

음.

— 자기들 장만하는 대로 걸게 장만해서 그날 딱 차려 줘요 아침에 가면

어허.

— 그래 가지고 탁 그날 먹고 그 이제 그날부터서 이제 이 오늘 하루 쉬고 내일부터 하겠소.

예.

— 딱 그런단 말씀이오.

어.

— 그러면 이제 그 그날 하루는 이제 되임상을 딱 얻어먹고는 하루는 이제 자기 집에서 편히 쉬지요.

어.

— 그래노코 그 이튿날부터 가서 인자 이:를 헝거애요.

아 되임쌍이라고

— 애, 되임쌍 (웃음) 되임쌍이랑 거시

왜 되임쌍이라 되 왜 그거 인자 되야따 그마링가?

— 애 되야따 그 뜨스로 인자 되임쌍이라 그래요.

(웃음)

애, 되임쌍이라고?

— 애.

— 아이고 그거이 참 거 얼릉 안 나오내. (웃음)

(웃음) 조쓤니다.

그 다매 인재 그 앤:나래 나무 논 이캐 나무집 노닌 이르 인재

— 애, 가따 버:능거

어 버능거 이짜나요?

— 애.

— 그거뽀고 인자 먼: 무깔리미라고283) 헌디 인자

애.

— 애 나무 지비 노늘 가따 부쳐서 준자 진:다능 거슨 그거뽀고 또 무:
라허냐 스 그거뽀고 무 그거시 생기기 안 나내.

— 나무노늘 가따 벙:거시

= 마떠썩 진:다고 안 해?

— 인자 마터서 징:거시고 노무노늘 가따 내:가 벙:거슨 팽상284) 무깔
리미라 글고 '무깔림 어더 버:내' 그래요.

무깔리미라고요?

— 애.

무깔림이랑 거슨 그러면

어.

— 그래 놓고 그 이튿날부터 가서 이제 일을 하는 것이에요.

아 되임상이라고

— 예, 되임상, (웃음) 되임상이란 것이

왜 되임상이라 왜 그것 이제 되었다 그 말인가?

— 예, 되었다 그 뜻으로 이제 되임상이라 그래요.

(웃음)

예, 되임상이라고

— 예.

— 아이고 그것이 참 그 얼른 안 나오네. (웃음)

(웃음) 좋습니다.

그 다음에 이제 그 옛날에 남의 논 이렇게 남의 집 논인 이름 이제

— 예, 가져다 부치는 것

어 부치는 것 있잖아요?

— 예.

— 그것보고 이제 무슨 뭇갈림이라고 하는데 이제

예.

— 예, 남의 집 논을 가져다 부쳐서 이제 짓는다는 것은 그것보고 또 뭐라 하느냐? 그것보고 뭐 그것이 생각이 안 나네.

— 남의 논을 가져다 부치는 것이

= 맡아서 짓는다고 안 해?

— 이제 맡아서 짓는 것이고 남의 논을 가져다 내가 부치는 것은 내나 뭇갈림이라 그러고 '뭇갈림 얻어버네' 그래요.

뭇갈림이라고요?

— 예.

뭇갈림이라는 것은 그러면

- 묵 무깔림이랑 거시 머이냐 거러머는 나무 노늘 가따 어디 선생님
노늘 재:가 가따 번:다

애.

- 그러머는 가:사 함마지기애 다써미 나온다

애.

- 그러머는 두:섬 바:는 선생니믈 드리고

어.

- 두:섬 바:는 지:가 머꼬

애.

- 이르캐 허고 또 그르치 앙코 "나 그러캐나 노늘 무깔림 주씨요." 그
래가꼬 "아이고 나는 그러캐는 안 줄라내."

아.

- "그믄 어:트캐 주실라요?", "삼분뱅자그로 가지가소" 그런단 마리요.

애.

- 그러면 삼부내 이:는 선생니믈 디리고

애.

- 삼부내 이른 내:가 가꼬 그래요. 그거이 삼분벼내고
- 무깔리미랑 거슨 또:가치 나나무그진스 무깔리미고

아.

- 애.

무깔리믄 절반 나눙 거시고

- 애.

삼부느 이가 가지강거슨

- 애, 삼분뱅작 병작

음. 그래요.

- 애.

- 뭇갈림이란 것이 뭐냐 그러면은 남의 논을 가져다 어디 선생님 논을 제가 가져다 부친다

예.

- 그러면은 가령 한 마지기에 닷 섬이 나온다

예.

- 그러면은 두 섬 반은 선생님을 드리고

어.

- 두 섬 반은 제가 먹고

예.

- 이렇게 하고 또 그렇지 않고 "나 그렇게나 논을 뭇갈림 주세요." 그래 가지고 "아이고 나는 그렇게는 안 주겠네."

아.

- "그러면 어떻게 주시겠소?", "삼분 병작으로 가져가게" 그런단 말이오

예.

- 그러면 삼분의 이는 선생님을 드리고

예.

- 삼분의 일은 내가 가지고 그래요. 그것이 삼분 병작이고

- 뭇갈림이란 것은 똑같이 나눠 먹는 것이 뭇갈림이고

아.

- 예.

뭇갈림은 절반 나누는 것이고

- 예.

삼분의 이를 가져가는 것은

- 예, 삼분병작 병작

음. 그래요.

- 예.

－ 그래도 업:씅깨 인자 그때는 인자 헐쑤업씨 가따가 인자 지여무긍 거시애요.

음.

근대 보:통 어느 거시 더 흔한 이른 무깔리미 흔함니까? 보:통 절반씩

－ 그러지요. 보:통 인자 삼붕뱅자근 조:매서[285] 인자 논 존:노미나 인자 그러캐 허재

음.

－ 애지간헝거슨 점부 무깔리므로 마:니 해:써요.

음.

－ 그라나먼 '수배기'[286]

－ '수배기'라능거슨 머이냐 그머는

애.

－ 노무노늘 가따 벌:머는

애.

－ 아까 그대로 인자 수를 배:요.

－ 인자 딱 갤 결쩡을 해. 함마지기 매썸썩 주라.

어.

－ 그러먼 인자 이:드기 이뜬지 업뜨니 노니 업씽개 저는 다:머 함마지기라도 버:러야 대거쌍깨

어

－ 그럼 그러캐 헙씨다 글고는 '수배기'로 가따 또 지여무거.

글먼 농사가 잘 되먼 괜찬헌대

－ 애, 잘 되먼

모:때먼 어터개?

－ 모:때먼 인자 그건 즌 망쪼가 등거이지요.

오.

– 그래도 없으니까 이제 그때는 이제 할 수 없이 가져다가 이제 지어
먹는 것이에요.

음.

그런데 보통 어느 것이 더 흔한 일은 뭇갈림이 흔합니까? 보통 절반씩

– 그렇지요. 보통 이제 삼분 병작은 좀해서 이제 논 좋은 것이나 이제
그렇게 하지,

음.

– 어지간한 것은 전부 뭇갈림으로 많이 했어요.

음.

– 그렇지 않으면 '수배기'

– '수배기'라는 것은 뭐냐 그러면은

예.

– 남의 논을 가져다 부치면은

예.

– 아까 그대로 이제 수를 놓아요.

– 이제 딱 결정을 해. 한 마지기 몇 섬씩 달라.

어.

– 그러면 이제 이득이 있든지 없든지 논이 없으니까 저는 다만 한 마
지기라도 부쳐야 되겠으니까

어.

– 그럼 그렇게 합시다 그러고는 '수배기'로 가져다 또 지어 먹어.

그러면 농사가 잘 되면 괜찮은데

– 예, 잘 되면

못 되면 어떻게?

– 못 되면 이제 그것은 망조가 든 것이지요.

오.

- 그래도 인자 다:머는 매써미라도 어더무근 그 재미로 수배기라도 허고 그래써요.

음.

- 그렁깨 앤:나래는 부:자가 부:자 되고 또 부:자가 부:자 되고 그러지요.

- 가난헌 사라믄 긍깨 항:시 쪼들리고 쪼들링 거애요.

으음.

- 그러고 인자 장:이라고[287) 이써요. 장:이라고.

음.

- 장:이랑 거슨 머이냐 그머넌 한 섬 가따 무그머는 쌀 항 가마니 가따 무그머 그 농사 지여가꼬 가마니바늘 가따 줘요 그 지비다가.

음.

- 가마니바늘

애.

- 항가마니는 윙그미고 방:가마니는 그 이자 지러서[288) 중거시애요.

그러치요.

- 애. 그래가꼬 장:이라고 이써가꼬 그눔 내다가 또 무꼬

장:이?

- 장:니

애, 장:니

- 애.

음.

- 그렁깨 이누무거시 엄:는 사라믄 항:시 쏘다저.

음.

- 곡, 긍깨 땅 농사를 지여도 홀태 미태서 싱냥 떠러지내 그 소리가 거 엄:는 사람들 마리애요.

― 그래도 이제 다만 몇 섬이라도 얻어먹는 그 재미로 '수배기'라도 하고 그랬어요.

음.

― 그러니까 옛날에는 부자가 부자 되고 또 부자가 부자 되고 그러지요.

― 가난한 사람은 그러니까 항시 쪼들리고 쪼들리는 것이에요.

으음.

― 그리고 이제 장리라고 있어요. 장리라고.

음.

― 장리란 것은 뭐냐 그러면은 한 섬 가져다가 먹으면은 쌀 한 가마니 가져다가 먹으면 그 농사 지어 가지고 가마니 반을 가져다 줘요. 그 집에다가.

음.

― 가마니 반을

예.

― 한 가마니는 원금이고 반 가마니는 그 이자를 불려서 주는 것이에요.

그렇지요.

― 예. 그래 가지고 장리라고 있어 가지고 그것 내다가 또 먹고

장리?

― 장리

예, 장리

― 예.

음.

― 그러니까 이놈의 것이 없는 사람은 항시 쪼달려.

음.

― 곡, 그러니까 딱 농사를 지어도 '그네 밑에서 식량 떨어지네' 그 소리가 그 없는 사람들 말이에요.

오호.

- 애.

- 대:차나[289] 그놈 홀태 미태서 떠러전내 그 소리가. 농사 지여가꼬 그 '수배기'나 장:이로 가따 무근놈 그놈 가따 줘:불고 그러믄 인자 이거시 자기한태는 울:마 되도 안헝거시 나:중애 보면 빈:털터리가 댕 거시애요.

음.

- 그렁깨 이거시 기양 서:라내 기양 부자덜한태 가서 "장:이 잔 주씨요, 곡씩 잔 주씨요", 머: 쫌 "품싹 잔 주씨요" 요론 지서리가[290] 허다해써요.

음.

- 우리 마을 여그서도 앤:나래 그 부:자찌비서 우리가 현 실 현:지 그 걸가따 누느로 마:니 목견해서 바:써요.

음.

- 왜 그냐먼 농사 지여가꼬 다: 줘불고 앙:끄또 업쓰깨 또 그지 비 가서 "나 이거 언:재 (혀를 차며) 일 저 일:해 디리깨 품싹 잔 주씨요."

- 그먼 하래[291] 종:일 가서 죽:뚜룩 해바야 쌀 반:싱[292] 한 되나 대성[293] 한 되 주머는 하래 가서 빼가 빠지두룩 이:를 해 줘요. 카캄헌 바매까지.

음.

- 그래가꼬 어:찌캐 살꺼심니까요?

(웃음)

- 지그밍깨 기양 막 이르캐 홍청망청허고 너나나나 헐꺼덥씨 다 기양 도:니머는 아조 최:고고 잘 쌀먼 돈:만 마:너먼 아조 최:고이고 근디 그러지요.

- 애 앤:나래는 그거시 아니여쓰깨요.

그 인재 그 이 새록 머가 엄:는 사라믄 인자 불마니 만:치요.

오호.

- 예.

- 과연 그것 그네 밑에서 떨어졌네 그 소리가. 농사 지어가지고 그 '수배기'나 장리로 가져다가 먹은 것 그것 가져다 줘 버리고 그러면 이제 이것이 자기한테는 얼마 되지도 않는 것이 나중에 보면 빈털터리가 되는 것이에요.

음.

- 그러니까 이것이 그냥 설 안에 그냥 부자들한테 가서 "장리 좀 주세요, 곡식 좀 주세요", "뭐 좀 품삯 좀 주세요" 이런 짓거리가 허다했어요.

음.

- 우리 마을 여기서도 옛날에 그 부잣집에서 우리가 현실로 그걸 눈으로 많이 목격해서 봤어요.

음.

- 왜 그러냐면 농사 지어가지고 다 줘 버리고 아무 것도 없으니까 또 그 집에 가서 "나 이것 언제 (혀를 차며) 일 저 일해 드릴게 품삯 좀 주세요."

- 그러면 하루 종일 가서 죽도록 해 봐야 쌀 작은되 한 되나 큰되 한 되 주면은 하루 가서 뼈가 빠지도록 일을 해 줘요. 캄캄한 밤까지.

음.

- 그래 가지고 어떻게 살 것입니까?

(웃음)

- 지금이니까 그냥 막 이렇게 흥청망청하고 너나 나나 할 것 없이 다 그냥 돈이면은 아주 최고이고 잘살면 돈만 많으면 아주 최고이고 그런데

그러지요.

- 예, 옛날에는 그것이 아니었으니까요.

그 이제 그 이 새록 뭐가 없는 사람은 이제 불만이 많지요.

- 애.

일:만 허고 고러니까 애 아까 무깔림 말씀 하션는대 알갈리미라고 드러보셔 써요?

- 알:가리미라는 마른 드러보지도 몯:해꼬 여그서는 그렁거시 업:써써요. 아.

- 애, 단수니

무깔리미다.

- 무깔리미고 숟 숟 쩌 수배기고 그러재,

애.

- 애.

그러면 무깔리믄 인재 애:서 다섣 까마를 해:따 수하글

- 애.

그먼 두: 가마니 바:늘

- 애.

그러면 그거는 곡씩 방아 찡:거애요 아님 방아 찌:끼 전 나락 상태?

- 아 나라그로 인자 그러캐 헐 쑤도 이꼬요,

어.

- 쌀:로는 잘 안 험니다. 저 장:이 거시기로는 수배기느뇨.

아니

아.

- 애 기양 나라그로 가:사 다서까마니가 나면 두가마니 바:는 그 지비 드리고

어.

- 두가마니 바:는 재:가 무꼬

아.

나락 상태로

— 예, 벼 이제 벼로 해요.

예, 좋습니다. 그 다음에 품앗이

— 품앗이라는 것은

품앗이는 이제 그냥 그냥 어떻게 합니까? 품앗이는?

— 품앗이는 어떻게 하느냐 그러면 이제 서로 이제 그 삯을 주고받고 하는 것이 아니고요,

예.

— 가령 저하고 이제 아이엄마하고 마음에 맞잖습니까?

예.

— 그러면은 오늘은 네 일 하고 내일은 내 일 네 일하고 이런 식으로 하자

어.

— 해 가지고 서로 똑같이 오 이제 왔다갔다 하면서 둘이 이제 품앗이를 이제 하는 일을 하는 것을 품앗이라 그래요.

예.

— 예.

주로 어떤 일할 때 품앗이를 많이 합니까?

— 주로 이제 어떤 일을 할 때 하느냐 하면 아무 때라도 그것은 할 수 있어요.

— 가령 내가 이제 시멘트 일을 못하는데 할 줄을 모르고 저 사람은 잘 한단 말이오.

예.

— 그러면 "어이 내가 다음에 다른 일 해 줄게 자네 와서 내 저 시멘트 일 좀 해 주게."

아.

— 그럴 수도 있고, 이제 주로 농사지을 때 이제 많이 하지요.

음.

- 농사질 때 서루 싸글 줄 꺼시 업:쓴깨 내:가 니 일 해:주고 너는 내
일 해:주고 서루 이런 시그로 인자 와따가따 헌시롬 허자

애.

- 그거시 바로 푸마시고 그래요.

긍개 몰 모 숭군다등가

- 애 모 엉긴다등가 그라너먼 푸를 헌다등가 그라너먼 쟁기지를 헌다
등가

음.

- 요룽 거시 인자 서루 인자 푸마시가 되지요.

머 이러캐 지붕

- 지붕.

마람 일:때 마람 일: 때

- 애 마람 일:때도 그러고요.

음. 그래요.

- 애.

그러며는 혹씨 인재 서로 인재 마:매 만는 사람들끼리 하는대 어떤 경우는
이캐 딱 조지기 되야가꼬 푸마시가

- 애.

고론 경우도 이씀니까?

- 아:무뇨. 그거시 이찌요.

음.

- 울 동내 이: 동내서 이르캐 크 땅 모여 산다 그므뇨.

애.

- 사:라미 서:이고 너:이고 여리고 수무리고 가내 마으매 마뜬지 암마
뜬지 그사람드리 일: 헐쭐 안: 사라믄

애.

- 농사 지을 때 서로 샀을 줄 것이 없으니까 내가 네 일 해 주고 너는 내 일 해주고 서로 이런 식으로 이제 왔다갔다 하면서 하자

예.

- 그것이 바로 품앗이고 그래요.

그러니까 못 모 심는다든지

- 예, 모 심는다든지, 그렇지 않으면 풀을 맨다든지, 그렇지 않으면 쟁기질을 한다든지

음.

- 이런 것이 이제 서로 이제 품앗이가 되지요.

뭐 이렇게 지붕

- 지붕.

이엉 이을 때 이엉 이을 때

- 예, 이엉 이을 때도 그러고요.

음. 그래요.

- 예.

그러면은 혹시 이제 서로 이제 마음에 맞는 사람들끼리 하는데 어떤 경우는 이렇게 딱 조직이 되어 가지고 품앗이가

- 예.

그런 경우도 있습니까?

- 아무렴요. 그것이 있지요.

음.

- 우리 동네 이 동네서 이렇게 딱 모여 산다 그러면요.

예.

- 사람이 셋이고 넷이고 열이고 스물이고 간에 마음에 맞든지 안 맞든지 그 사람들이 일 할 줄 아는 사람은

예.

- 딱 인자 마:냐개 인자 오늘 니 논 매고 내:이른 내 논 매고 안 험니까요?
애.

- 그런 시그로 허개 허이서 그 푸마시꾸니라고 이써요.

푸마시꾼

- 애, 그래가꼬 인자 다서시면 다섣 여리면 열

음.

- 땅 모여가꼬 오느른 니 논 매고 내:이른 내 논 매고

음.

- 그르믄 인자 절문 사라미 꼭 어:런덜한태로 인자 푸마시를 드러가야
쓰 이자 가스 가:치 해:야 쓰건는디

음.

- 그걸가따 헐 쑤가 업:딴 마리요,

음.

- 어:런더리 여:주질 안해.

어 푸마시꾸내 안 너줘, 안 녀 줘요.

- 애.

- 그러머 어:쩐 수가 인냐먼 저 아이를 우리 진:서로294) 때래 여:쌔.295)

음.

- 야, 근단 마리요 인자.

- 일: 잘 헌 사라미 인자 저 사람 우리 진:서꾸느로 여:쌔.296)

음.

- 그르믄 인자 그 사람 인잴 절문 애:가 인자 진:서로 드로와요.

진:서가 뭐애요?

- 진:서가 머이냐 허믄 인자 나도 인자 어:런덜하고 푸마시를 헐 쑤 이따,
어.

- 헐 띤 허로 간다,

- 딱 이제 만약에 이제 오늘 네 논 매고 내일은 내 논 매고 하잖습니까?

예.

- 그런 식으로 하게 하기 위해서 그 품앗이꾼이라고 있어요.

품앗이꾼

- 예, 그래 가지고 이제 다섯이면 다섯 열이면 열

음.

- 딱 모여 가지고 오늘은 네 논 매고 내일은 내 논 매고

음.

- 그러면 이제 젊은 사람이 꼭 어른들에게로 이제 품앗이를 들어가야 되 이제 같이 해야 되겠는데

음.

- 그걸 할 수가 없단 말이에요.

음.

- 어른들이 넣어 주지를 않아.

어 품앗이꾼에 안 넣어 줘, 안 넣어 줘요.

- 예.

- 그러면 어떤 수가 있느냐면 저 아이를 우리 '진서'로 잡아넣세.

음.

- 예, 그런단 말이오 이제.

- 일 잘 하는 사람이 이제 저 사람 우리 '진서꾼'으로 넣세.

음.

- 그러면 이제 그 사람 이제 젊은애가 이제 진서로 들어와요

진서가 뭐예요?

- 진서가 뭐냐 하면 이제 나도 이제 어른들하고 품앗이를 할 수 있다.

어.

- 할 하러 간다.

어.

― 이거이 진:서애요.

음.

― 진:서. 그러면 인자 그 아이는 어:쩐 수가 인냐면 가:치 어:런덜하고 이르캐 따:라댕인시로 앤:나래는 인자 비오시 업쏭깨 우장이297) 이꼬 화: 리가 이써요, 화:리.298)

― 화:리뿔도 가꼬 댕개. 왜 그러냐면,

어. 추우니까

― 애, 추우와서 글자내299)

말리려고.

― 인자 담:배뿔 헐라고

아하.

― 애 앤:나래 부서배300) 이르캐 쳐가꼬 이거 무글라면 불쌀시롭꼬301)

어.

― 더둡꼬302) 긍깨 얼릉 담:배를 표야 쓰건는디

어.

― 화:리애 이써

― 글먼 우:장 그노믈 다:한자 어:런들꺼슬 들처매:고 화:리 그놈 추캐 들고 인자 따라댕개, 인자.

어.

― 그래가꼬 가:치 인자 이:를 헌단 마리요.

음.

― 그러면 인자 진:서를 헐 때 어:찌캐 허냐 그르머는 딱 드로와서 허 머는 유:월 유둔날 명절날 딱 도라오머는 이야, 이사라미 절믄 애가 이 어:런덜한태 술로 대:저블 해요. 진:서쑤를303) 낸다.

음.

어.

- 이것이 진서예요.

음.

- 진서. 그러면 이제 그 아이는 어떤 수가 있느냐면 같이 어른들하고 이렇게 따라다니면서 옛날에는 이제 비옷이 없으니까 도롱이가 있고 화로가 있어요, 화로.

- 화롯불도 가지고 다녀. 왜 그러느냐면,

어. 추우니까.

- 예, 추워서 그런 것이 아니라

말리려고.

- 이제 담뱃불 하려고

아하.

- 예, 옛날에 부시 이렇게 쳐 가지고 이것 먹으려면 불편하고

어.

- 더디고 그러니까 얼른 담배를 피워야 되겠는데

어.

- 화로에 있어.

- 그러면 도롱이 그것을 다 혼자 어른들 것을 들쳐매고 화로 그것 추켜들고 이제 따라다녀, 이제.

어.

- 그래 가지고 같이 이제 일을 한단 말이오.

음.

- 그러면 이제 진서를 할 때 어떻게 하느냐 그러면은 딱 들어와서 하면은 유월 유두절 명절날 딱 돌아오면은 이 애, 이 사람이 젊은 애가 이 어른들에게 술로 대접을 해요. 진서술을 낸다

음.

－ 애.

푸마시 너:조따고 해서

－ 너:조따고 해:서 애 고:맙따고 거 인자 수:를 가따가 대:저블 해요.

음.

－ 탁:: 술 한 동우 딱 해:다가 그 우개다가 자:반뜨기[304] 갈치 몰링 거
이나 맹태 몰리믈 탕 영거서 탁 더퍼가꼬 딱 가꼬와서 어:런덜 저 진:서
여:쭤서 감:사험니다.

음.

－ 야, 한 잔썩 드시지요 그고 딱 준단 말쓰미요.

－ 거 은자 어:런덜 대:접 헝거시 바로 진:서애요.

음.

－ 그 인자 그 이듬부터서는 인자 어:런덜하고 맘:대로 인자 푸마시를
헐 쑤 이써요.

음.

－ 애.

그때는 진:서가 아니내요?

－ 애, 그때는 진:서가 아니고 인자 푸마시꾸니 되야붕거애요.

그렁개 인자 인재 애 신참 신참 이구뇨.

－ 애.

일련 음 애 진:서란 마른.

－ 애.

음 애 재 재민내요. *** 거 인재 그러먼 일련똥안 진:서 진:서때는 그짐닐
도 해:줌니까

－ 아:문뇨.

또:까치

－ 애, 또가치 해 주지요.

- 예.

품앗이 넣어 줬다고 해서.

 - 넣어 주었다고 해서 고맙다고 그 이제 술을 가져다가 대접을 해요.

음.

 - 탁 술 한 동이 딱 해 놓았다가 그 위에다가 자반 갈치 말린 것이나 명태 말린 것을 탁 얹어서 탁 덮어가지고 딱 가지고 와서 어른들 저 진서 넣어 줘서 감사합니다.

음.

 - 예, 한 잔씩 드시지요 그러고 딱 준단 말씀이오.

 - 그 이제 어른들 대접하는 것이 바로 진서예요.

음.

 - 그러면 이제 그 이듬해부터서는 이제 어른들하고 마음대로 이제 품 앗이를 할 수 있어요.

음.

 - 예.

그때는 진서가 아니네요?

 - 예, 그때는 진서가 아니고 이제 품앗이꾼이 되어 버린 것이에요.

그러니까 이제 이제 예 신참 신참이군요.

 - 예.

일년 음 예 진서란 말은.

 - 예.

음 예 재미있네요. *** 그 이제 그러면 일년 동안 진서 진서 때는 그집 일 도 해 줍니까?

 - 아무렴요.

똑같이

 - 예, 똑같이 해 주지요.

음.

─ 아:무리 어린 사라미재마년 인자 진:서를 이:미 드로와끼따무내 인자

음.

─ 내 논도 매고 그 사람도 논도 매:고 인자 먼: 일:도 허고

음.

─ 뱉건 다 허지요.

그 인재 진:서는 일 진:서 시절애는 쫌 허드랜닐 하거꾸마니요.

─ 애.

자 아까 말한 우장이나 들고 인자

─ 애 막 글고 가:치 인자 논도 매:고요.

엉. 음 스 애 조쑴니다. 그 ** 푸마시꾸니랑 거시 동:내애가 결썽이 조지기

돼 이꾸마니요?

─ 애.

그먼 거그서도 재:일 저 어:르니 이꼬 그러씀니까?

─ 아:뇨. 애. 인자 상:머시미라 그래 인자 그 사람보고 인자, 일:도

잘허고 긍깨

─ 가치 인자 푸마시

상:머시미라 그래요?

─ 애.

고거또 상:머시미라 그래요?

─ 애.

푸마시꾸느 재:일 우두머리를 음. 그 다매 인재 노븐 놉 노븐 쫌 다르자나

요? 놉?

─ 노븐 인자 노브로 부린당 거슨 인자 저러캐 인자 어:뜬 사라미든지

쪼까 인자 자기가 생기 생개가 넝넉허먼

애.

음.

－ 아무리 어린 사람이지마는 이제 진서를 이미 들어왔기 때문에 이제

음.

－ 내 논도 매고 그 사람도 논도 매고 이제 무슨 일도 하고

음.

－ 별것 다 하지요.

그 이제 진서는 일 진서 시절에는 좀 허드렛일 하겠구먼요.

－ 예.

이제 아까 말한 도롱이나 들고 이제

－ 예, 막 그리고 같이 이제 논도 매고요.

엉. 음 예 좋습니다. 그 ＊＊ 품앗이꾼이란 것이 동네에 결성이 조직이 되어 있구먼요?

－ 예.

그러면 거기서도 제일 저 어른이 있고 그렇습니까?

－ 아무렴요. 예, 이제 상머슴이라고 그래. 이제 그 사람보고. 이제 일도 잘하고 그러니까.

－ 같이 이제 품앗이

상머슴이라 그래요?

－ 예.

그것도 상머슴이라 그래요?

－ 예.

품앗이꾼의 제일 우두머리를 음 그 다음에 이제 놉은 놉 놉은 좀 다르잖아요? 놉?

－ 놉은 이제 놉으로 부린다는 것은 이제 저렇게 이제 어떤 사람이든지 조금 이제 자기가 생계 생계가 넉넉하면

예.

- 또 내:가 또 이:를 또 저 사람들마니로 몬:헝깨

애.

- 어영구영허305) 인자 헌 양바닝깨 어칠버칠허고306) 긍깨 인자 노블 사다가 인자 자기가 도:늘 주고 인자 대래다가 부려 무거요, 품싸글 주고.

음.

- 그거이 노비여.

애.

- 애.

그래요

- 애.

그러면 노블 어드면 고 저기를 중간중가내 인자 또

- 새:꺼슬307) 주지요.

새:꺼슬 줘야조.

- 애.

- 새:꺼슬 주먼 인자 자기 힘 단:대로, 어 주글 써다 줄라먼 주글 밀:쭈글 써다 줄라먼 밀:쭈글308) 써다 주고, 자기 인자 떠글 해:다 주고 시푸먼 떠글 해:다 주고 인자, 새:꺼슨 맘:대로 인자 술도 바더다 주고 은자 그거시 바로 새:꺼시애요.

음. 노븐 머 농사이를 허거나 한 머 마람 역 이:을 때도 노부를 쓸 수 이쪼먼:니리든지요?

- 애, 하:무뇨 그른.

- 애, 문:니리든지 인자 자기가 허고 시풀 때 인자 노벌 대래다 헝거시요, 사다가.

음. 앤:날 가트먼 얼 품싸근 얼마나 하로 일하먼

- 하루 우리가 최:그내 반:성 한 되 바꼬 하래 이:를 해 본 일도 이꼬요.

－ 또 내가 또 일을 또 저사람들처럼 못하니까

예.

－ 어영부영하고 이제 하는 양반이니까 어칠비칠하고 그러니까 이제 놉을 사다가 이제 자기가 돈을 주고 이제 데려다가 부려먹어요, 품삯을 주고

음.

－ 그것이 놉이야.

예.

－ 예.

그래요.

－ 예.

그러면 놉을 얻으면 그 저기를 중간중간에 이제 또

－ 곁두리를 주지요.

곁두리를 줘야지요.

－ 예.

－ 곁두리를 주면 이제 자기 힘 닿는 대로 어 죽을 쒀다 주려면 죽을, 수제비를 쒀다 주려면 수제비를 쒀다 주고, 자기 이제 떡을 해다가 주고 싶으면 떡을 해다가 주고 이제, 곁두리는 마음대로 이제 술도 받아다 주고 이제 그것이 바로 곁두리예요.

음. 놉은 뭐 농사 일을 하거나 한 이엉 엮 이을 때에도 놉을 쓸 수 있지요? 무슨 일이든지요?

－ 예, 아무렴요. 그렇.

－ 예, 무슨 일이든지 이제 자기가 하고 싶을 때 이제 놉을 데려다 하는 것이에요, 사다가.

음. 옛날 같으면 품삯을 얼마나 하루 일하면

－ 하루 우리가 최근에 작은되 한 되 받고 하루 일을 해 본 일도 있고요.

애.

- 그다믄

맨년저니나 됨니까, 그때가?

- 그때가 한 인자 지그므로 말허먼 한

연새가 매 새때

- 내가 지금 한 열 여래 한 칠팔쌀 무거서 그때보토서 그런 인자 우리

육씸년전 오:심년전

- 애.

- 실기 아라가꼬309) 나무 일:허머는 그 잘해야 쌀 반:성 한되 어:런더

런 대성 한 되

대성 한 되

- 애.

- 그래가꼬 인자 나:중애 차차차차 올라가가꼬 대성 한 되도 준 사람

대성 두:되도 준 사람 그래써요.

음.

- 그러고 인자 인자는 인자 머 인자 쪼깐 이쓰면 인자 애 또 대성 두:

되 바등거시 최 최:그닌마요 최:근.

최:근.

- 애 그러고 인자 그 다매는 인자 도:느로 인자 개:산허고

도:느로 인자 허고

- 애 인자 해:방대고 인자 머 이거이 유기오 동:난 인자 지:내불고 먼:

허고 헐 때는 인자 그때는 인자 발써 인자 도:느로 인자 마:니 주고 쌀:로

도 주먼 서:되도 준 사람, 너:되도 준 사람, 인자 다가 업씨 주고요.

음.

- 그래쩨.

음.

예.

- 그 다음은

몇 년 전이나 됩니까, 그때가?

- 그때가 한 이제 지금으로 말하면 한

연세가 몇 세 때

- 내가 지금 한 열 여덟 한 칠팔 살 먹어서 그때부터서 그런 이제 우리

육십 년 전 오십 년 전

- 예.

- 철들어서 남의 일 하면은 그 잘해야 쌀 작은되 한 되 어른들은 큰되

한 되

큰되 한 되

- 예.

- 그래 가지고 이제 나중에 차차차차 올라가가지고 큰되 한 되도 주는

사람 큰되 두 되도 주는 사람 그랬어요.

음.

- 그리고 이제 이제는 이제 뭐 이제 조금 있으면 이제 예 또 큰되 두

되 받은 것이 최 최근이구먼요 최근.

최근.

- 예 그리고 이에 그 다음에는 이제 돈으로 이제 계산하고

돈으로 이제 하고

- 예, 이제 해방 되고 이제 뭐 이것이 육이오 동란 이제 지내버리고 뭐

하고 할 때는 이제 그때는 이제 벌써 이제 돈으로 이제 많이 주고 쌀로도

주면 서 되도 주는 사람, 너 되도 주는 사람, 이제 다과 없이 주고요.

음.

- 그랬지.

음.

- 우리가 실기 안:시롬 바더보미넌 반:성 한되 어:런더런 대성 한 되가 최:고여써요.

애.

- 여자더런 대성 한 되. 죽뜨룩 가서 하랜내 해:주고 반:성 한되 여자더런.

음.

- 그래꼬요.

음. 요새는 얼마나 바씀니까 하루 일 허먼?

- 요새는 다가가 업써요.

오.

- 저런 공사파내 가머넌 머 맨마넌도 바꼬 오:륨마넌 이상써근 다 주고 촌:닐도 지금 하래 요새 나가먼 채하로 준 디가 사:마눠는 줘:요.

하래 일하먼.

- 애, 하래 일:허먼.

애, 그치요.

- 애.

음.

- 그르고 인자 왠:만헌디 가머는 발써 오:륨마넌썩 주고

음.

- 그러고 인자 공사파내 가튼디 가머넌 칠마넌도 바꼬 팔마넌도 바꼬 그런 시그로 인자 허고요.

애, 그래요.

- 애.

애, 돼씀니다. 지금까지 여냉허싣 하싱거시 인재 내:: 소하구 그렁 거뜨리 연내요.

- 우리가 철들어서 받아보면은 작은되 한 되 어른들은 큰되 한 되가 최고였어요.

예.

- 여자들은 큰되 한 되. 죽도록 가서 하루 내내 해 주고 작은되 한 되, 여자들은.

음.

- 그랬고요.

음. 요새는 얼마나 받습니까 하루 일하면?

- 요새는 다과가 없어요.

오.

- 저런 공사판에 가면은 뭐 몇 만 원도 받고 오륙만 원 이상씩은 다 주고 촌 일도 지금 하루 요새 나가면 최하로 주는 곳이 사만 원은 줘요.

하루 일하면

- 예, 하루 일하면

예, 그렇지요.

- 예.

음.

- 그렇고 이제 웬만한 곳 가면은 벌써 오륙만 원씩은 주고

음.

- 그리고 이제 공사판 같은 곳 가면은 칠만 원도 받고 팔만 원도 받고 그런 식으로 이제 하고요.

예, 그래요.

- 예.

예, 됐습니다. 지금까지 $$하신 것이 어제 예 소하고 그런 것들이었 네요.

■ 주석

1) '빠씨다'는 '억세다'의 뜻. 지역에 따라 '뻐쎄다'라 하기도 한다. 아마도 '뻣뻣'이나 '빳빳'에서 온 '뻣'이나 '뺏'에 '세다'가 결합된 말로 보인다.

2) '식은밥'은 '찬밥'을 가리키며, 지은 지 오래되어 식은 밥 또는 지어서 먹고 남은 밥을 뜻한다. '식은밥 한 덩어리 묵고 왔소'처럼 쓰인다.

3) '찬나락'은 '찰벼'의 방언형.

4) '찰지다'는 '차지다'의 방언형.

5) '오나칙'은 '온아칙'으로서 '오늘 아침'의 뜻이다. 마찬가지로 '오늘 저녁'은 '온저녁'으로 줄어들 수 있다. 반면 '오늘 점심'이나 '오늘 밤'은 결코 '온점심'이나 '온밤'으로 줄지 않는다.

6) '모가지'는 '이삭'의 방언형. 전라남도 안에서도 지역에 따라 '모개'라고도 하고, 특히 진도에서는 '이가지'나 '이개' 등의 낱말이 쓰이기도 한다. 아마도 '이삭'과 '모가지', '모개' 등의 혼태어로 보인다.

7) '왼손피짝'은 '왼손쪽'으로서 '왼쪽'을 뜻한다. '왼손피짝'의 '피짝'은 '쪽'을 가리키는 옛말 '뼉'의 형태를 연상시키며, 겹자음 'ㅳ'이 반영된 형태로 보인다.

8) '한이 되다'는 여기서 '단점이다'의 뜻으로 쓰였다.

9) '시차나'는 '과연'의 뜻으로 추정된다. 전남방언에서 '과연'은 보통 '대차' 또는 '대차나'로 쓰이는데, 여기서는 '시차나'로 나타났다.

10) '모냐'는 '먼저'의 방언형. '먼저'의 방언형 '몬자'의 /ㅈ/이 탈락한 형태이다.

11) '새비'는 '새우'의 방언형.

12) '날날허다'는 '나란하다'의 방언형.

13) '반디'는 '군데'의 방언형. '군데'의 뜻으로 전남방언에서는 '간디'와 '반디'가 혼용된다.

14) '걸삼'은 볍씨로 쓰일 수 없는 좋지 않은 벼를 말한다.

15) '싯나락'은 '볍씨'의 뜻이다. 보통 '썻나락'으로 쓰이는데 여기서는 예사소리인 '싯나락'으로 쓰였다.

16) '덕석'은 '멍석'의 방언형.

17) '몰리다'는 '말리다'의 방언형.

18) '찍다'는 '찧다'의 방언형으로서 전남의 동부 지역에서 주로 쓰이는 형이다. 서부 전남에서는 '쩧다'가 쓰인다.

19) '알람미'는 '안남미(安南米)'의 방언형으로서 인도차이나 반도의 안남 지방에서 생산되는 찰기가 없는 쌀을 가리킨다.

20) '찔쭉찔쭉허다'는 '길쭉길쭉하다'의 방언형.

21) '뻙허다'는 '빨갛다'의 방언형. 옛말 '볽가ᄒᆞ다'의 '볽가'에서 모음 /ㅏ/가 탈락된 '볽

-'이 전남방언에서 '뻚'으로 변이되었다. 표준어와 달리 'ㅎ-'가 축약되지 않는 점이 다르다.

22) '성기다'는 '심다'의 방언형. 전남의 다른 지역에서는 '숭구다'로도 쓰인다.

23) '불명히'는 '분명히'의 방언형. 개인어일 가능성도 있다.

24) '시치다'는 '씻다'의 방언형.

25) '행기다'는 '헹구다'의 방언형.

26) '글 안허먼'은 '그러하다'의 방언형 '글허다'의 부정으로서 '그렇지 않으면'의 뜻.

27) '허치다'는 '흩이다'에서 변한 말로서, '흩다'에 사동접미사 '-이'가 결합된 형에서 발달한 것으로 추정된다. 현대 표준어 '흩뿌리다'와 같은 뜻을 갖는다.

28) '다이'(だい)는 '대(臺)'를 뜻하는 일본말.

29) '차복차복'은 '차곡차곡'의 방언형.

30) '마이로'는 '처럼'의 방언형.

31) '조로'(ジョーロ)는 '물뿌리개'를 뜻하는 포르투갈어 jorro를 일본에서 받아들여 써 온 말을 그대로 받아서 사용한 것이다. 오늘날에는 '물뿌리개'라는 좋은 우리말이 만들어져서 '조로'를 대신하게 되었다.

32) '찡기다'는 '끼우다' 또는 '끼이다'의 방언형. 여기서는 '끼우다'의 뜻.

33) '-음시롱'은 '-으면서'의 방언형.

34) '-자내'는 '-지 않고'의 뜻.

35) '바꾸'는 '바퀴'의 방언형.

36) '궁글다'는 '구르다'의 방언형.

37) '-을쌔먼'은 '-을 것이면' 또는 '-을 것 같으면'의 뜻. 전남의 다른 지역에서는 별로 쓰이지 않는 형인데, 보성 지역어에서 확인되었다.

38) '싫다'는 '싣다'의 방언형. '눋다', '묻다'와 같은 ㄷ 불규칙용언들이 전남 방언에서는 '눓다', '묽다'처럼 규칙활용을 한다.

39) '와하니'는 '와하고'의 방언형으로서 여럿이 한꺼번에 몰려 움직이는 모양을 나타낸다.

40) 못줄 위에 길이를 표시해 주는 빨간 표지. '고동'은 원래 물렛가락의 윗몸에 끼워서 고정한, 두 개의 매듭 같은 물건을 가리키는데, 여기서는 못줄 위에 만들어 놓은 매듭을 가리킨다.

41) '헝급때기'는 '헝겊'의 방언형. 접미사 '-때기'는 '종이, 가마니'와 같이 어느 정도 넓이가 있는 사물에 결합하여 '종우때기', '가마니때기', '덕썩대기'와 같은 방언형을 형성한다.

42) '폭'은 '포기'의 방언형.

43) '겨울살이'는 겨울에 논을 미리 갈아 놓는 일을 가리킨다.

44) '놈'은 '것'의 의미로 쓰였다. 일반적으로 '놈'은 관계문의 머리명사로 쓰이는데, 여기서는 보문의 머리명사로 쓰인 것이 특징이다. '놈'이 보문의 머리명사로 쓰이는 것은 서남 방언의 주요한 특징이다.

45) '꽉'은 '꽁꽁'의 뜻이다. 표준어에서 '꽁꽁'은 물체가 매우 단단히 언 모양 또는 힘
주어 단단하게 죄어 묶거나 꾸리는 모양을 나타내는데, 전남방언의 '꽉'도 이 점에
서 다를 바 없다.

46) '지심'은 '김'의 방언형. 논밭에 잡풀이 많이 나다는 뜻의 표준어 '깃다'가 전남방언
에서는 '짓다'로 쓰이는데 이로부터 파생된 말이 곧 '지심'이다. 표준어 '김'은 옛말
'기슴'에서 발달한 말일 텐데, 전남방언은 '짓다'에서 '지슴'을 거쳐 오늘날의 '지심'
이 된 것으로 보인다.

47) '사삭지기'의 '사삭'은 沙石이므로, '사삭지기'는 모래땅에서 농사를 짓는 것을 가리
킨다.

48) '구녁'은 '구멍'의 방언형. 지역에 따라 '구멍'과의 혼태어 '구녕'도 함께 쓰인다.

49) '생갈이'는 생땅을 간다는 의미로서 두 벌째 가는 경우를 말한다.

50) '몯다'는 '모으다'의 방언형. 지역에 따라 '모두다'나 '모트다' 등의 형태가 있다.

51) '자갈등'은 '자갈이 많은 둔덕' 따위를 가리키는 말로 추정된다.

52) 표준어 같으면 '옆 같은 데'라고 해야 할 것을 전남방언에서는 '옆에 같은 데'라고
한다. 이것은 공간 명사에 처격조사 '에'가 결합한 형태가 이 방언에서 마치 단독 명
사처럼 쓰이기 때문이다. 예를 들어 '옆에가 질다', '옆에를 잡아라' 등으로 쓰인다.

53) '허여푸다'는 논바닥의 구멍으로 물이 빠지는 것을 가리킨다. 아마도 표준어 '헤프
다'와 같은 어원이 아닌가 한다.

54) '지드랜허다'는 '기다랗다'의 방언형. 표준어의 접미사 '-다랗-'에 대응하는 전남 방
언의 접미사로 '-드라하-', '-드란하-', '-드락하-' 등이 있다. 중앙어 '-다랗-'이 원래
'-다라하-'로부터 발달한 것임을 감안하면 전남 방언의 접미사들은 '하'의 축약을 겪
지 않았음을 알 수 있다. 전남 방언에서 '하'가 축약되지 않는 것은 일반적인 현상
이어서, '만하다(=많다), 괜찬하다(=괜찮다), 놀하다(=노랗다), 안하다(=않다), ...'
등의 예가 이를 보여 준다. 오히려 축약 대신 전남 방언은 '-드라-'와 '-하-' 사이에
/ㄴ/이나 /ㄱ/이 첨가되고 있는 것이 특징이다. /ㄱ/의 첨가는 신안, 진도 등 전남의
서남 해안 지역에서 주로 일어나고 /ㄴ/의 첨가는 나머지 내륙 지역에서 일어났다.
예를 들어 '-드라하-'나 '-드락하-', '-드란하-'가 '질다(長)'에 결합되면 '지드라하다'
(순천), '지드락하다'(진도), '지드란하다'(기타 지역) 등으로 나타난다. 한편 '지드란
하다'는 '란'의 모음이 /ㅐ/로 변이되어 '지드램하다'로 쓰이기도 하는데, 이 두 어형
으로부터 /ㅡ/와 /ㄹ/이 탈락된 '지단하다'(담양)나 '지댐하다'(순천, 광양, 광주) 등의
어형이 확인된다. 이처럼 원래의 형에서 /ㅡ/와 /ㄹ/이 탈락한 예는 다른 낱말에서도
찾아진다. 예를 들어 '커다랗다'와 '높다랗다'에 대응하는 '크드란하다'나 '노푸드란
하다'는 확인되지 않지만, '크댄하다', '노푸댄하다' 등은 나타나는데 이들 낱말은
'지단하다'와 마찬가지로 /ㅡ/와 /ㄹ/이 탈락되어 생긴 어형이다.

55) '끄집다'는 '끌다'의 뜻을 지닌 방언형. 전남방언에서 표준어 '끌다'는 '끗다'로 쓰이
므로, '끄집다'는 어원적으로 '끌다'와 '집다'의 합성어일 텐데, 의미적으로는 '끌다'
와 거의 같이 쓰인다.

56) '한사고'는 '한사코'의 방언형.

57) '야푸다'는 '얕다'의 방언형. '지푸다'에 유추하여 생긴 어형으로 보인다.

58) '지푸다'는 '깊다'의 방언형.

59) '무사리'는 논을 맬 때, 마지막으로 논의 흙탕물을 일어 흙이 논 구멍을 메우도록 하는 일을 가리킨다.

60) '살미치다'는 논을 세 번째 가는 단계로서 논의 물이 빠지지 않게 하는 일을 말한다.

61) '가종이'는 마지막으로 논을 가는 단계로서 써레질까지 마친 단계를 말한다.

62) '모드다'는 '모이다'의 방언형. 옛말에서 '모이다'는 '몯다'로, 그리고 '모으다'는 '모도다'로 쓰인다. 따라서 전남방언형 '모드다'는 '몯다'의 방언형으로 해석된다.

63) '도사리'는 표준어에서 못자리에 난 어린 잡풀을 가리키는 말인데, 여기서는 논을 첫 번째 매는 일을 말한다.

64) 논을 두 번째 매는 일. 호미로 김을 매기 때문에 붙여진 이름으로 보인다.

65) '만드리'는 마지막 김매기를 가리키며, 표준어 '만도리'에 대응하는 방언형이다.

66) '논두럭'은 '논두렁'의 방언형.

67) '여물'은 아직 덜 여물어서 물기가 많고 말랑한 곡식알, 곧 '물알'을 가리킨다.

68) '웃녁'은 '윗녘'의 방언형으로서 전라도 이북 지방을 말하는 것으로서 주로 충청도 또는 그 이북을 가리키는 것으로 이해된다.

69) '도개치다'는 논의 물이 잘 빠지도록 논바닥의 흙을 논둑에 붙이는 일을 가리킨다.

70) '구렁논'은 표준어에서 움푹 팬 곳에 있는 논을 가리키는 말인데, 여기서는 물이 많아 물아 잘 빠지지 않는 논 곧 수렁논을 가리킨다.

71) '어더박'은 언덕처럼 위로 솟아있는 땅을 말하는데, 여기서는 논바닥에서 논두렁에 오르는 부분을 가리킨다.

72) '땡땡'은 표준어 '꽁꽁'에 대응하는 방언형.

73) '소수다'는 '솟다'의 방언형.

74) '가락홀태'는 '벼훑이'의 방언형, 곧 두 개의 나뭇가지나 수숫대 또는 댓가지의 한끝을 동여매어 집게처럼 만들고 그 틈에 벼 이삭을 넣고 벼의 알을 훑는 농기구를 말한다.

75) '깍지'는 벼 서너 줌 정도의 묶음을 말한다.

76) '삐득삐득하다'는 식물이 비쩍 마른 모양을 형용한다.

77) '안 말라집니까?'는 표준어 '말라지않습니까?'처럼 확인물음을 나타낸다. 전남방언에서는 이처럼 확인물음을 나타낼 때 부정어에서 비롯된 '안'이 서술어 앞이나 뒤, 또는 문장 안에서 여러 차례 나타날 수 있다. 예를 들어 '내가 안 어제 안 너한테 안 말 안 했냐?(=내가 어제 너에게 말했잖아?)와 같이 쓰일 수 있는 것이다.

78) '토매'는 한 아름 정도 되는 벼의 묶음 즉 볏단을 가리킨다.

79) '겨나르다'는 '지고 나르다'의 뜻. 씨끝 '-어 > -고'의 변화가 일어나기 이전의 형태를 보여 준다.

80) '배늘'은 '볏가리'의 방언형. 곡식이나 장작 따위의 단을 차곡차곡 쌓아 올려 더미

를 짓는 것을 표준어에서 '가리다'라 하는데, 이에 대한 옛말은 '누리다'이다. 이 '누리다'로부터 영파생에 의해 파생된 명사가 곧 '누리'이니 '누리'는 표준어의 '가리'에 대응하는 형태인 셈이다. 전남 방언에서 '누리'는 '눌'로 축약되어 쓰이는 것이 보통이므로 벼를 베어서 가려 놓거나 볏단을 차곡차곡 쌓은 더미가 이 지역에서는 '베눌' 등으로 쓰이는 것이다. '배늘'은 바로 이 '베눌'의 보성지역어인 셈이다.

81) '홀태'는 동사 '훑-'에 접미사 '-애'가 결합된 파생명사로서 탈곡기를 가리킨다.

82) '힘대로'는 '힘껏'의 뜻. 접미사 '-대로'가 결합한 다른 낱말로 '있는 수 전체'를 가리키는 '수대로'가 있다.

83) '천상'은 최선의 선택이 불가능한 상황에서 차선 또는 그 이하의 선택을 하는 경우에 쓰이는 말이다. '어쩔 수 없이 결국' 정도로 해석될 수 있다.

84) '이녁'은 여기서 재귀대명사로 쓰였다. 재귀대명사 '자기'보다는 높으나 '당신'보다는 낮은 등급을 나타낸다.

85) '방앗실'은 '방앗간'의 방언형. '방아'에 한자어 室이 결합된 말이다.

86) '드들방애'는 '디딜방아'의 방언형.

87) '손툽모'는 못줄 없이 아무렇게나 논에다 심는 모를 가리킨다.

88) '줄모'는 못줄에 맞춰 심는 모를 가리킨다.

89) '인자막사'는 '인자막'에 조사 '사'가 첨가된 것인데, '인자막'은 '이제 막'의 뜻이지만 여기에 조사 '사'가 결합되면 '이제 막'의 뜻을 강조하는 말맛이 느껴진다.

90) '차꼬'는 여기서 '마따나'의 뜻으로 해석된다.

91) '모 성긴 놈마이로'는 '모 심은 것처럼'의 뜻이다. 의존명사 '놈'은 남자를 낮추어 말거하나, 사물이나 동물을 홀하게 이르는 말이라는 점에서는 전남방언과 표준어에 별 차이가 없다. 다만 전남방언에서는 사물을 중립적으로 가리킬 때에도 이 '놈'이 쓰이고, 더구나 본문에서 보는 것처럼 보문명사로 쓰일 때에도 '놈'이 쓰일 수 있어 표준어와 차이를 보인다.

92) '치다'는 '치르다'의 뜻.

93) '눔'은 '놈'의 방언형으로서 의미상으로는 '것'에 대응. '눔'이 머리명사로 쓰일 때에는 일반적으로 관계문을 이끄는데, 이 경우는 보문을 이끄는 경우로서 서남 방언의 특징이다.

94) '물논'은 '무논'의 방언형으로서 물이 괴어 있는 논을 가리킨다.

95) '같은데'는 '같은데'의 방언형. 전남방언에서는 '같은데'와 '같은데'가 혼용되는 수가 있다.

96) '연장으로'는 '연속해서'의 뜻.

97) '신간 편하다'는 '마음 편하다'의 뜻.

98) '소시랑'은 '쇠스랑'의 방언형.

99) '글로'는 '그것으로'의 방언형이다. 원래는 '그로'였을 텐데 /ㄹ/이 덧난 것이다.

100) '독자갈'은 표준어의 '돌자갈'과 마찬가지로 '자갈'을 뜻하는 말이다. 표준어 '돌' 은 전남방언에서 '독'으로 쓰인다.

101) '호맹이'는 '호미'의 방언형. 지역에 따라 '호무'형도 쓰인다.

102) '삽으로 갖고 와서'는 문법적으로 틀린 표현이다. 도구격 대신 목적격 조사가 쓰인 '삽을 갖고 와서'로 쓰여야 하기 때문이다. 이것은 뒤따르는 표현 '물꼬 막고'를 수 식하기 위해 '삽으로'가 쓰였고, 여기에 덧붙은 '갖고 와서' 역시 거의 도구격과 같 은 의미를 갖기 때문으로 보인다.

103) '못 차겟게'처럼 씨끝 '-것-'과 '-게'의 결합은 전남방언에서 흔히 사용되는 것이다. 표준어법으로는 '못 차게'에 해당할 것이다.

104) '가마니때기'는 '가마니'를 낮춰 부르는 말.

105) '두래박'은 봇도랑에서 논으로 물을 품어 올리는 기구 즉 '두레'를 말한다.

106) '물자새'는 무자위를 말하는데, 훈몽자회에 '믈자쇄'가 확인된다. '소나무'에 대한 전남방언형 '솔나무'처럼 '물자새' 역시 /ㄹ/이 유지되는 점에서 표준어와 차이를 보인다.

107) '호자'는 '혼자'의 방언형. 옛말 '호ᅀᅡ'에 대응하면서 /ㄴ/이 첨가되기 이전의 형태 를 보여 주고 있다.

108) '박바가치'는 여기서 큰 바가지를 말한다. 전남방언에서 큰 바가지는 '한박', 작은 바가지는 '쪽박'이라 하는 것이 일반적이다.

109) '마니로'는 '처럼'의 뜻.

110) '아재비'는 '아저씨'의 옛말 '아자비'에 대응하는 말. 전남방언에서는 '아저씨'의 뜻 으로 '아재'가 주로 쓰이는데, 여기서는 '아재비'가 나타나 특이하다. 아마도 관용 적인 표현 '아재비 삼촌'과 같은 구성에서만 특이하게 쓰이는 형태가 아닌가 한다.

111) '소양'은 '소용'의 방언형.

112) '모둡다'는 '모이다'의 방언형.

113) '모질허다'는 '모자라다'의 방언형. 옛말 '모ᄌᆞᆯ다'와 'ᄌᆞᆯ다'를 고려하면 '모'와 '자라다'가 어원적으로 분석될 수 있는데, 전남방언에서는 오히려 '모질'과 '허다' 의 합성어로 이루어진 형식이 쓰인다. 이것은 '모ᄌᆞᆯ다'의 전남방언형 '모지러다' 가 '모질허다'로 재구조화된 결과이다.

114) '치고 패고'는 거세게 싸우는 모양을 형용하는 말이다. 전남방언은 이런 경우 '치 고 박고'와 같은 형태를 더 흔히 사용한다.

115) '쩰쩰쩰'은 '졸졸졸'의 방언형으로서 물이 조금씩 흐르는 모양을 나타낸다. 더 양 이 적을 때에는 '찔찔'이라고 한다.

116) 여기서 '야물게'는 '물이 새지 않도록 단단하게'의 뜻이다.

117) '봇쟁이'는 자신의 논에 댈 봇물을 관리하는 농사꾼을 가리킨다.

118) '농사진'은 여기서 현재시제로 해석된다. 이처럼 전남방언은 관형형의 씨끝에서 현 재시제와 과거시제가 구별되지 않는데, 이것은 이 방언에서 현재 표지 '-느-'가 탈 락되었기 때문이다.

119) '날이날마도'는 '날이면 날마다'의 뜻.

120) '목나무'는 木과 '나무'가 합성된 말로서, '나무 막대기'의 뜻.

121) '홀태' 또는 '손홀태'는 '그네'의 방언형. 여기서 '그네' 또는 '손홀태'는 벼를 훑는데 쓰던 농기구로서, 길고 두툼한 나무의 앞뒤에 네 개의 다리를 달아 떠받치게 하고 몸에 빗살처럼 날이 촘촘한 쇠틀을 끼운 것을 말한다.

122) '투덕투덕허다'는 대충 탈곡하는 모양을 나타낸다.

123) '올배찰'은 '올벼쌀'의 방언형.

124) '기개홀태'는 '기계홀태'로서 '탈곡기'의 뜻.

125) 여기서 '주먹'은 한 주먹에 들 만한 양을 가리키므로 '줌'에 해당한다고 할 수 있다. 전남방언에서는 '줌'보다 '주먹'을 쓰는 수가 일반적이다.

126) '옥마리'는 지명.

127) '거그'는 표준어 '거기'인데, 표준어에서 '거기'는 상대를 낮추어 말하는 이인칭 대명사로 쓰이는 수가 있다. 그런데 여기서의 '거그'는 삼인칭 대명사로 쓰인 것이 표준어와 다르다. 표준어 '그 사람'에 대응하나 약간 낮추어 말하는 느낌이 있는 듯하다.

128) '거머리'는 지명.

129) '수'는 收로서 도조나 길미 따위의 받을 곡식이나 이자를 가리킨다.

130) '미영'은 '목화'의 방언형. '미영'은 표준어 '무명'의 옛말 '므명'에서 /ㅁ/이 탈락된 형태인데, '무명'의 원래 의미였던 '목화'의 의미를 현재까지도 그대로 유지하고 있다. 반면 표준어 '무명'은 애초의 '목화' 의미에서 바뀌어 오늘날에는 무명실로 짠 베를 가리키게 되었다.

131) '서숙'은 '조'의 방언형.

132) '끝갈이'는 모를 다 낸 뒤에 콩 따위를 심는 일을 가리킨다.

133) '쑤시'는 '수수'의 방언형. '쑤시'라고도 한다.

134) '그늘찌다'는 '그늘지다'의 뜻. 여기서 '찌다'는 표준어 '끼다'의 방언형으로서 표준어에서 '끼다'는 흔히 안개나 구름 등이 생기는 것을 일컫지만 이 방언에서는 그늘이 생기는 것도 '끼다' 즉 '찌다'로 표현하는 것이 특이하다.

135) '만도리'는 마지막 김매기로서 전남방언에서는 지역에 따라 '만드리', '마물', '맘물' 등의 다양한 표현이 쓰인다.

136) '-대끼'는 표준어의 씨끝 '-듯이'에 대응하는 방언형.

137) '주먹주먹'은 '한 줌 한 줌'의 뜻이다.

138) '퍼개다'는 '포개다'의 방언형.

139) '영그다' 또는 '엵다'는 '없다'의 방언형.

140) '배눌'은 '볏가리'의 방언형.

141) '누르다'는 표준어 '가리다'에 대응하는 말로서 옛말 '누리다'로부터 비롯된 말이다. '가리다'는 곡식이나 장작 따위의 단을 차곡차곡 쌓아 올려 더미를 짓는다는 뜻이니 '가리를 쌓다'와 같은 뜻이다. 표준어 '가리다'에서 파생된 명사 '가리'처럼

'누리다'에서도 명사 '누리'가 파생되었고 이 '누리'가 전남방언에서 '눌'로 축약되어 쓰인다. 따라서 '배눌'은 '볏가리'에 대응하는 낱말이 되었다. 표준어 '가리를 쌓다'에 대해 전남방언은 '배눌을 누르다'라고 하여 아직도 옛말 '누리다'의 형태가 남아 쓰이고 있는 셈이다.

142) '홀태'는 '그네'의 방언형.

143) '자부댕긴 홀태'는 '잡아당기는 홀태'라는 뜻으로서 '그네'를 가리킨다.

144) '서시렁댕이'는 벼를 탈곡할 때 나오는 새꽤기나 지푸라기 등 잡것을 가리킨다.

145) '갈키'는 '갈퀴'의 방언형. 전남의 서부 지역에서는 '갈쿠'라 한다.

146) '호애기'는 '새꽤기'의 방언형. 전남의 동부 지역에서는 '호배기' 그리고 서부 지역에서는 '해:기' 등이 쓰인다. '호애기'는 물론 '호배기'의 /ㅂ/이 탈락한 형이며, 이것이 더 축약되면 '해:기'가 된다.

147) '한피짝'은 '한쪽'의 방언형. '짝'의 옛말 '쏙'의 겹자음이 반영된 어형이다.

148) '영끄다'는 '엮다'의 방언형.

149) 의존명사 '줄'은 전남방언에서 '지'로 흔히 쓰인다.

150) '둥'은 '동'의 방언형. '동'은 굵게 묶어서 한 덩이로 만든 묶음을 가리킨다.

151) '부패'는 '부피'의 방언형.

152) '챙이'는 '키'의 방언형. 전남의 서부 지역에서는 '치'라고 한다. 따라서 '챙이'는 전남의 동부 지역형이라 할 수 있다.

153) '도구통'은 '절구통'의 방언형.

154) '물방아'는 '물레방아'의 방언형.

155) '끄니'는 '끼니'의 방언형.

156) '도굿대'는 '절굿공이'의 방언형.

157) '깡끄다'는 '깎다'의 방언형. '묶다', '엮다'가 이 지역어에서 각각 '뭉끄다', '영끄다'로 쓰이는 것과 같이 /ㄲ/ 앞에서 /ㅇ/이 첨가되는 변화가 일어난 탓이다. '깡끄다'가 '-습니다' 앞에서 세 자음의 연속을 피하기 위해 /ㄲ/이 탈락되어 '깡습니다'가 되었다.

158) '솔나무'는 '소나무'의 방언형. 표준어와 달리 /ㄹ/이 탈락되지 않는 변이는 '자잘하다'에 대한 방언형 '잘잘허다'에서도 확인된다.

159) '학:똑'은 '돌확'의 방언형으로서 돌을 우묵하게 파서 절구 모양으로 만든 물건을 가리킨다. 그러나 일반 절구와 달리 전남 지역에서 '학독'은 높이가 낮고 옆이 더 벌어진 모양을 지닌다.

160) '장꾸방'은 '장독대'의 방언형. 원래 '장고방(醬庫房)'에서 변이된 것이다. 서부 전남 지역에서는 모음 사이의 /ㅂ/이 탈락되어 '장꽝'이나 '장깡' 등으로 쓰인다.

161) '뜩뜩'은 '들들'의 방언형으로서 콩이나 깨 따위를 휘저으며 볶거나 맷돌에 거칠게 가는 모양을 가리킨다.

162) '폿돌'은 '팥돌'로서 돌확에 고추나 보리쌀 등을 넣고 갈 때 손에 쥐고 사용하는 작은 돌을 말한다.

163) '으드득으드득'은 빡빡 문지르는 모양을 가리키는 말이다.

164) '문대다'는 표준어에서 '여기저기 문지르다'의 뜻으로 쓰이는데, 전남방언에서는 '문대다'와 '문지르다'의 구분 없이 '문대다'가 주로 쓰인다.

165) '껍떡'은 '껍질'의 방언형. 지역에 따라 '껍떼기'로도 쓰인다.

166) '빗기다'는 '벗기다'의 방언형.

167) '가리'는 '가루'의 방언형.

168) '드디다'는 '디디다'의 방언형으로서, 누룩이나 메주 따위의 반죽을 보자기에 싸서 발로 밟아 덩어리를 짓는 동작을 가리킨다.

169) '밀지울'은 '밀기울'의 방언으로서 밀을 빻아 체로 쳐서 남은 찌꺼기를 말한다.

170) '왕재'는 '왕겨'의 방언형.

171) '이무깨'는 '쌀겨'의 방언형. 표준어에서 벼를 초벌 찧어 나오는 겨는 '왕겨', 두 벌 찧어 나오는 겨는 '등겨', 세 벌 찧어 나오는 겨는 '쌀겨'인데, 이 쌀겨를 전남방언에서는 '이무깨'라 한다. 여기서 '깨'는 표준어의 '노깨'나 '나깨'와 같은 말에서도 확인되는 말이다. 표준어에서 '노깨'는 밀가루를 체로 두 벌 거르고 남은 찌꺼기를 말하며, 메밀을 갈아 가루를 체로 치고 남은 속껍질은 '나깨'라 한다. '노깨'와 '나깨'가 모두 빻아서 나오는 껍질을 가리킨다면, 전남방언의 '이무깨'는 벼를 찧을 때 나오는 겨를 가리키는 점에서 차이가 있다.

172) '싸라기'는 '싸래기'의 방언형.

173) '뽀슷다'는 '빻다'의 방언형. '뽀슷다'가 전남의 동부 지역에서 쓰이는 어형이라면 서부 지역에서는 '뽀수다'가 쓰인다.

174) '단도리'(だんどり)는 '단속'의 일본말.

175) '이빠이'(いっぱい)는 '가득'의 일본말.

176) '노적배늘'은 '노적(露積)가리'의 방언형으로서 한데에 수북이 쌓아 둔 곡식 더미를 가리킨다.

177) '곡수'는 '수(收)'의 방언형. '수'는 도조나 길미 따위의 받을 곡식이나 이자를 가리키는 말이니, 여기서 '곡수'는 특히 받을 곡식을 가리키는 뜻으로 쓰인 듯하다.

178) '장나무'는 '툿나무'의 뜻이다.

179) '오쟁이'는 짚으로 엮어 만든 작은 섬을 가리킨다.

180) '쩽기다'는 '끼우다'의 방언형.

181) '비두'는 '비유'의 뜻.

182) '훌끈훌끈'은 '번쩍번쩍'의 방언형으로서 물건을 매우 가볍게 잇따라 들어 올리는 모양을 가리킨다.

183) '휘떡휘떡'은 '후딱후딱'의 방언형.

184) '영'은 '이엉'의 방언형.

185) '마람'은 '마름'의 방언형이다. 표준어에서 '마름'은 이엉을 엮어서 말아 놓은 단을 가리키는 말이지만 전남방언에서 '마람'은 말아 놓지 않은 이엉까지도 가리킨다. 따라서 전남방언에서는 표준어와 같은 '이엉'과 '마름'의 구분이 없이 모두 '마람'

이라 부른다.

186) '잏다'는 '이다'의 방언형으로서 기와나 이엉 따위로 지붕 위를 덮는다는 뜻이다.

187) '까다'는 '꼬다'의 방언형.

188) '매꾸리'는 '멱서리'의 방언형으로서, 짚으로 날을 촘촘히 걸어서 만들어 주로 곡식을 담는 데 쓰인다.

189) '도리방석'은 '도래방석'의 방언형으로서 짚으로 둥글게 짠 방석. 주로 곡식을 널어 말리는 데 쓴다.

190) '맷돌방석'은 '맷방석'의 방언형으로서 매통이나 맷돌을 쓸 때 밑에 까는, 짚으로 만든 방석. 멍석보다 작고 둥글며 전이 있다

191) '망태'는 '망태기'의 방언형으로서 물건을 담아 들거나 어깨에 메고 다닐 수 있도록 만든 그릇이다. 주로 가는 새끼나 노 따위로 엮거나 그물처럼 떠서 성기게 만든다.

192) '깔'은 '꼴'의 방언형으로서 말이나 소에게 먹이는 풀을 가리킨다.

193) '팽상'은 여기서 '결국' 또는 '누구나 예측하는 바와 같이' 정도의 의미를 나타낸다.

194) '끌텅'은 '그루터기'의 방언형. 아마도 '그루터기'의 옛말 '그릏'과 '덩'의 합성어로 보인다.

195) '솔깨이'는 '솔가지'의 방언형.

196) '짤잘허다'는 '자잘하다'의 방언형.

197) '감자'는 '고구마'의 방언형. 전남방언에서 표준어 '감자'를 가리킬 때는 '북감자'나 '하지감자'라 한다.

198) '끄니 여우다'는 '끼니 때우다'의 뜻.

199) '싱건지'는 '싱건지'인데 전남방언에서는 싱겁게 담근 물김치 따위를 뜻한다. 반면 '짠지'는 무 따위를 썰어 짭짤하게 담근 김치로서 '싱건지'와 의미적으로 대립한다.

200) '몽씬'은 '몽땅'의 뜻. 형태 '씬'이 결합한 전남 방언의 부사로서 '양껏'을 뜻하는 '양씬'이 더 있다.

201) '소매'는 '오줌' 또는 '소변'의 방언형. 주로 어른들의 소변을 가리킨다.

202) '창사'는 '창자'의 방언형. 그밖에도 '창아리', '창세기' 등이 지역에 따라 쓰이기도 한다.

203) '보새기'는 '보시기'의 방언형.

204) '쓰다'는 '켜다'의 방언형. 옛말 '혀다'의 /ㅎㅎ/가 전남방언에서 /ㅆ/로 대응하는 다른 예로는 물이나 술 따위가 자꾸 먹고 싶어지다는 뜻을 갖는 '쓰이다'를 들 수 있다.

205) '지만허다'는 '-다, -다' 다음에 쓰여 '-다가 지치다'의 뜻. 예를 들어 '허다허다 지만해서 포기했네.'와 같은 경우에 쓰인다.

206) '뻽따구'는 '뼈다귀'의 방언형.

207) '좃다'는 '쪼다'의 방언형. '좃다'는 '쪼다' 외에 '다지다'의 의미를 갖는 점에서 표준어 '쪼다'와는 다르다. 예를 들어 '낙자를 칼로 콱콱 조사서 묵어야 맛있어.'(=낙지를 칼로 탕탕 다져 먹어야 맛있어.)가 그런 경우이다.

208) '들꾀'는 '들깨'의 방언형.

209) '저릅대'는 '겨릅대'의 방언형으로서 껍질을 벗긴 삼대를 가리킨다.

210) '배냇소'는 주인과 나누어 가지기로 하고 기르는 소를 말한다. 진도에서는 '어시소'라 하기도 한다.

211) '쇠양치'는 '송아지'의 방언형. 지역에 따라 '쉬양치'나 '쉬야지' 등이 쓰인다.

212) '깔'은 '꼴'의 방언형.

213) '시안'은 歲寒으로서 '겨울'의 뜻인데, 동부 전남에서는 '삼동'(三冬)이라 한다.

214) '뿌사리'는 '황소'의 방언형. 지역에 따라 '뿌락지', '뿌락대기' 등의 낱말이 쓰인다.

215) '검나'는 '아주'나 '매우'의 뜻을 갖는 방언형.

216) '엔시리지'(ensilage)는 옥수수, 쌀보리 등의 푸른 잎 혹은 채소 시래기, 고구마 덩굴 따위를 잘게 썰어 사일로에 채워 젖산 발효시킨 가축사료이며 사일리지라고도 한다. '저장 목초'로 옮길 수 있는 말이다.

217) '소죽'은 '쇠죽'의 방언형.

218) '마람'은 '마름'의 방언형.

219) '지붕'은 '지붕'의 방언형.

220) '영판'은 '아주'처럼 정도를 강조하는 방언형으로서 '영판 맛나'(=아주 맛있어.)처럼 쓰인다.

221) '가맛솥'은 '가마솥'의 방언형.

222) '구시'는 '구유'의 방언형으로서, 소나 말 따위의 가축들에게 먹이를 담아 주는 그릇을 말한다. 흔히 큰 나무토막이나 큰 돌을 길쭉하게 파내어 만든다. 전남방언에서 여자의 젖꼭지가 움푹 들어간 것을 '구시젖'이라고도 한다.

223) '뚜꿉다'는 '두껍다'의 방언형.

224) '조차'는 여기서 '이랑'의 뜻.

225) '건대기'는 '건더기'의 방언형. 전남의 다른 지역에서는 '건덕지'나 '건지'라는 말이 쓰인다. 옛말은 '건디'이므로 이 '건디'로부터 파생된 말이 '건더기'나 '건덕지'일 것이고, '건지'는 '건디'가 구개음화를 겪은 것이다. 동사 '건지다'(<건디다)와 명사 '건지'(< 건디)는 영파생 관계에 있는 것으로 보인다. 마치 '신다'와 '신', '빗다'와 '빗'의 관계와 같다.

226) '마구'는 '외양간'의 방언형. 일반적으로 말이 거처하는 곳을 '마구'라 하는데 이 지역에서는 소가 거처하는 곳을 '마구'라 하여 특이하다. 이런 경우 '소마구'처럼 유표적인 형식을 쓰는 것이 보통이다.

227) '분명히'를 이 제보자는 '불명이'라고 발음한다.

228) '거식허다'는 '뭐하다'의 방언형. '거시기'와 '허다'의 합성어일 텐데, 지역에 따라 '머석허다'라 하기도 한다.

229) '어치'는 '언치'의 방언형으로서, 말이나 소의 안장이나 길마 밑에 깔아 그 등을 덮어 주는 방석이나 담요를 말한다. 이 '언치'에 '겉'이 결합한 '겉언치'는 표준어에서 소 등에 얹는 안장의 양쪽에 붙인 짚방석을 가리킨다.

230) '등거리'는 '등'의 방언형으로서 '등'에 접미사 '-거리'가 결합된 말이다.

231) '뭉끄다'는 '묶다'의 방언형.

232) '모냐'는 '먼저'의 방언형.

233) '끄직신'은 '끌다'의 방언형 '끄집다'의 어간 '끄집-'과 '신'이 합성된 낱말로서 '끌신'
    이라 번역할 만한 말이다. 여기서는 소를 길들이기 위해 매달아 놓은 돌을 가리킨다.

234) '쩸매다'는 '잡아매다'의 뜻으로서 옛말 '잡매다'에서 변한 것이다.

235) '사내키'는 '새끼'의 방언형. 지역에 따라 '사챙이', '산나쿠'와 같은 다양한 방언형
    이 나타난다.

236) '멍'은 '멍에'의 방언형으로서 수레나 쟁기를 끌기 위하여 마소의 목에 얹는 구부
    러진 막대를 가리킨다.

237) '끈나팔'은 '끄나풀'의 방언형.

238) '두대'는 소를 길들이기 위해 돌을 매달 수 있도록 달아 놓은 끈을 말한다.

239) '멍줄'은 '봇줄'의 방언형으로서 멍에가 벗겨지지 않도록 매는 줄을 말한다.

240) '꾀뺑이'는 '고삐'의 방언형. '꾀삐'라고도 한다.

241) '끄집다'는 '끌다'의 방언형.

242) '질들이다'는 '길들이다'의 방언형. 역사적으로는 '질들이다 > 길들이다'와 같은 역
    구개음화가 일어났으므로, 전남방언형이 표준어에 비해 더 고형을 유지하는 셈이다.

243) '이라저라'는 '이랴 저랴'의 방언형.

244) '노대다'는 '나대다'의 방언형.

245) '질 떨어지다'는 '길나다'의 방언형으로서 버릇이나 습관이 되어 익숙해진다는 뜻이다.

246) '댕댕하게'는 '등등하게'의 방언형.

247) '오린짝'은 '오른쪽'의 방언형.

248) '잡우땡기다'는 '잡아당기다'의 방언형.

249) '스다'는 '서다'의 방언형.

250) '고동뿌사리'는 털이 빨개서 무섭게 생긴 황소를 가리킨다.

251) '부지땅'은 '부지깽이'의 방언형.

252) '부지땅 맞은 소'는 소의 몸뚱이에 긴 줄이 죽죽 나 있는 칡소를 가리킨다. 몸에
    난 줄을 부지땅(=부지깽이)에 맞은 흔적으로 비유한 말이다.

253) '힉허다'는 '하얗다'의 방언형.

254) '게뿔'은 앞으로 두드러지게 나와 게의 발처럼 생긴 소의 뿔을 가리킨다.

255) '춤뿔'은 뿔 하나가 넘어져 있고 다른 한 뿔은 꼿꼿하게 서 있는 뿔을 가리킨다.

256) '숩소'는 '수소'의 방언형.

257) '빵거리'는 쇠코뚜레를 넘어 매는 줄을 말한다.

258) '애냉기'는 머리 한 가운데를 넘어 고삐에 매다는 줄을 말한다.

259) '짤붑다'는 '짧다'의 방언형.

260) '퉁곱다'는 긴 손가락이나 나무 막대기 따위가 통통한 모양을 가리키는 점에서 표준
    어 '두껍다'와는 차이를 보인다. 오히려 '굵다'와 의미적으로 가깝다고 할 수 있다.

261) '채'는 '훨씬'의 뜻을 갖는 부사.

262) '-이시'는 '-일세'의 방언형. 따라서 '말일세'는 이 방언에서 '말이시'로 쓰이는 것이 보통인데, 경우에 따라 '마시' 등으로 쓰이기도 한다. 예를 들어 '때가 되면 다들 간단 마시.'처럼 쓰인다.

263) '주댕이'는 '주둥이'의 방언형.

264) '떡니'는 앞니의 가운데에 있는, 위아래 두 개씩의 넓적한 이를 가리킨다.

265) '아금니'는 '어금니'의 방언형.

266) '방댕이'는 '방둥이'의 방언형으로서 길짐승의 엉덩이를 말한다.

267) '늘찐늘쩐허다'는 '늘씬늘씬하다'의 방언형.

268) '국씰국씰허다'는 '굵직굵직하다'의 방언형.

269) '좀소'는 체구가 작은 소를 말한다.

270) '늦'은 '늦'의 방언형으로서 '앞으로 어떻게 될 것 같은 일의 근원. 또는 먼저 보이는 빌미'를 뜻한다. 이 '늦'의 선대형은 '늦'이었음은 접미사 '-아구'가 붙은 '느자구'로부터 알 수 있다. '느자구'는 전남방언에서 표준어 '싹수'와 같이 '있다/없다'와 어울려 장차 잘 될 가능성이 있고 없음을 나타낸다. 특히 사람의 됨됨이를 평할 때 흔히 '느자구 있다/없다'와 같은 말을 사용한다.

271) '깔담사리'는 '꼴머슴'의 뜻인데, 여기서 '담사리'는 옛말 'ᄃᆞ모사리'(=더부살이)의 /ᄋᆞ/가 탈락된 말이다.

272) '숨은 새경'은 다른 머슴들 모르게 덤으로 얹어 주는 새경을 말한다.

273) '옆엣사람'은 '옆사람'의 방언형.

274) '들새경'은 머슴을 들일 때 미리 주는 새경을 말한다. 전체 새경 가운데 일부를 미리 줌으로써 좋은 머슴을 들일 수 있도록 하는 새경 제도이다.

275) '날새경'은 한 해의 수확이 끝난 뒤, 머슴 일을 마치면서 주는 새경을 말한다. 전체 새경 가운데 들새경을 제외한 나머지 새경을 가리키게 된다.

276) '-을쌔면'은 '-을 것 같으면'의 뜻이다

277) '자울라지다'는 '기울어지다'의 방언형. '자우르다'는 '기울다'의 방언형, 그 사동형은 '자울치다'(=기울이다)이다.

278) '먹매'는 음식을 먹는 정도나 태도를 가리키는 말이다.

279) '쉬다'는 '세다'의 방언형.

280) '다머'는 '다만'의 방언형.

281) '입벌이'는 '입치레'의 방언형으로서 끼니를 때우는 일을 말한다.

282) '되임상'은 머슴을 들인 첫날, 머슴을 위해 잘 차린 음식상을 말한다.

283) '뭇갈림'은 베어 놓은 볏단을 지주와 소작인이 절반씩 나누어 가지던 일. 또는 그렇게 나누어 가지기로 한 소작.

284) '평상'은 '내나'의 뜻을 갖는 방언.

285) '좀해서'는 '어지간해서는'의 뜻.

286) '수배기'는 남의 논을 빌려 농사를 지을 때, 일정한 양의 곡수를 빌린 값으로 줄 것

을 정하고 빌리는 일을 말한다. 여기서 '수'는 바로 남의 농토를 빌린 값에 해당하는 곡물 양을 가리키며, '배기'는 '곡수를 주기로 하고 농토를 빌리는 행위'를 가리킨다.

287) '장이'는 '장리'의 방언형.

288) '질우다'는 '길게 하다'의 방언형으로서 여기서는 '이자를 불리다'의 뜻.

289) '대치나'는 '과연'의 뜻을 갖는 방언. 보통 '나' 없이 '대차' 또는 '대큰' 등의 형태로 쓰이기도 한다.

290) '지서리'는 '짓거리'의 방언형. 전남 지역에서도 '짓거리'가 흔히 쓰이는데, 보성에서는 '짓어리'가 사용되었다. 접미사 '-거리'와 '-어리'의 대립은 '등'의 비하형 '등거리'와 '등어리'에서도 확인된다.

291) '하래'는 '하루'의 방언형.

292) '반싱'은 '작은되'를 뜻하는 半升의 방언형.

293) '대성'은 '큰되'를 뜻하는 大升의 방언형.

294) '진서'는 품앗이꾼들 모임에 새로 들어온 새내기 일꾼을 가리킨다.

295) '때려넣다'는 '잡아넣다'의 방언형으로서 속된 맛을 준다.

296) '옇:다'는 '넣다'의 방언형.

297) '우장'은 '도롱이'의 방언형.

298) '하리'는 '화로'의 방언형.

299) '글자내'는 '그러지 않고' 또는 '그런 것이 아니라'의 뜻이다. 여기서 보듯이 '-자내'는 '-지 않고'나 '-는 것이 아니라'를 의미한다. 그것은 '-자내가 애초에 '-지 안해'가 축약된 것이며, 이때 씨끝 '-어'는 표준어 '-고'나 '아니라'의 '라'에 대응한다. 이 때문에 표준어의 대응 표현으로 '-지 않고'나 '-는 것이 아니라'를 제시한 것이다.

300) '부섭'은 '부시'의 방언형으로서 부싯돌을 쳐서 불이 일어나게 하는 쇳조각을 말한다.

301) '불살시롭다'는 원래 '불손하다'의 뜻이나 여기서는 '불편하다'의 뜻으로 해석된다.

302) '더둡다'는 '더디다'의 방언형.

303) '진섯술'은 그해 처음으로 품앗이꾼에 들어온 새내기 일꾼이 기존의 품앗이꾼들에게 감사의 표시로 내는 술을 말한다.

304) '자반뜨기'는 표준어 '자반'의 방언형으로서 생선을 소금에 절여서 만든 반찬감, 또는 그것을 굽거나 쪄서 만든 반찬을 말한다.

305) '어영구영허다'는 '어영부영하다'의 방언형으로서 뚜렷하거나 적극적인 의지가 없이 되는 대로 행동하다는 뜻이다.

306) '어칠버칠허다'는 '어칠비칠하다'의 방언형으로서 쓰러질 듯이 자꾸 비틀거리다는 뜻을 나타낸다.

307) '샛것'은 '곁두리'의 방언형. 전남 지역에서는 그밖에도 '새참', '샛거리', '참거리', '술참', '술참거리'와 같은 다양한 형태가 쓰인다.

308) '밀죽'은 표준어에서 밀의 겉껍질을 벗겨 낸 쌀인 밀쌀로 쑨 죽을 가리키지만, 전남방언에서는 밀가루로 쑨 수제비를 가리키는 것이 보통이다.

309) '실기알다'는 '철이 들어 세상 물정을 알다'의 뜻.

04 광산 이야기

규석 광산 388

4.1 규석 광산

그럼 해:방 후애 저 광:사는 그냥 패:광 댄나요 아니면?

－ 애. 인자

다른 그믈 안 캔나요?

－ 인자 그 뒤:로는 일본놈드리 캐간 뒤:로는 인자 항:국싸라미 해:가꼬
여그 저 뒤:찌비 산: 사람이 쪼깐 도:늘 벌:고.

음.

－ 인자 거 찌새기¹⁾ 주서다가요

매해.

－ 애 찌서 찌새기 주서다가.

－ 그래서 요부니 쩌:: 충청도 아니 그 경기도 경기도 안성써 살:다가
요:리 와가꼬는 그매 아조 눈뜬 양바니애요, 그 양바니.

아.

－ 아:조 그매는 아조 누니 발가요.

어허.

－ 그래가꼬 여그 와서 자기가 조간 도:늘 버러가꼬 지금 살:고 이꼬.

그럳 그르구 여기 안 안자서 주저안자서 사:새요?

－ 애 시방 사라요. 요그 여 집 뛰애서 살:고 이써요.

오.

－ 애.

그므로?

－ 애, 그므로 인해서.

음.

－ 그르곤 인자 그 뒤로는 인자 저 거시기가 인자 고:속또로 인자 저

그럼 해방 후에 저 광산은 그냥 폐광 됐나요 아니면?

— 예. 이제

다른 금을 안 캤나요?

— 이제 그 뒤로는 일본놈들이 캐 간 뒤로는 이제 한국 사람이 해 가지고 여기 저 뒷집 사는 사람이 조금 돈을 벌고.

음.

— 이제 그 찌꺼기 주워다가요.

예예.

— 예, 찌꺼기 주워다가.

— 그래서 이 분이 저 충청도 아니 그 경기도 경기도 안성에서 살다가 이리 와 가지고는 금에 아주 눈 뜬 양반이에요, 그 양반이.

아.

— 아주 금에는 아주 눈이 밝아요.

어허.

— 그래 가지고 여기 와서 자기가 조금 돈을 벌어 가지고 지금 살고 있고

그리고 여기 앉아서 주저앉아서 사세요?

— 예, 시방 살아요. 여기 이 집 뒤에서 살고 있어요.

오.

— 예.

금으로?

— 예, 금으로 인해서.

음.

— 그리고는 이제 그 뒤로는 이제 저 거시기가 이제 고속도로 이제 저

사:차선 지리 나붕깨 인자 머 손도 모:때고요

음.

— 애.

어:르시는 인재 그 그러면 그 광:산 이:를 요 요그하고 광개업:씨 하선나요?

— 애 그래찌요. 여그하고는 인자 상과넙:씨.

— 여그서 인자 그 뒤로 무:슬 했냐 그머는,

— 그 모냐 인자 말:씀드리다시피 이자 귀서기라고요.

애.

— 차돌.

애.

— 차돌 그거시 대:차나²⁾ 우리가 생각허기도 이상허지요. 긍깨 인자 일본놈드른 모냐 인자 머리를 써가꼬 그렁거슬 해:서 인자 발겨늘 해:가꼬 핸:는지는 몰라도

— 귀:서글 인자 느다덥씨 인자 그거 일보느로 수출헌다고 인자 막 걍 저 이 광:사내서요?

— 애, 사디린다고 야:다니거드뇨.

오호.

— 그렁깨 인자 뿌로까드리³⁾ 그 소리를 드꼬는 인자 와서는 인자 귀석채:취를 헐라고 자기가 인자 요노믈 광:사늘 맹애를⁴⁾ 자기 명으로 인자 돌리까 시퍼서 상공부애 가서 아라붕깨 그거슨 도:저히 헐 쑤 업:꼬,

음.

— '덕때'를⁵⁾ 마틀쑤는 이따

'덕때'가 머애요?

— '덕때'라능거슨 인자 자기가 임:시 인자 거이 이:를 마떠가꼬 헐 쑤는 이따 이거시애요.

애.

- 그래서는 그러면 그렇게라도 한다 그래 가지고는 거기서 이제 차돌을 캐 가지고 많이 실어 냈어요.

아.

- 그래 가지고 이제 차돌도 이제 A급, B급, C급이 있어요.

예.

- 그래 가지고 이제 C급은 아주 나쁜 것이고 B급은 좀 더 못한 것이고,

- 그래 가지고 이제 거기서 하다가 이제 그 바람이 나서 제가 이제 그 광산을 발을 딛게 됐어요. 저런 이제 차돌을 캐러.

아.

- 그래 가지고 이 대한민국 땅을 거의 다

음.

- 도(道)마다 다니다시피 했지요.

그래 여기서는 얼마나 일했어요? 차돌?

- 여기서는 한 이 년간 했어요.

아하.

- 한 이 년간 해 가지고 차돌은 이제 채취는 못하고 광산은 남의 광산이라,

아하.

- 이제 그 캐서 내버린 것만 이제 그것을 다시 주워서 물로 잘 씻어 가지고 이제 A,B,C로 이제 나눠 가지고는 이제 일본놈들에게 팔아 먹고 그랬어요.

- 그래서 이제 나중에 하도 궁금해서 그 이제 사장님보고 물어 보았지요.

- "어이 사장님, 이 차돌이란 것은 어디에다가 쓰려고 이것을 가져다 그렇게 일본놈들이 사 간답니까?" 그러니까

- 아이고, 이것 말도 말게. 여기서 원자폭탄 재료가 나오네.

하.

- 어 원:자력 재료가 나오내.

오.

- 아이 그래서 원자력 재료랑거시 그거시 머:이라요 긍깨,

- 아 이사라마, 차독하고 차독하고 이르캐 콱콱콱 부닥처보소. 부리 판닥판닥⁷⁾ 안 허등가?

아.

- 그릉깨 그그서 여 차도래서 나온다내 그래.

- 그래서 아 그래야고.⁸⁾ 그래서 인자 그거시 원:자력 그 자료가 거그서 나옹거시다 나 그르캐 인자 인정을 해:써요.

어.

- 그래가꼬 인자 이거슬 광:사늘 인자

- 서로 인자 맨드라가꼬 거 차돌 채:취헐라고 사장니믄 인자 뿌로까들하고 가:치

- 각: 인자 구:내 각 도:애 인자 댕인시릉 인자 이노무거슬

- 어:디가 차도리 만:타내 그머는 거:리 쪼차가서 인자 바:가꼬,

- 쓸만허고 차도리 마:니 나와쓰머는 인자 이거시 인자 가서 상공부애 가서 인자 허:가를 마터가꼬

애.

- 그래가꼬 인자 거 채:취허가 머 이면 이먀 해손 망 먼 이릉거슬 싹 헐라고 막 애:를 쓰고 막 댕기고 그래찌요.

- 그래가꼬는 인자 이건쩌걷 허다 봉깨 인자 거 깔짝깔짝 나:중애는 인자 일:도 안허고 인자 건달마니로 인자 생활허거깨 되대요. (웃음)

그러면 직쩝 다른 지방 가서 이르개 채:취를 하셔씀니까? 그런디 ** 가서요?

- 애애.

하.

─ 어 원자력 재료가 나오네.

오.

─ 아니 그래서 원자력 재료라는 것이 그것이 뭐예요 그러니까,

─ 아 이 사람아, 차돌하고 차돌하고 이렇게 콱콱콱 부딪혀 보게. 불이 번쩍번쩍 하잖던가?

아.

─ 그러니까 거기서 이 차돌에서 나온다네 그래.

─ 그래서 아 그러냐고. 그래서 이제 그것이 원자력 그 자료가 거기서 나오는 것이다 나 그렇게 이제 인정을 했어요.

어.

─ 그래 가지고 이제 이것을 광산을 이제

─ 서로 이제 만들어 가지고 그 차돌 채취하려고 사장님은 이제 브로커들하고 같이

─ 각 이제 군에 각 도에 이제 다니면서 이제 이놈의 것을

─ 어디에 차돌이 많다네 그러면은 그리 쫓아가서 이제 봐 가지고,

─ 쓸 만하고 차돌이 많이 나왔으면은 이제 이것이 이제 가서 상공부에 가서 이제 허가를 맡아 가지고

예.

─ 그래 가지고 이제 그 채취 허가 뭐하면 임야 훼손 막 무슨 이런 것을 싹 하려고 막 애를 쓰고 막 다니고 그랬지요.

─ 그래 가지고는 이제 이것저것 하다 보니까 이제 그 깔짝깔짝 나중에는 이제 일도 하지 않고 이제 건달처럼 이제 생활하게끔 되더군요. (웃음)

그러면 직접 다른 지방 가서 이렇게 채취를 하셨습니까? 그런 곳 ** 가서요?

─ 예예.

- 다른디 가서 마:니 해쪼.

그 그 광:산 구:래 드러가가지고요?

- 광:산 구:를 인자 딱 가서 인자 거 산 형상을 딱 보고

애.

- 그 차도리 나와인는 형상을 딱 보고,

애.

- 그르머는 이거슨 노두애만 이따. 노두애랑거슨 이 거태만 이따

애애.

- 마:냐개 이거시 지피 드러가서 인자 뿌리를 뽁꼬 드러가따 글먼 인
자 그거이 가따가 쫙 바:가꼬 광:산 허가를 냄:니다. 노두애서만 나와 인
능거슨 밸거또 웁:꼬,

아.

- 밸라 거 거시기도 조:치 앙코요.

음.

- 거 애이끄비 그르캐 마:니 나오지도 앙코 그르거드뇨.

애.

- 그릉깨 그거슬 보고는 인자 광:사늘 허가를 내:서 헌디

- 여그서 보:성구:내서 쩌그 웅치라고 웅치며:내 가머뇨,

애.

- 지암사니라고 이써요.

지아미요?

- 애 지암산 지슬가지애가서 차도리 형재바우가 이써요.

음.

- 그 참 유:래가 깁씁니다, 그 형재바우가요.

음.

- 어:채서 김냐 그무뇨 그 바우가 괴상헌 닐:로 인해서 그 형재바우가

– 다른 데 가서 많이 했지요.

그 그 광산 굴에 들어가 가지고요?

– 광산 굴을 이제 딱 가서 이제 그 산 형상을 딱 보고

예.

– 그 차돌이 나와 있는 형상을 딱 보고,

예.

– 그러면은 이것은 노두에만 있다. 노두란 것은 이 겉에만 있다.

예예.

– 만약에 이것이 깊이 들어가서 이제 뿌리를 뻗고 들어갔다 그러면 이
제 그것이 갖다가 쫙 봐 가지고 광산 허가를 냅니다. 노두에만 나와 있는
것은 별것도 없고,

아.

– 별로 거 거시기도 좋지 않고요.

음.

– 거 A급이 그렇게 많이 나오지도 않고 그러거든요.

예.

– 그러니까 그것을 보고는 이제 광산을 허가를 내서 하는데

– 여기서 보성군에서 저기 웅치라고 웅치면에 가면요,

예.

– 제암산이라고 있어요.

제암이요?

– 예, 제암산 기슭에 차돌이 형제바위가 있어요.

음.

– 그 참 유래가 깊습니다, 그 형제바위가요.

음.

– 어째서 깊은가 그러면요 그 바위가 괴상한 일로 인해서 그 형제바위가

생개써요.

　애.

　- 어:트캐 해서 생갠냐 그머는 고흥 싸는 인자 쩌그 고흥 거가 거가 무슨 마으리라 허드마는. 고흥까 대:서(지명) 먼: 마으리라 글등마는

　음.

　- 그 마으래 가서 그 마으래서 남매가 지그 외가찌비 어:디냐 그먼 바로 여그요 유:치요 장흥 유:치.

　애.

　- 장흥 유:치가 즈그 외간디

　- 즈그 외가애를9) 갈라고 여르매 인자 한산지 모시오새다가 조:캐 인자 남매거뜨리10) 인자 빼:입꼬11)

　- 떡떵구리를12) 해:서 질머지고 인자 자기 외가애 가인다고요이~.

　음.

　- 가는디 천상13) 인자 그 장 지암산 그 지슬가지14) 인자 거 산중 질로 도라서 중투찌 중둥쩔로15) 도라서 인자 이르캐 유:치를 가머는 얼릉 간다 이거시얘요.

　- 쩌: 보성으로 해:서 요로캐 도라갈라면 검:나 멍:깨

　애.

　- 앤:나래는 그거뽀고 소리찌리라16) 그래.

　- 산찔 소리찌리라 근디 인자 그 '소리쩔'로 가능거시얘요.

　아.

　- 그래야 얼릉 유:치를 강깨.

　음.

　- 그르믄 유:치를 그 소리쩔로 가머넌 하래껀지17) 지린디 보:성으로 도라가면 한 이트리나 사흐리 걸링깨

　소리찌른 그러면 그러캐

생겼어요.

예.

― 어떻게 해서 생겼느냐 그러면은 고흥 사는 이제 저기 고흥 거기에 거기 무슨 마을이라 하던데. 고흥에 대서(지명) 무슨 마을이라 그러던데.

음.

― 그 마을에 가서 그 마을에서 남매가 저희 외갓집이 어디냐 그러면 바로 여기요 유치요 장흥 유치.

예.

― 장흥 유치가 저희 외가인데

― 저희 외가를 가려고 여름에 이제 한산모시 옷에다가 좋게 이제 남매가 이제 차려입고

― 떡 바구니를 해서 짊어지고 이제 자기 외가에 간다고요.

음.

― 가는데 천생 이제 그 제암산 그 기슭 이제 그 산중 길로 돌아서 중턱 길로 돌아서 이제 이렇게 유치를 가면은 얼른 간다 이것이에요.

― 저 보성으로 해서 이렇게 돌아가려면 굉장히 머니까

예.

― 옛날에는 그것보고 소롯길이라고 그래.

― 산길, 소롯길이라고 그러는데 이제 그 소롯길로 가는 것이에요.

아.

― 그래야 얼른 유치를 가니까.

음.

― 그러면 유치를 그 소롯길로 가면은 하룻길인데 보성으로 돌아가면 한 이틀이나 사흘이 걸리니까

소롯길은 그러면 그렇게

- 애, 인자 그 산 지슬가지 인자 그 중투바그로[18] 간다고 인자
애얘얘얘얘.
- 이자
- 배다지고 그 질로 가는디 그 인자 거 자홍[19] 인자 거 지암산 거 중
투마글[20] 도라가는디 긍개 인자 웅치땅이지요.
- 웅치땅인디 거가 느다듬씨 나:재 해삐시 짱::짱::[21]난는디
- 구르미 꽉 쩌가꼬는 걍: 막 느다듬씨 쏘내기가 쏘다저요.
내.
- 그렁깨 인자 오도가도 몰:허고 인자 피해도 몰:허고 인자 어:디 나:
무가 업:써가꼬 어:서 피핼띠도 업:꼬 긍깨
- 남매거뜨리 인자 헐쑤업씨 인자 비를 마꼬 인자 가는 수배끼 업찌요.
애.
- 간디 인자 잠:시장깐 쏘내기랑거슨 잠:시장깐 아닙니까요?
- 잠:시 오다가는 딱 끈칭깨 배시 짱:짱: 나자치거드뇨.[22]
- 그릉깨 이 오시 즈그 동생이고 누:나고 잘:팍씨르캐[23] 부틀껄 아님
니까요?
- 잘:팍 부틍깨 그 외:씨가튼 살껴리 기:가매킨 살껴리 비치껄 아닙니까요?
음.
- 그렁깨 즈그 동생이 떡뚱구리를 질머지고 뒤애 따라가고 즈그 누:나
는 아패 가고 긍깨
- 이거 참 누느로 이거 보니 이거 참 황:경이랑거시 이상허니 걀 마:
미 드러가고 갱 굉:장허거드이.
- 그렁깨 이 동생이 어:처냐 그러머넌 가다가도 즈그 누:나가 아:패 가
고 긍깨 산모퉁이로 이르캐 도라가는디 즈그 동생이 뒤:로 다시 빠:꾸
를[24] 해:가꼬 쩌:만치 가가꼬 즈그 누:나 뵈이지 안흔디 가서는 기양 도:
그로 기양 그노믈 깨:가꼬 주거부써요.

- 예, 이제 그 산 기슭 이제 그 중턱으로 간다고 이제 예예예예.

- 이제

- $$$$ 그 길로 가는데 그 이제 그 장흥 이제 그 제암산 그 중턱을 돌아가는데 그러니까 이제 웅치 땅이지요.

- 웅치 땅인데 거기에 느닷없이 낮에 햇빛이 쨍쨍 났는데

- 구름이 꽉 끼어 가지고는 그냥 막 느닷없이 소나기가 쏟아져요. 예.

- 그러니까 이제 오지도 가지도 못하고 이제 피하지도 못하고 이제 어디 나무가 없어 가지고 어디서 피할 데도 없고 그러니까

- 남매가 이제 할수없이 이제 비를 맞고 이제 가는 수밖에 없지요. 예.

- 가는데 이제 잠시 잠깐 소나기란 것은 잠시 잠깐 아닙니까?

- 잠시 오다가는 딱 그치니까 볕이 쨍쨍 나 젖히거든요.

- 그러니까 이 옷이 저희 동생이고 누나고 잘팍하게 붙을 것 아닙니까?

- 질팍 붙으니까 그 외씨 같은 살결이 기가막힌 살결이 비칠 것 아닙니까? 음.

- 그러니까 저희 동생이 떡 바구니를 짊어지고 뒤에 따라가고 저희 누나는 앞에 가고 그러니까

- 이것 참 눈으로 이것 보니 이것 참 환경이란 것이 이상하게 마음이 들어가고 굉장하거든요.

- 그러니까 이 동생이 어떠냐 그러면은 가다가도 저희 누나가 앞에 가고 그러니까 산 모퉁이로 이렇게 돌아가는데 저희 동생이 뒤로 다시 되돌아가 가지고 저만큼 가 가지고 저희 누나 보이지 않는 데 가서는 그냥 돌로 그냥그것을 깨 가지고 죽어 버렸어요.

음.

- 그렁깨 즈그 누:나가 가다가 가다가 이거시 이상허니 어:채 동생이 안따론다 그거이

- 소:매를 보니라고 그런다냐 어쩐다냐 그르고는 인자 또 매 빨짜국 가다가 도라다봉깨 아농깨 인자

- 다시 인자 도라서 인자 오 즈그 동생이 인자 오는 길로 가봉거시얘요

- 가봉깨 즈그 동생이 유혀리 낭자해가꼬 딱 주거부러따 이마 리애요.

- 그렁깨 즈그 누:나가 이거 기가 매키거등요.

- 그렁깨 즈그 누:나가 허는 마리 머:라흐냐그먼 자기가 구시렁그림서[25]

- 그거 자기 말 인자 빌 저 비:명 말로 머:라 흐냐 흐먼

- 달라나 해:보지 달라나 해:보지 그르고는 자기 누:나도 거그서 걍 대 갈통을 기양 도:그로 기양 깨:서 주거부러써요.

음.

- 그래가지고 거그서 인자 뭐:시 생갠느냐 그먼 바로 그 차돌바우가 생개써요.

어.

- 그래가꼬 형재바우가 딱 되야써요.

<u>흐흐흠</u>.

- 남매바우지요.

음, 남매 바우

- 얘.

- 즈그 지비서는 아:무리 기달리고 기달려도 이거 거:리르 해:바도 서: 시늘 여바도 즈그 저 거 외가애 와딴 소리도 안허고

- 즈그 지비서도 기다려도 오도 안허고 긍깨 인자 사:람드를 막 끼양 동:원해가꼬 가서 봉깨 즈그 남매가 거그서 주거부러써요.

음.

― 그러니까 저희 누나가 가다가 가다가 이것이 이상하게 어째 동생이
안 따라온다 그것이

― 소변을 보느라고 그러나 어쩌나 그러고는 이제 또 몇 발자국 가다가
돌아다 보니까 안 오니까 이제

― 다시 이제 돌아서 이제 오 저희 동생이 이제 오는 길로 가 본 것이에요.

― 가서 보니까 저희 동생이 유혈이 낭자해 가지고 딱 죽어 버렸다 이
말이에요.

― 그러니까 저희 누나가 이것 기가 막히거든요.

― 그러니까 저희 누나가 하는 말이 뭐라 하느냐 그러면 자기가 중얼거리면서

― 그것 자기 말 이제 저 혼잣말로 뭐라 하느냐 하면

― 달라나 해 보지 달라나 해 보지 그러고는 자기 누나도 거기서 그냥
머리통을 그냥 돌로 그냥 깨서 죽어 버렸어요.

음.

― 그래 가지고 거기서 이제 무엇이 생겼느냐 그러면 바로 그 차돌바위
가 생겼어요.

어.

― 그래 가지고 형제바위가 딱 됐어요.

흐흐흠.

― 남매바위지요.

음, 남매바위

― 예.

― 저희 집에서는 아무리 기다리고 기다려도 이것 $$$ 해 봐도 서신을
넣어 봐도 저희 저 그 외가에 왔다는 소리도 하지 않고

― 저희 집에서도 기다려도 오지도 않고 그러니까 이제 사람들을 막 그
냥 동원해 가지고 가서 보니까 저희 남매가 거기서 죽어 버렸어요.

으음.

- 그래서 인자 그 시:슬늘 가따가 무더따고 인자 이런 마리 이꼬요.

음.

- 그래서 인자 그 바우가 워:하니 되야가꼬 그 인자 거 자기 거 두 남매가 워:하니 되야가꼬 그 형재바히 남매바우가 생개따 이거시여요.

내.

- 그래가꼬 거 인자 아조 하:연 오슬 이버따 그서 차도리 생개써요.

으.

그래가 ** 하야 하얃씀니까, 색까리?

- 얘, 차도리 하:야초.

- 히:캐요26). 그래가꼬 뻔들뻔들허니 아조 차 참 조:캐 생개써요. 요론 요롱거마이로. 요고 쪼 요로캐 생개가꼬.

어.

- 그래가꼬는 인자 자기가 인자 치상을 완:저니 처노코는 그 남매바우가 생긴 뒤:로 그 차도리 생갠디,

- 어:천 경향이 생갠냐 그러머는 고흥 마:령가서 그으 크내기하고27) 남매 살:던 동:내 가서 그 도:리 비친대요.28)

- 야:조 나리 청명허고 조:은 나른 그 도:리 거가서 즈그 동내서 보면 거가 인자 배이고,

음.

- 또 이 도:리 거가서 비치고

으흠흠.

- 그러면 어:천 수가 인냐그머는 그 마을 나 남녈 남자드른 글안흔디 부인드리 막 바라미 난닥해. 치매빠라미 나.

(웃음) 음

으음.

– 그래서 이제 그 시신을 가져다가 묻었다고 이제 이런 말이 있고요.

음.

– 그래서 이제 그 바위가 원한이 되어 가지고 그 이제 그 자기 그 두 남매가 원한이 되어 가지고 그 형제바위 남매바위가 생겼다 이것이에요.

예.

– 그래 가지고 그 이제 아주 하얀 옷을 입었다 그래서 차돌이 생겼어요

으.

그래가지고 ** 하얗습니까, 색깔이?

– 예, 차돌이 하얗지요.

– 하얘요. 그래 가지고 번들번들하게 아주 참 좋게 생겼어요. 이런 이런 것처럼. 이거 이렇게 생겨 가지고.

어.

– 그래 가지고는 이제 자기가 이제 치상을 완전히 쳐 놓고는 그 남매바위가 생긴 뒤로 그 차돌이 생겼는데,

– 어떤 경향이 생겼느냐 그러면은 고흥 마령에 가서 그 처녀하고 남매 살던 동네에서 그 돌이 보인대요.

– 아주 날이 청명하고 좋은 날은 그 돌이 거기에서 저희 동네서 보면 거기가 이제 보이고,

음.

– 또 이 돌이 거기에서 보이고

으흠흠.

– 그러면 어떤 수가 있느냐 그러면은 그 마을 남자들은 그렇지 않는데 부인들이 막 바람이 난다고 해. 치맛바람이 나.

(웃음) 음.

- 그래가꼬 이거 거짜불쑤가 업:씅깨 인자 지그밍깨 그르재 앤:나래는
그 미:시늘 가꼬요

음. 내.

- 산: 사:는 새:상이 아닙니까요?

어.

- 긍깨 인자 이노무건 거그 싸람드리 인자 와:허니 때끼르 동:낸냥반
드리 때끄르29) 와서는 거그다 막 유장을 헝거시애요.

- 위장을 해:따 그래요. 건 웅치 싸람들 말: 드르면.

- 위장을 어:트캐 핸냐 흐면 막 뙤도30) 떠다가 거그다 막 영:꼬 망 나:무
도 쩌다가 막 거그다 걸:치고 영:꼬 막 쩸:미고 그 마으래 비치지 앙커쿠름

으흠.

- 그래노먼 인자 조깐 잠잠허고

(웃음)

- 그르치안흐면 그누미 활딱 버서지면 그 모냥을 허고

음.

- 그 현:상을 저끄고 인는디

- 인자 거 차독빠람이 나가꼬는 인자 우리 사장님 그부니 ○○○락 흔
양바니 거그를 가써요.

어.

- 가서 봉깨 기:가매키개 거그 차도리 아조 조크더뇨?

음.

- 그릉깨 그노믈 허가를 내:써요.

아.

- 근자 상공부애 가서 허가를 내:가꼬 그노믈 회손 허가도 내:고 그래
가꼬 채:취르 허거꾸름 딱 허가를 내:서 완:저니 해:가꼬는 그 거시기를
자 차도를 캐 인자 허러내리고 캐고 그르꺼신디

- 그래 가지고 이것 걷잡을 수가 없으니까 이제 지금이니까 그렇지 옛날에는 그 미신을 가지고요

음. 예.

- 사는 세상이 아닙니까?

어.

- 그러니까 이제 이놈의 것 거기 사람들이 이제 와하고 떼로 동네 사람들이 떼로 와서는 거기다 막 위장을 하는 것이에요.

- 위장을 했다 그래요. 그것은 웅치 사람들 말 들으면

- 위장을 어떻게 했느냐 하면 막 떼도 떠다가 거기다 막 넣고 막 나무도 쪄다가 막 거기다 걸치고 넣고 막 잡아매고 그 마을에 보이지 않게끔

으흠.

- 그래 놓으면 이제 조금 잠잠하고

(웃음)

- 그렇지 않으면 그것이 훌렁 벗어지면 그 모양을 하고

음.

- 그 현상을 겪고 있는데

- 이제 그 차돌 바람이 나 가지고는 이제 우리 사장님 그 분이 ○○○이라고 하는 양반이 거기를 갔어요.

어.

- 가서 보니까 기가 막히게 거기 차돌이 아주 좋거든요?

음.

- 그러니까 그것을 허가를 냈어요.

아.

- 그래 이제 상공부에 가서 허가를 내 가지고 그것을 훼손 허가도 내고 그래 가지고 채취를 하게끔 딱 허가를 내서 완전히 해 가지고는 그 거시기를 차돌을 캐 이제 헐어내리고 캐고 그럴 텐데

음.

— 아:니 인자 이부니 인자 옌:날 미:시는 지키지 앙코 더:퍼노코, 닌:장 마즐노무거,31) 막 시방으로 말허먼 막 무대뽀로32) 막 가서 이:를 해:자청거시여요.

애.

— 아, 그래가꼬 인자 채:취를 해:서

— 차로 인자 시러내거캐 된디

— 막 차끼를 인자 이거 괴상망칙허니 인자 내:가꼬

— 앤:나래는 차도 머 흔해빠:진 노무 차가 아니고 인자 써금털털헌 놈33) 차로 인자 이노무 거슬 대우가34) 이써가꼬 거까지 인자 올라가가꼬

— 차로 차도글 실:코 인자 내로고 그런단 말쓰미애요.

— 아 그런디 느다덥씨 차가 차도를 실코 내로다가 궁구러가꼬,35)

— 완:저니 차 망가저부러째, 기사 주거부러째, 큰 사:꺼니 나부런내요.

음.

— 그렇깨 기양 그 지서애서 버배서 망 나와가꼬 오라니가라니 옥씬각씬 자거블 허개허니 몰:허개허니 완:저니 딱 중:다늘 시캐붕거애요.

음.

— 그래가지고 다시 인자 워낙 인자 사장이 야물고 ○○대학꾜 먼:: 거 거시기 광:부꽝가 머잉가 나와써요.

광:산꽈

— 애, 광:상깡가

— (웃음) 그래가꼬 야물고 돈:도 망코 긍깨 어찌캐 인자 다시 인자 발려가꼬 거그서 이:를 허고 그래씀니다마는,

— 그래가꼬 거그서 이:를 허다가 인자 그 뒤:애는 재:를 모:셔써요.

아.

음.

― 아니, 이제 이 분이 이제 옛날 미신은 지키지 않고 덮어놓고, 넨장 맞을 놈의 것, 막 시방으로 말하면 막 막무가내로 막 가서 일을 해 젖힌 것이에요.

예.

― 아, 그래 가지고 이제 채취를 해서

― 차로 이제 실어내게끔 되는데

― 막 찻길을 이제 이것 괴상망측하게 이제 내 가지고

― 옛날에는 차도 뭐 흔해 빠진 놈의 차가 아니고 이제 낡은 차로 이제 이놈의 것을 차동기어가 있어 가지고 거기까지 이제 올라가 가지고

― 차로 차돌을 싣고 이제 내려오고 그런단 말씀이에요.

― 아, 그런데 느닷없이 차가 차돌을 싣고 내려오다가 굴러 가지고,

― 완전히 차 망가져 버렸지, 기사 죽어 버렸지, 큰 사건이 나 버렸네요.

음.

― 그러니까 그냥 그 지서에서 법에서 막 나와 가지고 오라고 하느니 가라고 하느니 옥신각신 작업을 하게 하느니 못하게 하느니 완전히 딱 중단을 시켜 버린 것이에요.

음.

― 그래 가지고 다시 이제 워낙 이제 사장이 야물고 ○○대학교 무슨 거 거시기 광부과인가 뭐인가 나왔어요.

광산과

― 예, 광산과인가

― (웃음) 그래 가지고 야물고 돈도 많고 그러니까 어떻게 이제 다시 이제 $$ 가지고 거기서 일을 하고 그랬습니다마는,

― 그래 가지고 거기서 일을 하다가 이제 그 뒤에는 제를 모셨어요.

아.

- 재:를 모시고 인자 차가 인자 거까지 올라가지 앙코

- '조:고'라고36) 이써요, '조:고'라고.

- '조:고'랑 거슨 머이냐 흐먼 도:리 딴: 대로 몬:까개 딱 우타리를37) 막때끼 마거가꼬 요로캐 싸:가꼬 거그서 그 질로만 졸졸졸졸 내래가거크롬 땅: 맨드라써요.

- 그래가꼬 저:: 미태까지 땅 내래가개 해서 저:미태 가서 더 이상 또 궁구러가먼 크닐낭깨요.

- 거 궁굴다가 사:람 마지먼 그양 대:번 직싸헝깨

- 더 이상 몬: 꿍구러가캐 땅 마거노코는 거그서 궁글려서38) 인자 내래서 그래가꼬 거:리 내래가꼬 거 지슬가지애서 인자 얘 차로 인자 시러가고 시러가고 고로캐 기양

- 보:성 여그로 내:가꼬 보:성 여개서 막 고빼애다39) 다머가꼬 여:수로 막 기양 (웃음) 저 거시기 군 자 뭄:니까 쩌그 그 과냥으로40) 막 거:리 막 시러내:가꼬 일보느로 건:내가고 그래써요.

- 그래가꼬 인자 그따무내 인자 이거시 인자 그 양반하고 가:치 인자 도라댕이다시피 봉깨 이거 광:산쟁이가 되야가꼬 좀 따라댕개써요.

(웃음)

그러면 어디 수이븐 조으션나요?

- 아이고 수입 그때 하래 잉꿘비가 얼마냐 흐먼 남자는 처눤애.

- 구배권

어.

- 그고 여자드른 하래 칠배권 그래써요.

오.

- 그런 새:상이여찌요.

그러면 그 구배권 처눤이 어느 정도애요, 그러면?

- 제를 모시고 이제 차가 이제 거기까지 올라가지 않고

- '조고'라고 있어요, '조고'라고.

- '조고'라는 것은 뭐냐 하면 돌이 다른 데로 못 가도록 딱 울타리를 막듯이 막아 가지고 이렇게 싸 가지고 거기서 그 길로만 졸졸졸졸 내려가게끔 딱 만들었어요.

- 그래 가지고 저 밑까지 딱 내려가게 해서 저 밑까지 가서 더 이상 또 굴러가면 큰일나니까요.

- 그 구르다가 사람 맞으면 그냥 대번 즉사하니까

- 더 이상 못 굴러가게끔 딱 막아 놓고는 거기서 굴려서 이제 내려서 그래 가지고 그리 내려 가지고 그 기슭에서 이제 예 차로 이제 실어 가고 실어 가고 그렇게 그냥

- 보성역으로 내 가지고 보성역에서 막 화물차에다 담아 가지고 여수로 막 그냥 (웃음) 저 거시기 뭡니까 저기 그 광양으로 막 그리 막 실어내 가지고 일본으로 건너가고 그랬어요.

- 그래 가지고 이제 그 때문에 이제 이것이 이제 그 양반하고 같이 이제 돌아다니다시피 보니까 이것 광산장이가 돼 가지고 좀 따라다녔어요.
(웃음)

그러면 어디 수입은 좋으셨나요?

- 아이고, 수입 그때 하루 인건비가 얼마냐 하면 남자는 천 원

예.

- 구백 원

어.

- 그리고 여자들은 하루 칠백 원 그랬어요.

오.

- 그런 세상이었지요.

그러면 그 구백 원이 천 원이 어느 정도예요, 그러면?

쌀:로 허먼

　－ 쌀:로 허먼 머 단 쌀 다뙤까비 몬:뙤야뜽가 그래써요. 다서뙤 까비 몬:뙤야뜽가요.

음.

　－ 그래가

농 농사진능거뽀다 나으션?

　－ 인자 농사징:거뽀듬 인자 개:속 꾸:주니 허먼 더 난는디 그거또 인자 날 구저서 몬:해불재,

아하.

　－ 문:해서 몬:해불재,

　－ 그래부면 머 그양 머 거 거 벙:거시 벙:거시 아니드마뇨.

애

　－ 차라리 꾸주니 농사지꼬 살:면 그도 싱냥이라도 이저부고 근디 이노 무거시 갈뜽이나 대(부분).

아하.

　－ 애, 갈뜽이 나요.

그래서 그냥 우쪼그로 도라오셔써요?

　－ 애, 그래가꼬 여기서 군산 건내 애:: 쩌: 충남 서천군 기산면 황사리라고 이써요.

얘.

　－ 거가머는 바로 군산써 배 타면 거 건:내가면 재:련소 인는디 거그

장항.

　－ 애. 장항이 되지요.

얘.

　－ 그믄 인자 거가 서천구니드마뇨. 장항이.

얘 얘.

쌀로 하면

─ 쌀로 하면 뭐 쌀 닷 되 값이 못 됐던가 그랬어요. 다섯 되 값이 못
됐던가요.

음.

─ 그래가지고

농사 짓는 것보다 나으셨?

─ 이제 농사 짓는 것보다 이제 계속 꾸준히 하면 더 나은데 그것도 이
제 날궂어서 못해 버리지,

아하.

─ 뭐해서 못해 버리지,

─ 그래 버리면 뭐 그냥 뭐 그 그 버는 것이 버는 것이 아니더구먼요.

예.

─ 차라리 꾸준히 농사짓고 살면 그래도 식량이라도 잊어 버리고 그런
데, 이놈의 것이 갈등이 나. 대부분.

아하.

─ 예, 갈등이 나요.

그래서 그냥 위쪽으로 돌아오셨어요?

─ 예, 그래 가지고 여기서 군산 건너 예 저 충남 서천군 기산면 황사
리라고 있어요.

예

─ 거기 가면은 바로 군산에서 배 타면 건너가면 제련소 있는 데 거기
장항.

─ 예. 장항이 되지요.

예.

─ 그러면 이제 거기가 서천군이더구먼요. 장항이.

예 예.

- 그믄 거그서 얼:마 안드러가서 인자 ○○면 ○○리란 디가 인는디,

- 거강깨 어:천 수가 인냐 그머는

- 거그는 인자 이런 차도리 아니고요,

얘.

- 귀야미라 그래가꼬 귀얌괴:서기라고 허지 안씀니까요?

- 귀야미라 그래가꼬 그 사내 가서 참 도:리 인능거시 아조 이루 말:헐 쑤 업씨 도:리 써요.

아하.

- 그머는 거가머는 그거이 바로 산 명잉 명칭 이르미 머이냐 흐면 숭경사니여요.

음.

- 근디 그르캐 노푸지도 안해요. 야퍼요.41)

얘.

- 야푼디 거그 귀얌귀서기 거가 인 몽썬42) 일:끼를 인는디

- 그거이 기개저그로 해:도 우리가 삼심녀는 해:무글쑤가 이따 그래써요.

얘

- 그래가지고 거그뿌늘 자바가꼬 소늘 자바가꼬 인자 그노믈 인자 뗄코43) 드러가써요.

- 뗄코 드러가서 허가까지 다 내:가꼬 회손허가까지 다: 낸:는디

- 아, 이거 이:를 헐랑깨 ○○○○라고 이써요.

- ○○○○ 그분드리 부리끼를 딱 긍거시얘요.

- 그릉깨 이 인자 여:이 ○○○락 헌 사장이 "왜 그러냐?"

- "우리는 어머니 광:산 허가를 내:서 헌다 근디 왜 느그드리 부리끼를 거냐?" 긍깨

- "누: 이거시 어:딘줄 알고 느그드리 함부로 와서 이 회손 허가를 내:고 광:산 허가를 내가꼬 이:를 해야?"

－ 그러면 거기서 얼마 안 들어가서 이제 ○○면 ○○리란 데가 있는데,

　－ 거기 가니까 어떤 수가 있느냐 그러면은

　－ 거기는 이제 이런 차돌이 아니고요,

예.

　－ 규암이라 그래 가지고 괴암괴석이라고 하잖습니까?

　－ 규암이라 그래 가지고 그 산에 돌이 있는 것이 아주 이루 말할 수 없이 돌이 있어요.

아하.

　－ 그러면은 거기 가면은 그것이 바로 산 명칭 이름이 뭐냐 하면 숭경산이에요.

음.

　－ 그런데 그렇게 높지도 않아요. 낮아요.

예.

　－ 낮은데 거기 괴암괴석이 거기에 몽땅 있기를 있는데

　－ 그것이 기계적으로 해도 우리가 삼십 년은 해 먹을 수가 있다 그랬어요.

예.

　－ 그래 가지고 거기 분을 잡아 가지고 손을 잡아 가지고 이제 그것을 이제 뚫고 들어갔어요.

　－ 뚫고 들어가서 허가까지 다 내 가지고 훼손 허가까지 다 냈는데

　－ 아, 일을 하려니까 ○○○○라고 있어요.

　－ ○○○○ 그분들이 브레이크를 딱 거는 것이에요.

　－ 그러니까 이 이제 여기 ○○○이라 하는 사장이 “왜 그러느냐?”

　－ “우리는 엄연히 광산 허가를 내서 한다 그런데 왜 너희들이 브레이크를 거느냐?” 그러니까

　－ “이곳이 어디인 줄 알고 너희들이 함부로 와서 이 훼손 허가를 내고 광산 허가를 내 가지고 일을 하느냐?”

- 느그드리 누니쓰먼 가서 바라.

- 바로 그 산 주렁 지슬가지 쩌: 미태 가서

- 재:일 미태 인자 들:파니 여으는 들:파니고 여그는 사닌디

- 쩌그 산 지슬가지 거강깨 묘:정이 인는디 아조 머 이루 말:헐쑤 읍
씨 아조 널루꼬 우리가 말:로 해서는 그 묘:정을 가따 설명을 몯:해요.
음.

- 그래서는 "아니 어:째 이르캐 여가 선산 인냐?" 홍깨

- 이:: 선사니 누구 선산산 선사닌줄 알고 느그드리 함부로 거 선산
등을 파야? 느그놈들 느그들 어:름도 업따 이놈들.

- 이:: 스 한 저 숭경사니라는 이 산 명칭이 우리 대함밍구개서 지웅
거시 아니라 중국써 지여따 대:국써 지여따.

- 그래셔 이 도보니 점:부 대:국까서 이따. 이 산 도보니.

- 우리 항:구근 업:따.

- 그르고 우리 ○○○○○ 여가 젤: 새:조 선사닌디 시:조 선사닌디 느
그드리 함부로 이놈들 파야 마리여?

- 아, 그래가꼰 부리끼를 딱 거러가꼬 절:때 몯:허개 허내.

- 아:무리 재파늘 해:바야 소양이 읍:써요.

- 재판 해:바야 그 양반들 당해낼 쑤가 업써.

- 그분들 새:려기야 궐려기야 머 말:헐 쑤 읍써요.

- 그래가꼰 이부니 허다허다 몯:해서 다시 우리가 물러나가꼬 시방 그
대로 이쓰껍니다, 거가요.

(웃음)

- 참::말로 대함밍국 땅애 ** 방방곡곡 다 댕애바도 거그 선산가치 그
르캐 잘해논디가 읍써요.

- 거 아조 거그선 아조 수:이헌 사람드리 아조 머 이루 말:헐쑤도 어
꼬 머 수: 뱅명이라고 바도 과:여니 아니거쓸띠다.

- 너희들이 눈 있으면 가서 봐라.

- 바로 이 산 주령 기슭 저 밑에

- 제일 밑에 이제 들판이 여기는 들판이고 여기는 산인데

- 저기 산 기슭 거기 가니까 묘정이 있는데 아주 뭐 이루 말할 수 없이 아주 넓고 우리가 말로 해서는 그 묘정을 설명을 못해요.

음.

- 그래서는 "아니 어째 이렇게 여기에 선산이 있느냐?" 하니까

- "이 선산이 누구 선산인 줄 알고 너희들이 함부로 그 선산 등을 파느냐? 너희 놈들 너희들 어림도 없다 이 놈들.

- 이 한 저 숭경산이라는 이 산 명칭이 우리 대한민국에서 지은 것이 아니라 중국에서 지었다. 대국에서 지었다.

- 그래서 이 도본이 전부 대국에 가서 있다. 이 산 도본이.

- 우리 한국에는 없다.

- 그리고 우리 ○○○○○ 여기에 제일 시조 선산인데 시조 선산인데 너희들이 함부로 이놈들 파느냐 말이야?

- 아, 그래 가지고 브레이크를 딱 걸어 가지고 절대 못하게 하네.

- 아무리 재판을 해 봐야 소용이 없어요.

- 재판 해 봐야 그 양반들 당해낼 수가 없어.

- 그분들 세력이야 권력이야 뭐 말할 수 없어요.

- 그래 가지고는 이 분이 하다하다 못해서 다시 우리가 물러나 가지고 시방 그대로 있을 것입니다, 거기에요.

(웃음)

- 참말로 대한민국 땅에 ** 방방곡곡 다 다녀 봐도 거기 선산같이 그렇게 잘 해 놓은 데가 없어요.

- 그 아주 거기서는 아주 수이한 사람들이 아주 뭐 이루 말할 수도 없고 뭐 수 백명이라고 봐도 과언이 아니겠습니다.

긍깨 광:산 이리라먼 그 여러가지 일:드리 어려우미 만내요.

— 얘, 참 어려우미 만해요. 고 광:산 이리랑거시.

얘. 광:산 근처

— 얘, 이거이 쪼깐 거시기 허면 이 사라미 괴롭깨 성가시개 허고, 또 이:리 허면 또 여다라미 성가시개 허고

(웃음)

— 아:이고 말:도 몯해요. 근디 질:로 허가내기가 쉰:디

— 먼: 허가내기가 왜롭냐 그면 발파 허가요.

아하 발파

— 얘.

— 그거시 어:채서 그냐면 그때개 거 이:리 사:껀 따무내요.

야.

— 이:리 사:껀 따무내 기::가매기캐 엄해써요. 아조.

아, 화약.

— 얘, 화약 그거 따무내 그래가꼬는

— 고거시 가::장 왜로와요.

— 광:산 이거 허가내고 문:허고 헌 대는 머 이유도 아니애요.44)

— 뉘:서 떵먹긴디

으흠.

— 발파 허가 내기가 그러캐 왜로와써요. 얘.

— 그래가지고 하이튼 그 사라미 아조 목쑤믈 거러노코시피 해 허다시피 허고

— 글안흐머는 발파 허가를 내도 거:: 숭경으로 경차래 이 개:시다가 퇴:직허신 냥반 그런 냥반드를 거시기 명애로 해:가꼬 발파 허가를 내:머 는 쪼깐 더 빨:러요.

— 얘, 그러치안흐면 왜로와요.

그러니까 광산 일이라면 그 여러가지 일들이 어려움이 많네요.

- 예, 참 어려움이 많아요. 그 광산이라는 것이.

예. 광산 근처.

- 예, 이것이 조금 거시기 하면 이 사람이 괴롭게 성가시게 하고, 또 이리 하면 또 이 사람이 성가시게 하고

(웃음)

- 아이고 말도 못해요. 그런데 제일 허가 내기가 쉬운데

- 무슨 허가내기가 어려운가 그러면 발파 허가요.

아하 발파.

- 예.

- 그것이 어째서 그러냐면 그때에 그 익산 사건 때문에요.

예.

- 익산 사건 때문에 기가 막히게 엄했어요. 아주.

아, 화약.

- 예, 화약 그것 때문에 그래 가지고는

- 그것이 가장 어려워요.

- 광산 이것 허가 내고 못하고 하는 것은 뭐 비교할 수도 없어요.

- 누워서 떡먹기인데.

으흠.

- 발파 허가 내기가 그렇게 어려웠어요. 예.

- 그래 가지고 하여튼 그 사람이 아주 목숨을 걸어놓다시피 해 하다시피 하고

- 그렇지 않으면은 발파 허가를 내도 그 순경으로 경찰에 계시다가 퇴직하신 양반 그런 양반들을 거시기 명의로 해 가지고 발파 허가를 내면은 조금 더 빨라요.

- 예, 그렇지 않으면 어려워요.

(웃음)

― 참:: 왜로꼳

― 그래서 기양 아이고 그 뒤로 기양 이노무건 애이 비:러무껄 니:미 버:러바야 머 맨:날 먼 그러코 이건 죽쒀서 시쿠기가⁴⁵⁾ 바뿌다 글고는 개양 안해부써. 기 안 댕개부써.

애.

― 어.

(웃음)

- 참 어렵고.

- 그래서 그냥 아이고 그 뒤로 그냥 이놈의 것 에이 빌어먹을 것 네미 벌어 봐야 뭐 만날 뭐 그렇고 이것 죽 쒀서 식히기가 바쁘다 그리고는 그냥 안 해 버렸어. 그 안 다녀 버렸어.

예.

- 어.

■ 주석

1) '찌새기'는 '찌꺼기'의 방언형. 지역에 따라 '찌꺼리'나 '찌갱이'로도 쓰인다.
2) '대차나'는 '과연'의 뜻.
3) '뿌로카'는 '브로커'를 말함.
4) '맹애'는 '명의'(名義)의 방언형.
5) '덕대'는 소유권 없이 빌려서 광산을 운영하는 일을 말한다.
6) '차독'은 '차돌'의 방언형.
7) '판닥판닥'은 '번쩍번쩍'의 뜻을 갖는 방언형으로서 불꽃이 튀는 모양을 나타낸다.
8) '그래야고'는 '그러냐고'의 뜻.
9) '외가에를'은 '외가를'의 뜻.
10) '남매것들'은 '남매들'을 낮추어 말하는 표현이다. 전남방언에는 '잡놈'과 같은 뜻으로 '잡것'이란 말도 있다. 여기에서 보듯이 이 방언에는 '것'이 사람을 낮추어 가리키는 경우가 있다. '남매것'의 경우도 이에 해당하는데 다만 '남매것'의 경우는 '잡것'과 달리 수의적이라는 점에서 다르다. 이런 용법은 특히 '남매'나 '형제' 등의 명사 뒤에 붙는 경우에서 확인된다. 그리고 '*남매것'이나 '*형제것'처럼 쓰이지는 않고 '남매것들', '형제것들'과 같이 복수 형태로만 쓰인다는 점도 차이가 있다. '남매것들'과 '형제것들' 외에 '우리것들'과 같이 부모가 자신의 자식들을 가리킬 때에도 쓰일 수 있는데, 이때는 '것'이 결코 수의적이지 않기 때문에 '남매것들'이나 '형제것들'과는 다르다고 하겠다. 아마도 '우리것'에서 '것'은 '우리'가 소유한 대상이라는 의미를 나타내기 때문일 것이다.
11) '빼입다'는 '차려입다'의 뜻.
12) '덩구리'는 떡을 담는 바구니를 뜻함.
13) '천상'은 '천생'의 방언형.
14) '지슬가지'는 '기슭'의 방언형.
15) '중둥질'과 '중투질'은 모두 '중턱 길'의 뜻이다.
16) '소릿질'은 '소롯길'에서 온 것으로 보이며 산에 난 좁은 길인 협로의 뜻.
17) '건지'는 옛말과 전남방언에서 '건더기'를 뜻하나 여기서는 '하루에 할 수 있는 일의 양'을 뜻하고 있으므로, 결국 하루에 갈 수 있는 거리를 나타낸다.
18) '중투박'은 '중턱'의 방언형.
19) '자홍'은 '장흥(長興)'(지명)의 방언형.
20) '중투막'은 '중턱'의 방언형. '중투박'이라고도 한다.
21) '짱짱'은 '쨍쨍'의 방언형.
22) '잦히다'가 '젖히다'처럼 조동사로 쓰였다.
23) '잘팍시롭다'는 '잘팍하다'의 방언형. 여기서는 물에 젖은 옷이 몸에 찰싹 달라붙은

모양을 나타내는 말이다.

24) '빠꾸'는 영어 back의 일본식 발음.

25) '구시렁그리다'는 '불평하면서 중얼거리다'의 뜻. '구시렁구시렁허다'로도 쓰인다.

26) '힉허다'는 '하얗다'의 방언형.

27) '큰애기'는 '처녀'의 방언형.

28) '비치다'는 여기서 '보이다'의 뜻이다.

29) '때끄로'는 '떼로'의 뜻.

30) '뙤'는 '떼'의 방언형으로서 흙을 붙여서 뿌리째 떠낸 잔디를 가리킨다.

31) '닌장 맞을 놈의 것'은 '넨장 맞을 놈의 것'의 방언형.

32) '무대뽀'는 '막무가내'의 뜻으로서 원래는 일본말 '無鐵砲(むてっぽう)'에서 온 것이다.

33) '써금털털허다'는 '물건이 오래 되어 아주 낡다'의 뜻을 가진 전남방언 어휘이다. '썩-'에 접미사 '-음'이 결합한 어근 '써금'에 '털털'이 합성된 말이다. 표준말에서 '털털하다'는 낡은 자동차 따위가 흔들리면서 느리게 겨우 달린다는 뜻을 갖는데 전남방언에서도 같은 뜻으로 쓰인다. 따라서 '써금털털하다'는 차가 낡아 흔들리면 서 겨우 달리는 모양을 나타내는 말이다. 한편 '써금'이 반복되어 '써금써금하다'라 는 말도 전남방언에서 쓰이는데 이는 '매우 낡다'라는 뜻이다.

34) '대우'는 영어 differential gear(차동기어)의 일본식 발음이다. differential의 처음 두 음 절 differ를 일본식으로 발음한 것이 '대후' 또는 '대우'이다.

35) '궁굴다'는 '구르다'의 방언형.

36) '조고'는 산 위에서 굴리는 돌이 일정한 방향으로 굴러 내려가도록 쳐 놓은 울타리 를 말한다. 일본말에서 온 말일 가능성이 있으나 확실하지 않다.

37) '우타리'는 '울타리'의 방언형.

38) '궁글리다'는 '굴리다'의 방언형.

39) '곳배'는 '화차(貨車)'의 방언형. '곳배'는 한자어 庫와 '배'의 합성어로 추정된다. '화차'를 화물을 실은 '곳간 배'에 비유한 표현이라 하겠다.

40) '과냥'은 '광양(光陽)'(지명)의 방언형.

41) '야푸다'는 '얕다'의 방언형으로서 '높다'의 방언형 '노푸다'에 유추되어 생긴 어형 으로 보인다. 여기서는 '낮다'의 뜻으로 쓰였다.

42) '몽씬'은 '몽땅'의 방언형.

43) '뚧다'는 '뚫다'의 방언형.

44) '유도 아니다'는 '비교할 수 없다'의 뜻. 여기서 '유'는 한자어 類이다.

45) '식후다'는 '식히다'의 방언형.

05 6·25 이야기

5.1 한청 단원 시절

여기 유기오 때는 참저늘 하셔짜나요? 전장애?

— 애.

근디 그 재가 도라다 보면 유기오 때는 동내마다 서로 막 죽꼬 주기고 그런 일들또 망코

— 애.

그래요.

— 우기오 사:변 후:로

애.

— 재가 글때 열여덥쌀

— 열여덥쌀 여라옵쌀 무근 해애요.

애.

— 근디 우리 마으래 바로 지서가 요 매사니라고 요 저 큰 다리 인는 디요

애.

— 여그 가자먼 여그로 올라 올라가시자먼 그 다리 안 이씁띠까요?

애애애.

— 바로 거가 지서애야.

애.

— 지서가 이써써요.

애.

— 근디 왜 거가 지서가 이썬냐 흐머뇨 며:는 거:성리가서 이써써요.

음.

— 거:성리 궁민학꾜 인는 디가 며:니 이써꼬

여기 육이오 때는 참전을 하셨잖아요? 전쟁에?

— 예.

그런데 그 제가 돌아다니다 보면 육이오 때 동네마다 서로 막 죽고 죽이고 그런 일들도 많고

— 예.

그래요.

— 육이오 사변 후로

예.

— 제가 그때 열여덟 살

— 열여덟 살 열 아홉 살 먹은 해예요.

예.

— 그런데 우리 마을에 바로 지서가 이 매산이라고 이 저 큰 다리 있는 데요.

예.

— 여기 가자면 이리 올라 올라가시자면 그 다리 있잖습디까?

예예예.

— 바로 거기가 지서예요.

예.

— 지서가 있었어요.

예.

— 그런데 왜 거기에 지서가 있었느냐 하면은 면사무소는 거석리에 있었어요

음.

— 거석리 국민학교 있는 데에 면사무소가 있었고

- 지서가 거가 인는 워니니 머:이냐 그먼 일본놈드리 여 광:사늘 허니까요,

- 일본놈드리 그 지서를 거:리 끄러와부써요.

- 왜 그냐 흐먼 지서가 거가 이써야 즈그들또 심지고[1]

- 거 여그 가서 인자 거 거시기 그 얼릉 말:해서는 앤:나래는 시방 말로 해:서 깡:패들 가틍거 요롱거뜰 인자 모 인자 업:씨 헐라고요 지서를 거:리 끄지버와가꼬 거가 인자 지서가 이써써요.

- 근는디 우리 마을써는 인자 그러신 분드리 엄:는디

- 딴:대 뿐드리 거 자유당 인자 거 공하당 인자 공산주이

내.

- 공산주이 인자 거 머리를 쓰신 냥반드리 더러 이써써요.

애.

- 그래가지고 꽁 여그 지서를 습껴글 헐라 그래.

오

- 인자 인재 지서를 업:쌔불라고 자꼬 인자 그런 인자 머리를 쓰고 인넌디

- 저는 그때 머:슬 핸냐 흐먼 한:청 다눠니라고 지서하고 가:치 거 협쪼해서 인자 거 보:초도 스고 머:또 허고 근단 말쓰미애요.

오.

- 그믄 인자 우리들 인자 주로 인자 어:디 왜로운 디도 마:니 인자 심:부름도 가고 그러지요.

애.

- 그런 이를 허고 인넌디 아 인자 이노무거시 아::조 글때 발:란군드리 공장이 심:해가지고

- 인자 여그 지서를 꼭 습껴글 해야 쓰거따 그래가꼬 인자 자꼬 인자 거 비밀로 인자 거시시가 드로고 그래요. 비밀쩌그로 인자 드로고 그래. 거 마:리 드로고 전저느로 드로와요.

- 지서가 거기에 있는 원인이 뭐냐 그러면 일본놈들이 이 광산을 하니까요,

- 일본놈들이 그 지서를 그리 끌어와 버렸어요.

- 왜 그러냐 하면 지서가 거기에 있어야 자기들도 힘이 되고

- 그 여기에 이제 그 거시기 그 얼른 말해서는 옛날에는 시방말로 해서 깡패들 같은 것 이런 것들 이제 뭐 이제 없이 하려고요 지서를 그리 끌어와 가지고 거기에 이제 지서가 있었어요.

- 그랬는데 우리 마을에서는 이제 그러신 분들이 없는데

- 다른 데 분들이 그 자유당 이제 그 공화당 이제 공산주의

예.

- 공산주의 이제 그 머리를 쓰신 양반들이 더러 있었어요.

예.

- 그래 가지고 꼭 여기 지서를 습격을 하려고 그래.

오.

- 이제 이제 지서를 없애 버리려고 자꾸 이제 그런 이제 머리를 쓰고 있는데

- 저는 그때 무엇을 했느냐 하면 한청 단원이라고 지서하고 같이 그 협조해서 이제 그 보초도 서고 무엇도 하고 그런단 말씀이에요.

오.

- 그러면 이제 우리들 이제 주로 이제 어디 어려운 데도 많이 이제 심부름도 가고 그러지요.

예.

- 그런 일을 하고 있는데 아 이제 이놈의 것이 아주 그때 반란군들이 굉장히 심해 가지고

- 이제 여기 지서를 꼭 습격을 해야 되겠다 그래 가지고 이제 자꾸 이제 그 비밀로 이제 거시기가 들어오고 그래요. 비밀적으로 이제 들어오고 그래. 그 말이 들어오고 전하는 말로 들어와요.

- 근디 함버는 느다듭씨 아 인자 사:고가 나따 그래서 먼:사공고 그래 뜽마는,

- 앤:나래 인자 막 그 인자 노:무자더른 막 여그서 막 기양 거 점방으로 일써느로 막 보내요.

애.

- 근디 노:무자더를 하 차애다가 고뺴차애다가2) 하:빡3) 실코는 인자 강주로 가는디,

- 여그서 가자면 이양 아고 요 명봉하고 그 사이쩜이등가 능주하고 사이쩜이등가 그그슬 아. 이양하고 사이쩜이얘요.

내.

- 그 사이쩌매서 발:랑군드리 거 철 내:류애다가4) 딱 다이나마트를 무더각 저 다라노코는 그노믈 가따 걍 그 사내서 지키고 이써써요.

- 그렁깨 노:무자들 실코 간 차가 거으를 딱 땅저서 기차 딱 가자마자 기양 그노미 터저가꼬요 탈써니 되야가꼬 기양 차가 너머저부러찌 안씀니까요?

- 그렁깨 기양 그 사람들 막 걍 인자 기양 노:무자 간 사람드리 차 무늘 열:고는 막 들고5) 인자 도망을 헐껄 아님니까요?

- 그믄 노:무자가 문:재가 아니라 노:무자 인솔해가꼬 간 인자 그 순사드리나 구닌들 인자 그놈들 주길라고 해:뜽거신디 가따

- 애:문 사람 노:무자드리 마:니 주거부찌요.

- 그래가꼬는 인자 막 걍 거그서 기양 우:개 사내서 기양 막 지 지버지저댕:깨 기양 들:파느로 내:분 도망헝깨 기양 막 사문 지저대:가꼬는 기양 거그서 사:람드리 검:나 주거부따 그래써요.

음.

- 그래선:자 우리드리 인자 거까지 인자 지원 사겨글 안 나가씀니까, 순:사드리요?

- 그런데 한번은 느닷없이 아 이제 사고가 났다 그래서 무슨 사고인가 그랬더니마는,

- 옛날에 이제 막 그 이제 노무자들은 막 여기서 막 그냥 그 전방으로 일선으로 막 보내요.

예.

- 그런데 노무자들을 차에다가 화물차에다가 가득 싣고는 이제 광주로 가는데,

- 여기서 가자면 이양(지명)하고 이 명봉(지명)하고 그 사이쯤이던가 능주(지명)하고 사이쯤이던가 그것을 아, 이양하고 사이예요.

예.

- 그 사이에서 반란군들이 그 철 레일에다가 딱 다이나마이트를 묻어 가지고 저 달아 놓고는 그것을 가져다 그냥 그 산에서 지키고 있었어요.

- 그러니까 노무자들 싣고 간 차가 거기를 딱 기차 딱 가자마자 그냥 그것이 터져 가지고 탈선이 되어 가지고 그냥 차가 넘어져 버렸지 않습니까?

- 그러니까 그냥 그 사람들 막 그냥 이제 그냥 노무자 간 사람들이 차문을 열고는 막 냅다 이제 도망을 할 것 아닙니까?

- 그러면 노무자가 문제가 아니라 노무자 인솔해 가지고 간 이제 그 순사들이나 군인들 이제 그놈들 죽이려고 했던 것인데

- 애먼 사람 노무자들이 많이 죽어 버렸지요.

- 그래 가지고는 이제 막 그냥 거기서 그냥 위에 산에서 그냥 막 집어지져 대니까 그냥 들판으로 도망하니까 그냥 막 사뭇 지져 대가지고는 그냥 거기서 사람들이 굉장히 많이 죽어 버렸다 그랬어요.

음.

- 그래서 이제 우리들이 이제 거기까지 이제 지원 사격을 나갔잖습니까, 순사들이요?

음.

- 보:성 경찰서 노 미력(지명) 지 지서 노동(지명) 지서 막 한:청 다닌
들 막 지서 지권들 막 합해가꼬 자동차를 타고 가:서 봉깨 사:라미 기양
아조 신:등이6) 저써요. 주거부러가꼬.

아하.

- 그래서 인자 거그 인자 동:내 싸람들뽀고 인자 자버다노코 인자 무
릉깨 배감사느로 내빼부따.

- 아:이고 그래야고. 배감사내 가가꼬 거:리 날 추저글 해:보니 이노무
거시 머 어:디로 강거또 업:씨 사람드른 보지도 몯:허고 인자 우리만 죽:
뚜룩 하래내 고생을 허고는 인자 안 와부러씀니까요?

애.

- 와가꼬 한 매칠 이따가 봉깨 하래쩌녀개 인자 우리가 인자 지서 금:
무를 가서 금:무를 허고 인자

- 하, 이노무건 인자. 우리드른 인자 숭:경드른 지서애가 이째마는 우
리들 인자 한:청 다닌드른 지비 요짜개 또 도:로 뽀짝 가애 그 논 인는대
가 거가 인자 지비 두:채가 이써써요.

- 그먼 한:청 다닌드른 인자 거그서 인자 자믈 자고 거그서 인자 인자
쉬:기도 허고 놀:기도 허고 근디,

- 아, 하래쩌녀개 인자 아 경비드른 인자 쪽:: 앤:나래는 거 점:부때마
동7) 사:라미 한나썩 다 지켜서가꼬 점:부때를 지켜써요.

아.

- 근디 막 기양 느다듭씨 막 그냥 거 거시기가 전다리 와요.

음.

- 발:랑군드리 지금 이르캐 밀:고 내론다.

음.

- 그렁깨 인자 그래야고 그래가꼬는 앤:나래는 여그 발:랑군드리 오도

음.

- 보성 경찰서 미력(지명) 지서 노동(지명) 지서 막 한청 단원들 막 지서 직원들 막 합해 가지고 자동차를 타고 가서 보니까 사람이 그냥 아주 흰 고개가 졌어요. 죽어 버려 가지고.

아하.

- 그래서 이제 거기 이제 동네 사람들보고 이제 잡아다 놓고는 이제 물으니까 백암산으로 내빼 버렸다.

- 아이고 그러냐고. 백암산에 가 가지고 그리 추적을 해 보니 이놈의 것이 뭐 어디로 간 것도 없이 사람들은 보지도 못하고 이제 우리만 죽도록 하룻내 고생을 하고는 이제 와 버렸지 않습니까?

예.

- 와 가지고 한 며칠 있다가 보니까 하루 저녁에 이제 우리가 이제 지서 근무를 가서 근무를 하고 이제

- 아, 이놈의 것 이제, 우리들은 이제 순경들은 지서에 있지마는 우리들 이제 한청 단원들은 집이 이쪽에 또 도로 바짝 가에 그 논 있는 데에 거기에 이제 집이 두 채가 있었어요.

- 그러면 한청 단원들은 이제 거기서 이제 잠을 자고 거기서 이제 이제 쉬기도 하고 놀기도 하고 그런데,

- 아, 하루 저녁에 이제 아, 경비들은 이제 쭉 옛날에는 그 전봇대마다 사람이 하나씩 다 지켜 서 가지고 전봇대를 지켰어요.

아.

- 그런데 막 그냥 느닷없이 막 그냥 그 거시기가 전달이 와요.

음.

- 반란군들이 지금 이렇게 밀고 내려온다.

음.

- 그러니까 이제 그러냐고 그래 가지고는 옛날에는 여기 반란군들이 오

안핸는디 무슨노무 발:랑군드리 온다 글고

- 순사드리 글때 두:리 ○○○하고 ○○○하고 인자 두:리 인자 총을 가꼬는 인자 설만들 올라디야8) 흐고 여개 강깨

- 순사들 쏴 주겨부내요 걍 발:랑군드리. 지래서 그 딱 그 지빈는디가 모도 이써가꼬.

- 그래가꼬는 인자 와서는 걍 지서를 기양 막 완:저니 습껴글 헝거시애요.

- 긍깨 느다듭씨 갑:짜키 달라등거시라 머 지서애서도 머 방:어허도 몯:해 걍 머 이노무거시.

- 그래가꼬 지서 주임 마:느래, 지서 쭈임 해필 처형이라고 지서쭈임 마:느래 즈그 성이 완는디 그양반, 또 즈그 딸, 근디 즈그 따:른 괴상허니 살:고 두: 양반들 지서쭈임 마:느래하고 즈그 처형하고만 두:리만 거그서 완:자 주거불고

- 순:사들 한 서너시 두:링간 한낭가 주거불고

- 그러고는 인자 우리드른 걍 도망해서 기양 사라나꼬요.

- 여그 지리를 아르기 아:라끼따무내 사라째 그란해쓰먼 영낙읍씨 주거부쓰꺼요.

음.

- 그먼 인자 쩌: 인자 왠:디서9) 인자 다른 동내서 마:니 지서 경비를 와요.

애.

- 그 사람드른 기양 완:저니 기양 몰쌀지:경당10) 주거부러꼬,

아하.

- 하가꼬 아치개 가서봉깨 막 시:채가 막 들파내고 지서아내고 늘비핸는디 머 정시니 한나도 읍써요.

어.

지도 않았는데 무슨 놈의 반란군들이 온다니 그러고

- 순사들이 그때 둘이 ○○○하고 ○○○하고 이제 둘이 이제 총을 가지고는 이제 설마 오려더냐 하고 역에 가니까

- 순사들 쏴 죽여 버리네요, 그냥 반란군들이. 길에서 그 딱 그 집 있는 데에 모두 있어 가지고.

- 그래 가지고는 이제 와서는 그냥 지서를 그냥 막 완전히 습격을 한 것이에요.

- 그러니까 느닷없이 갑자기 달려든 것이라 뭐 지서에서도 뭐 방어하지도 못해, 그냥 뭐 이 놈의 것이.

- 그래 가지고 지서주임 마누라, 지서주임 하필 처형이라고 지서주임 마누라 자기 언니가 왔는데 그분, 또 자기 딸, 그런데 자기 딸은 괴상하게 살고 두 분들 지서주임 마누라하고 자기 처형하고만 둘이만 거기서 완전히 죽어 버리고

- 순사들 한 서넛이 둘인지 하난지 죽어 버리고

- 그리고는 이제 우리들은 그냥 도망해서 그냥 살아났고요.

- 여기 지리를 알기 알았기 때문에 살았지 그렇지 않았으면 영락없이 죽어 버렸어요.

음.

- 그러면 이제 저 이제 다른 곳에서 이제 다른 동네서 많이 지서 경비를 와요.

예.

- 그 사람들은 그냥 완전히 그냥 몰살지경 당(해서) 죽어 버렸고,

아하.

- 그래 가지고 아침에 가서 보니까 막 시체가 막 들판이고 지서 안이고 늘비했는데 뭐 정신이 하나도 없어요.

어.

- 그래서 인자 순사드리고 인자 지서 인자 모도 주거분 인자 경비허
로오온 사:람들 주거분 사람들 싹:: 인자 모도 인자 시채를 모셔다가 인자
나:두고,

- 한 사라믄 여그 여 탕시 저 묘:동 묘:동이라고 살:고 인는디,

- 가서봉께 물 가:애가서 차마 무를 미차 몬:무꼬 물까애 가서 딱 쓰
러저가꼬 인는디,

- 따발총 실타늘 일곱빠를 마저가꼬도 산:냥바니 이써요.

오.

- 거 요론디 막 걍 몸땡이 마저 꼬저가꼬 피난 자구기 일곱빤딩가
되야요.

- 그래선 그부는 대래다가 인자 그때개 보:성 거 먼: 병워닝가 병:워니
한나 이써써요.

- 거:리 댈꼬 가가꼬 거가서 나수다11) 나수다 몬:나숭께 강주로 가가
꼬 강주가서 나서가꼬

- 한 칠십쌀 너머서사 도라가셔스꺼요, 그 양바니.

- 그런 닐:도 이써꼬.

- 그래가지고 인자 우리더른 인자 완:저니 지서가 인자 습껴글 당해부
러가꼬

- 다시 인자 순:사들 뺃: 인자 보:충을 바더가꼬 지서를 요기요 시방
거 창고 인는 디 거그다가 지여가꼬

- 면:하고 지서하고 거:리 인자 윙개부러써요.12) 거그다가 창고를 지:
꼬 창고짜리다가 지서를 지:꼬 며:늘 지:꼬 그래가꼬는 고:리 인자 윙개가
꼬 이써씀니다.

- 그래가지고는 재:가 거 한:청 다눠느로 쭉: 이따가 그 뒤:로는
인자 그런 지서 습껵또 안 당허고 습껵 당허로 와바때짜 당허지도
앙코

- 그래서 이제 순사들이고 이제 지서 이제 모두 죽어 버린 이제 경비하러 온 사람들 죽어 버린 사람들 싹 이제 모두 이제 시체를 모셔다가 이제 놔 두고,

- 한 사람은 여기 이 당시 저 묘동(지명) 묘동이라고 살고 있는데,

- 가서 보니까 물가에 가서 차마 물을 미처 못 먹고 물가에 가서 딱 쓰러져 가지고 있는데,

- 따발총 실탄을 일곱 발을 맞아 가지고도 산 분이 있어요.

오.

- 그 이런 데 막 그냥 몸뚱이 맞아 꽂아 가지고 피 흘린 자국이 일곱 군데인가 돼요.

- 그래서 그분은 데려다가 이제 그때에 보성 그 무슨 병원인가 병원이 하나 있었어요.

- 그리 데리고 가 가지고 거기 가서 고치다 고치다 못 고치니까 광주로 가 가지고 광주에 가서 고쳐 가지고

- 한 칠십 살 넘어서야 돌아가셨을 것이에요, 그 양반이.

- 그런 일도 있었고.

- 그래 가지고 이제 우리들은 이제 완전히 지서가 이제 습격을 당해 버려 가지고

- 다시 이제 순사들 이제 보충을 받아 가지고 지서를 여기 이 시방 그 창고 있는 데 거기다가 지어 가지고

- 면하고 지서하고 그리 이제 옮겨 버렸어요. 거기다가 창고를 짓고 창고 자리에다가 지서를 짓고 면을 짓고 그래 가지고는 그리 이제 옮겨 가지고 있었습니다.

- 그래 가지고는 제가 그 한청 단원으로 쭉 있다가 그 뒤로는 이제 그런 지서 습격도 안 당하고 습격 당하러 와 봤댔자 당하지도 않고

- 따:믈13) 아조 그양 얼:마나 아조 노피 싸:가꼬요 널보깨14) 싸:고 거:
리 교통호라고 사:라미 댕임시롬 총을 맘:대로 쏘:거쿠롬

으흠.

- 딱 그 교통호를 해:놔써요.

- 그래가꼬 그 뒤:로 기양 대밭 대로 기양 우타리를 삥: 둘러서 땅 마
거부러가꼬는

- 인자 이 발:랑군드리 와바때짜 꼼:짝또 몯:허고 드로도 몯:허고

애.

- 그래가꼬 지서를 지:가꼬 인자 보:존허고 이따가

- 다시 인자 애 그 뒤:로 김:: 김 머신디 구캐위워니 김 머시 무슨 냥
바닌디 그 양바니 구캐위워니 이 지서를 기양 저 광:고그로 며:니고 머이
고 싹 끄러가부써요.

- 담을 아주 그냥 얼마나 아주 높이 싸 가지고요 넓게 싸고 그리 교통
호라고 사람이 다니면서 총을 마음대로 쏘게끔

으흠.

- 딱 그 교통호를 해 놓았어요.

- 그래 가지고 그 뒤로 그냥 대밭 대로 그냥 울타리를 빙 둘러서 딱
막아 버려 가지고는

- 이제 이 반란군들이 와 봤댔자 꼼짝도 못하고 들어오지도 못하고

예.

- 그래 가지고 지서를 지어 가지고 이제 보존하고 있다가

- 다시 이제 예 그 뒤로 김 김 뭔데 국회위원이 김 뭐가 무슨 양반인
데 그분이 국회위원이 이 지서를 그냥 저 광곡(지명)으로 면사무소고 뭐
고 싹 끌어가 버렸어요.

5.2 6·25 참전

― 그러고 인자 저는 이자 만 인자 열아홉쌀때 수무살 묵뜬 해애 그때 인자 구니내를 가써요.

애

― 긍깨 그때 인자 저는 인자 잘 모르거씀니다마는 당기로 인자 말:허자면 당기로 인자 거 팔 오:년또애

애

― 예, 팔 오:년또애

― 여그 여그 인자 음:녀그로 말:허면 사뭘따랭가 재:가 구니낼 가부써요

애

― 그때는 영짱이 피료웁써요. 무조껀 기양 막 거식허먼 기양 가붕거애요 그냥.

그개 유기오 난 됨:니까 아니면 저넘니까?

― 애 유기오 난 뒤:지요.

뒤:우애

― 내.

― 그래가지고 지:가 인자 구니내를 가서 강주 서:석꿍민학꾜 가서 신채검사를 허고는

― 거그서는 그 학꾜 거으 신채금사를 허로 가따그면 인자 저 영고자 인자 그 면: 저 저 거시기 전:사한 지바나나 멀:헌 지바내 인자 그런 사람 드리나 어:치면 한나써기나[15] 빼:주까 글안흐면 무조끈 갑쫑이여. 머 너는 구니내 가라 인자 이거시여요.

― (기침) 그믄 재:가 인자 저 중형니미 구니내 가서 인자 거 전:사를 안 당해씀니까?

─ 그리고 이제 저는 이제 만 이제 열아홉 살 때 스무 살 먹던 해에 그 때 이제 군인을 갔어요.

예.

─ 그러니까 그때 이제 저는 이제 잘 모르겠습니다마는 단기로 이제 말 하자면 단기로 이제 그 팔오 년도에

예.

─ 예, 팔오 년도에

─ 여기 여기 이제 음력으로 말하면 삼월인가 제가 군인을 가 버렸어요.

예.

─ 그때는 영장이 필요없어요. 무조건 그냥 막 뭐하면 그냥 가 버리는 것이에요, 그냥.

그것이 육이오 난 뒤입니까 아니면 전입니까?

─ 예, 육이오 난 뒤지요.

뒤에

─ 예.

─ 그래 가지고 제가 이제 군인을 가서 광주 서석초등학교 가서 신체검 사를 하고는

─ 거기서는 그 학교 거기 신체검사를 하러 갔다 그러면 이제 저 연고 자 이제 그 무슨 저 저 거시기 전사한 집안이나 뭐 한 집안에 이제 그런 사람들이나 어쩌면 하나씩이나 빼 줄까 그렇지 않으면 무조건 갑종이야. 뭐 너는 군인에 가거라 이제 이것이에요.

─ (기침) 그러면 제가 이제 저 중형님이 군인에 가서 이제 그 전사를 당했잖습니까?

음.

— 긍깨 충부니 글때개 거 빠:저나올 그 기리 이썬는디도

음.

— 병사개라고 그 사라미 가따 도:늘 무꼬는 딴: 놈 빼:주고는 저를 가따 기양 보내붕거시애요.

아하하.

— 그래가꼬 인자 헐쑤웁씨 인자 그때 우리 마을써 서:이 저 건내서 두:리 나 한나 그래가꼬 서:이 인자

— 갑쫑을 마저가꼬 인자 여:수 시뉠리 인자 그 비형장애 이뜨마요.

— 그거 비형장애 강깨 구닌드리 인자 그 직껼지가 이뜽마뇨. 거 구니내 갈 싸람들 직껼지가 이써가꼬 거가 인자 이따가는

— 자 배가 인자 이거시 되먼 인자 되아야 거시 그 사람들 태우고 인자 재:주도로 건:내가요.

야아.

— 근디 인자 그 배펴니 안 됭깨 거그서 기달리고 이써써요.

— 그래가지고 거그서 인자 배펴니 되야서 인자

— 시뉠리서 거러가꼬

— 여:수 여그로 인자 나와가꼬 여:수 여개서 바로 여:수 여가패 인자 한피짜개16) 강깨 거 모래사장 인는디 거그 강깨 인자

— 거 배가 인자 워낙 큰 배라 그 드로도 몯:허고 인자 주 한 여그서 저: 지바패 가기만하이나 멀:거캐 가 떠러저가꼬 이뜽마요.

— 그래서 인자 오슬 배럳 배리고 인자 징검징검 건:내강거시여요.

음.

— 인자 모가지 키는 안 너뭉깨

— 그래서 인자 징검징검 건:내가가꼬 인자 거가서 인자 요로캐 사:람 인자 드러가거쿠롬 머 발판가치 이르캐 땅 나:나뜨마니요. 고:리 인자 올

음.

- 그러니까 충분히 그때에 그 빠져나올 그 길이 있었는데도

음.

- 병사계라고 그 사람이 가져다 돈을 먹고는 딴 놈을 빼 주고는 저를 가져다 그냥 보내 버린 것이에요.

아하하.

- 그래 가지고 이제 할수없이 이제 그때 우리 마을에서 셋이, 저 건너서 둘, 나 하나, 그래 가지고 셋이 이제

- 갑종을 맞아 가지고 이제 여수 신월리 이제 그 비행장이 있더구먼요.

- 그것 비행장에 가니까 군인들이 이제 그 집결지가 있더구먼요. 그 군에 갈 사람들 집결지가 있어 가지고 거기에 이제 있다가는

- 이제 배가 이제 이것이 되면 이제 되어서 그것이 그 사람들 태우고 이제 제주도로 건너가요.

예.

- 그런데 이제 그 배편이 안 되니까 거기서 기다리고 있었어요.

- 그래 가지고 거기서 이제 배편이 돼서 이제

- 신월리서 걸어 가지고

- 여수역으로 이제 나와 가지고 여수역에서 바로 여수역 앞에 이제 한 쪽에 가니까 그 모래사장 있는데 거기 가니까 이제

- 그 배가 이제 워낙 큰 배라 그 들어오지도 못하고 이제 한 여기서 저 집 앞에 갈 만큼 멀게 가서 떨어져 가지고 있더구먼요.

- 그래서 이제 옷을 적시고 이제 징검징검 건너간 것이에요.

음.

- 이제 목 키는 안 넘으니까

- 그래서 이제 징검징검 건너가 가지고 이제 거기 가서 이제 이렇게 사람 이제 들어가게끔 뭐 발판같이 이렇게 딱 놔 놨더구먼요. 그리 이제 올

라서 인자 배를 탕깨

— 그때 배를 탄 사라미 한 칠썸명 한 칠썸명 되야쓰꺼애요.

내.

— 그래서 인자 차로 배를 타고 인자 재:주도 건:내강깨 재:주도는 인자 이르캐 선창끋 이써가꼬 거그서 딱 내리등마뇨. 내래가꼬는

— 인자 재:일일 머 홀:련소라 하등가 거:리 인자 배:정을 바더가꼬 거 가서 인자

— 홀:려늘 얼:마럴 바던냐 그르머는 우리가 배길 석:딸 열흘가늘 바더써요.

애.

— 석:딸 열흘가늘 홀:려늘 바든 그 과:정이

— 이:루 말헐쑤읍씨 고초가 심:해써꼬

— 잘몯흐면 뚜두래패고

— 인자 거 분대애서도 먼 묻:헌디 도:니 모:지렁깨 도:늘 거더라 묻:헌디 또 도:니 업:씽깨 도:늘 거더라 그러므뇨

— 도:늘 내:머는 갠찬헌디 안 때리고 근디, 도:늘 안 낸 사람드른 무조끈 뚜두러팽거시애요.

— "왜 왜 도:니 읍써야? 너임시끼 돈 나:두고도 읍:따글지?"

— 거 공갈친다 거:진말헌다 흐고 막 뚜두러패고, 실찌 도:니 업:써서 몬:낸다 마리여.

어~.

— 그르면 "나:중애 월급 타가꼬 내, 이노무시키들." 글고는 이 안: 때리고 그래써요.

— 그래가꼬 그:: 고초를 바꼬

— 배는 고푼디 어:처냐 그머는 바블 조로캐 딱 식싸때가 되야가꼬 바블 무글라 그머뇨

라가서 이제 배를 타니까

　- 그때 배를 탄 사람이 한 칠십 명 한 칠십 명 됐을 거예요.

　예.

　- 그래서 이제 차로 배를 타고 이제 제주도 건너가니까 제주도는 이제 이렇게 선창 끝 있어 가지고 거기서 딱 내리더구먼요. 내려가지고는

　- 이제 제일 뭐 훈련소라 하던가 그리 이제 배정을 받아 가지고 거기 가서 이제

　- 훈련을 얼마를 받았느냐 그러면은 우리가 백일 석달 열흘간을 받았어요.

　예.

　- 석달 열흘간을 훈련을 받은 그 과정이

　- 이루 말할 수 없이 고초가 심해 가지고

　- 잘못하면 두드려 패고

　- 이제 그 분대에서도 무슨 뭐 하는데 돈이 모자라니까 돈을 걷어라 뭐 하는데 또 돈이 없으니까 돈을 걷어라 그러면요

　- 돈을 내면은 괜찮은데 안 때리고 그런데, 돈을 안 낸 사람들은 무조건 두드려 패는 것이에요.

　- "왜 왜 돈이 없어? 너 이놈의 새끼 돈 놔 두고도 없다고 그러지?"

　- 그 공갈친다 거짓말한다 하고 막 두드려 패고. 실제로 돈이 없어서 못 낸다 말이야.

　어.

　- 그러면 "나중에 월급 타 가지고 내. 이 놈의 새끼들." 그리고는 이 안 때리고 그랬어요.

　- 그래 가지고 그 고초를 받고

　- 배는 고픈데 어떠냐 그러면은 밥을 저렇게 딱 식사 때가 되어 가지고 밥을 먹으려고 그러면요

- '항:가지'라고 거 그륵 따문 그 밥 따머준 그르기[17] 인는디 그 속떠 꺼리가[18] 이써요.

- 속 떡까리 똑 요:맨헝간대다가 밥 요마니로 쪼깐 주고 국 궁물 쪼깐 딱 주고

- 그놈 망: 무글라 그놈 쯤 쪼까 먼 요러캐 머 수재가[19] 이쓰까 머 이쓰까 군버느로[20] 요:리 활짝활짝[21] 떠무글라 흐먼

- "집합" 근다 마리여.

- 그러면 그이 무 밤: 묵따도[22] 기양 거 헐쑤읍씨 나:두고 가야재, 또 그놈 무꼬 안저쓰먼 와서 또 뚜두러패재.

- 그러면 이노무걸, 배는 고푸재, 홀:려는 고되재,

- 나른 뜨곱째,

- 사:람 미칠 지경이고 말:로는 참 거 이루 말:헐쑵써요.

- 그러면 인자 홀:려늘 바따가 인자 십뿡깐 휴식 근:다 마리요.

- 돈:인는 놈드른 막 배락가치 가가꼬 막 머 거 여그로 말허면 인자 거 서:숙떠긴디요

- 요로캐 인자 가래떵마니로 맨드라가꼬 그릉거를 요:만썩요:만썩헝거를 가꼬 와서는 포라요. 인 막 여자드리고 남 막 기양 가시내드리고[23] 와서 막 포라.

- 그믄 거가서 사무그머는 홀:련 안바더도 아:말또 안흔디

- 안 사무꼬 그면 또 떠 막 오라그래가꼬 인자 홀:려늘 시킨다 마리요.

- 이:거참 이러도 몯:허고 저러도 몯:허고 죽짜니 주글쑤도 오:꼬 살:자니 고생이고 미칠 찌경이조.

- 그래가꼬 얻:채 어채 이자 전대나가꼬 석:딸 열흘간 홀:려늘 땅 마치고 낭깨

- 일써느로 인자 점:부 배:치 바다가꼬 간다 그르대요.

- 반합(はんごう)이라고 그 그릇 담는 그 밥 담아 주는 그릇이 있는데 그 속 덮개가 있어요.
- 속 덮개 꼭 이만한 데다가 밥 이만큼 조금 주고 국 국물 조금 딱 주고
- 그것을 막 먹으려 그것 좀 조금 무슨 이렇게 뭐 수저가 있을까 뭐 있을까 군번으로 이리 홀짝홀짝 떠 먹으려 하면
- "집합" 그런단 말이야.
- 그러면 그것이 뭐 밥 먹다가도 그냥 그 할 수 없이 놔 두고 가야지, 또 그것 먹고 앉아 있으면 와서 또 두드려 패지.
- 그러면 이놈의 것, 배는 고프지, 훈련은 고되지,
- 날은 뜨겁지,
- 사람 미칠 지경이고 말로는 참 거 이루 말할 수 없어요.
- 그러면 이제 훈련을 받다가 이제 십분간 휴식 그런단 말이오.
- 돈 있는 놈들은 막 벼락같이 가 가지고 막 뭐 그 여기로 말하면 이제 그 좁쌀떡인데요,
- 이렇게 이제 가래떡처럼 만들어 가지고 그런 것을 이만큼씩 이만큼씩 한 것을 가지고 와서는 팔아요. 막 여자들이고 남 막 그냥 계집애들이고 와서 막 팔아.
- 그러면 거기 가서 사 먹으면은 훈련 안 받아도 아무 말도 안 하는데
- 안 사 먹고 그러면 또 막 오라 그래 가지고 이제 훈련을 시킨단 말이오.
- 이거 참 이러지도 못하고 저러지도 못하고 죽자니 죽을 수도 없고 살자니 고생이고 미칠 지경이지요.
- 그래 가지고 어떻게 어떻게 이제 견뎌내 가지고 석 달 열흘간 훈련을 딱 마치고 나니까
- 일선으로 이제 전부 배치 받아 가지고 간다 그러데요.

- 그래서는 인자 조을씨구나24) 허고 인자 가능 나올락 헝께
- 또 신:채금사라고 또 허 해:자친디 이누무새끼드리
- 안:질 누내피25) 온 사라미나 이질배피26) 걸린 사라믄 또 내:보내도 안허고 도로 걍 홀:련소로 쪼차부요.
- 화 이거 그러니 이거 사:람 미칠 이:리지요이~.

음.

- 행이라도27) 글거 디리깨미 기양 누늘 요:리 기양 아:꼬당 요:르캐 따끄고 달크고 염:병헐 기양 막 밸진 다:해가꼬는
- 그 여팰 강깨 "너이노무새끼, 너 안:질 걸려써 앙걸려써 눈떠바."
- 얼: 뚜 "머냐 또 너 이질배피 걸려써 앙걸려써?"

아.

- 온 내래바. 거 온 내리고.
- 그무 인자 야:무 이상 업쓰문 인자 "너는 가."

아하.

- 글안흐먼 기양 또 쪼쪼 쪼차부러요 다시 기양.
- 그문자 뛰여 저 저짜그로 내:보낸노믄 무조끈 또 인자 다시 홀:련소로 가:고
- 요짜그로 나온 노믄 인자 쩌 육찌로 나오개 되고
- 그래가꼬는 꽤상허니 인자 빠저나와가꼬 인자 육찌로 와서 인자 부산 와서 인는디
- 부산 오유꾼 병:원 인는디 거가 먼: 거시기 장:정 대:기소라 하등만. 거그 옹깨,
- 거그 와서 인자 이쓰깨
- 겨울 오시랑 총이랑 대:금가틍거 완:저니 인자 거그 강깨 거그 나옹깨 인자 거그는 인자 물짜를 다 주둥마뇨.

아.

- 그래서는 이제 좋다구나 하고 이제 나오려고 하니까

- 또 신체검사라고 또 해 젖히는데 이놈의 새끼들이

- 안질 눈병 온 사람이나 이질 배앓이 걸린 사람은 또 내보내지도 않고 도로 그냥 훈련소로 쫓아 버리오.

- 와, 이것 그러니 이것 사람 미칠 일이지요.

음.

- 행여나 긁어 들일까봐 그냥 눈을 이리 그냥 가지고 이렇게 닦고 닦고 염병할 그냥 막 별짓 다 해 가지고는

- 그 옆에를 가니까 "너 이놈의 새끼, 너 안질 걸렸어 안 걸렸어 눈 떠 봐."

- "뭐냐 너 이질 배앓이 걸렸어 안 걸렸어?"

아.

- "옷 내려 봐. 그 옷 내리고."

- 그러면 이제 아무 이상 없으면 이제 "너는 가."

아하.

- 그렇지 않으면 그냥 또 쫓아 버려요 다시 그냥.

- 그러면 이제 뛰어 저쪽으로 내보낸 놈은 무조건 또 이제 다시 훈련소로 가고

- 이쪽으로 나온 놈은 이제 저 육지로 나오게 되고

- 그래 가지고는 괴상하게 이제 빠져나와 가지고 이제 육지로 와서 이제 부산 와서 있는데

- 부산 5 육군 병원 있는데 거기에 무슨 거시기 장정 대기소라 하더구먼. 거기 오니까,

- 거기 와서 이제 있으니까

- 겨울 옷이랑 총이랑 대검 같은 것 완전히 이제 거기 가니까 거기 나오니까 이제 거기는 이제 물자를 다 주더구먼요.

아.

- 그래선 인자 총을 이자 배:정바드먼 인자 총은 인자 깨::끄시 수이블28) 하:라고 인자 수이블 허라 글고 따끄라 글고

- 그래서 인자 딱 따끄고 인자 깨:끋허니 해농깨 (인)자 총금사를 해:가꼬

- 잘몯헌노믄 또 어:더터지고

- 깨끋허니 잘:헌노믄 아너더터지고

- 아 그래가꼬 인자 거가 이따가는 어:천 수가 인냐 그먼 인자 거그서 인자 부대 배:치를 반능거시애요.

애.

- 그러먼 인자 거그서 인자 부대 배치를 반는디

- 단수니 묻:하고 묻:하고 인냐 그먼 보:병하고 수 수송부하고 쩌 유:앤군하고 인자 새:반디 인자 거 갈려가는 기리 이써요.

음.

- 그래선 거가서 말:등깨 수송부로 간 노미 질: 조:타고.

- 질: 조코 보병은 가믄 대:버내 가면 주끼 아니면 살:기고

- 유:앤구내 가면 미:궁놈들한태 가머 마:를 모:다라뭉깨 그거시 애:애:가 터저 주꼬꼬

- 긍깨 수송부로 간 노미 지:리다 그래싸코 야:다닌디

- 그 여그시 딱 요로캐 일렬 종대로 쪽::쭉 이르캐 선는디

- 발써 여그서 인자 딱 시:작해:가꼬 여그 가서 인자 떠러진 사라믄 수송부, 여가서 떠러진 노믄 유:앤군, 요리 떠러진 노믄 무조끈 인자 보:병 근다 마리

- 근디 인자 머 어:철쑤도29) 모르고 거가 인자 서쓩깨

- 느그드른 보:병이다 그래부르고 인자 보:병으로 가그라

- 아 그래서 인자 이쓩깨 인자

- 그 이튼날 인자 바로 자 고빼애차를30) 불러가꼬 인자 거그서 인자 거러서

- 그래서는 이제 총을 이제 배정 받으면 이제 총은 이제 깨끗이 손질을 하라고 이제 손질을 하라 그러고 닦으라 그러고

- 그래서 이제 딱 닦고 이제 깨끗하게 해 놓으니까 이제 총 검사를 해 가지고

- 잘 못한 놈은 또 얻어터지고

- 깨끗하게 잘한 놈은 안 얻어터지고

- 아, 그래 가지고 이제 거기에 있다가는 어떤 수가 있느냐 그러면 이제 거기서 이제 부대 배치를 받는 것이에요.

예.

- 그러면 이제 거기서 이제 부대 배치를 받는데

- 단순히 뭐 하고 뭐 하고 있느냐 그러면 보병하고 수송부하고 저 유엔군하고 이제 세 군데 이제 갈리는 길이 있어요.

음.

- 그래서는 거기 가서 말을 들으니까 수송부로 가는 것이 제일 좋다고

- 제일 좋고 보병은 가면 대번에 가면 죽기 아니면 살기고

- 유엔군에 가면 미국놈들에게 가면 말을 못 알아들으니까 그것이 애가 터져 죽겠고

- 그러니까 수송부로 가는 것이 제일이다 그래 쌓고 야단인데

- 그 여기서 딱 이렇게 일렬 종대로 쭉쭉 이렇게 섰는데

- 벌써 여기서 이제 딱 시작해 가지고 여기 가서 이제 떨어진 사람은 수송부, 여기 가서 떨어진 놈은 유엔군, 이리 떨어진 놈은 무조건 이제 보병 그런단 말이

- 그런데 이제 뭐 어쩔 줄도 모르고 거기에 이제 서 있으니까

- 너희들은 보병이다 그래 버리고 이제 보병으로 가거라.

- 아 그래서 이제 있으니까 이제

- 그 이튿날 이제 바로 이제 화물차를 불러 가지고 이제 거기서 이제 걸어서

부산 진녀기라 글등가 어:디까지 인자 거러와가꼬, 거그서 인자 차를
타고는 기차를 타고 인자, 하래 죙:일 옹거시 그때 부산써 서울 와뚱
가요?

애.

- 근디 그 새:중가내31) 아 부산써 서울 아니 서울 몯:오고 대전 와꾸
나. 하래 죙:일 옹거시 대전 와써요.

- 그래가꼬 인자 그: 이튼날 인자 대전서 자 차가 인자 그 모:도고 인
자 거그서 자고는 그: 이튼날 아치개32)

- 인자 이:르캐 인자 올라오는디 와::따 오느리 요 머 맹저링가 인자
거 머 고빼를 탕깨 무늘 꽉꽉 장가서 도망흐깨미33) 무늘 장가붕깨

- 똑 요:만헌 틈새기로34) 인자 요로캐 바가태 쪼까썩 내:다보재 머 배
이도 안흐고 으쩌도 안흐고 머 우깨부러써요.

음.

- 근:댄디 인자 거 트므로 내:다보고는 아이고 오나치개 파륄 추석잉
가 이거 막 애:기드리 색똥저고리를 입꼬 난리를 친다

내.

- 아, 그래싸:서 조깐 거 트므로 내:다봉깨 대:차나 가:미 인자 거 뽈근
뽈근 요르캐 헌노미 뽈근뽈근헌시롱 애:기드리 요 색똥저고리 입꼬 막 걍
골:무개 막 돌아댕기고 수원 옹깨 그러대요.

- 그래서는 인자 그릉거뽀고는 인자 기양 서울까가꼬 서울까서 인자

- 용산까서 이따가는 용산써 인자 춘처느로 인자 차가 가능거애요.

- 인자 춘처느로 간다 그래요 울써는 춘처느로 강개비다 글고 인자
말:만 드꼬 인자 헌:병드른 점:부 무나캐35) 기양 도망가깨미 모:까개 실탄
꽉꽉 바가가꼬 총 취캐들고 서:꼬

- 아::이고 쩌그 처뤄:내 그 처뤈까서 아니 거시기 춘천 춘천깡깨 캄캄
헌 바민디 비는 막 억:쑤로 따라진디36)

부산진역이라 그러던가 어디까지 이제 걸어와 가지고 거기서 이제 차를 타고는 기차를 타고 이제 하루 종일 온 것이 그때 부산에서 서울 왔던가요?

예.

－ 그런데 그 사이에 아 부산에서 서울 아니 서울 못 오고 대전 왔구나. 하루 종일 온 것이 대전 왔어요.

－ 그래 가지고 이제 그 이튿날 이제 대전에서 이제 차가 이제 그 못 오고 이제 거기서 자고는 그 이튿날 아침에

－ 이제 이렇게 이제 올라오는데 아따 오늘이 이 뭐 명절인지 이제 그 뭐 화차를 타니까 문을 꽉꽉 잠가서 도망할까봐 문을 잠가 버리니까

－ 꼭 이만한 틈으로 이제 이렇게 바깥에 조금씩 내다보지 뭐 보이지도 않고 어쩌지도 않고 뭐 웃겨 버렸어요.

음.

－ 그런데 이제 그 틈으로 내다보고는 아이고 오늘 아침이 팔월 추석인가 이것 막 아이들이 색동저고리를 입고 난리를 친다

예.

－ 아, 그래 쌓아서 조금 그 틈으로 내다보니까 과연 감이 이제 그 불긋불긋 이렇게 한 것이 불긋불긋하면서 아이들이 이 색동저고리 입고 막 그냥 골목에 막 돌아다니고 수원 오니까 그러데요.

－ 그래서는 이제 그런 것보고는 이제 그냥 서울 가 가지고 서울 가서 이제

－ 용산 가 있다가는 용산에서 이제 춘천으로 이제 차가 가는 것이에요

－ 이제 춘천으로 간다 그래요. 그래서는 춘천으로 가나 보다 그리고 이제 말만 듣고 이제 헌병들은 전부 문 앞에 그냥 도망갈까 봐 못 가게 실탄 콱콱 박아 가지고 총 추켜들고 서 있고

－ 아이고 저기 철원에 그 철원에 가서 아니 거시기 춘천 춘천 가니까 캄캄한 밤인데 비는 막 억수로 퍼붓는데

- 참 머 이거시 어::트캐 날 나른 아조 캄캄헌디 머 어:디가 어:딘지도 봉가늘 몰:허고

- 차애서 툭 떠러지면 낼치 내리라 그래서 퉁 내리면, 떠러지면 저 땅바다기고 떠러지면 땅바다기고

- 막 미태서는 깨:저중는다고 아글 쓰고 (웃음)

- 그래가지고 인자 거그서 완:저니 구사단 로 인자 배:치바더가꼬 구사다내 가서

- 또 인자 이:십구연대 이:대로 인자 이:십구연대로 가가꼬

- 이:십구연대 연대강깨 인자 느그더른 대대로 가그라 그래가꼬 대대로 강깨

- 인자 대대애서 인자 너는 매쭝대 너는 매쭝대 인자 이르캐 중대별로 허등마는

- 또인자 대대 중대든 중대애강깨 너는 매쏘대 너는 매쏘대 그르캐 인자 떠러지고

- 그래가지고 인자 육쭝대 육쓰 인자 삼소대로 떠러저써요 지:가 결구 개는 인자. 갈때로 인자 다 강거시여.

- 그래가꼬 가서 봉깨 이노무거시 전:장을 허기 시작헌디 이거 사:람 미칠 이리애요.

- 아:이고 처뤈 인자 그 벌파내다가따가 턱 가따가 드러대:농깨

- 가서 교통호라고 가서 봉깨 무른 뱅뱅허니 차가꼬 어:디 안저서 슬때도 오:꼬,

- 땅바다개가 이짜니 저놈드리 거 매:산가튼 인자 거 뱅마사내서 지저대면 대:번 주꺼꼬

- 어:디 은신헐때가 업:써요, 벌파니라.

- 그래서는 홀:련소애서 음팬물 차:패물 인자 거 자기 모믈 감출띠 그거슬 잘: 방과서[37] 해:라 해:라 인자 그르캐 홀:려늘 바꼬 무:슬 허고 그래나서

- 참 뭐 이것이 어떻게 날은 아주 캄캄한데 뭐 어디가 어딘지도 분간을 못하고

- 차에서 툭 떨어지면 내려라 그래서 툭 내리면 떨어지면 저 땅바닥이고 떨어지면 땅바닥이고

- 막 밑에서는 깨져 죽는다고 악을 쓰고 (웃음)

- 그래 가지고 이제 거기서 완전히 9사단으로 이제 배치 받아 가지고 9사단에 가서

- 또 이제 29연대 이대로 이제 29연대로 가 가지고

- 29연대 연대 가니까 이제 너희들은 대대로 가거라 그래 가지고 대대로 가니까

- 이제 대대에서 이제 너는 몇 중대 너는 몇 중대 이렇게 중대별로 하더니마는

- 또 이제 대대 중대든 중대에 가니까 너는 몇 소대 너는 몇 소대 그렇게 이제 떨어지고

- 그래 가지고 이제 6중대 육소 이제 3소대로 떨어졌어요. 제가 결국에는 이제. 갈 데까지 이제 다 간 것이에요.

- 그래 가지고 가서 보니까 이놈의 것이 전쟁을 하기 시작하는데 이것 사람 미칠 일이에요.

- 아이고, 철원 이제 그 벌판에다가 턱 갖다가 들이대 놓으니까

- 가서 교통호라고 가서 보니까 물은 벙벙하게 차 가지고 어디 앉아서 서 있을 데도 없고,

- 땅바닥에 있자니 저놈들이 그 매산 같은 이제 그 백마산에서 지져대면 대번 죽겠고

- 어디 은신할 데가 없어요, 벌판이라.

- 그래서는 훈련소에서 은폐물 차폐물 이제 그 자기 몸을 감출 데 그것을 잘 가늠해서 해라 해라 이제 그렇게 훈련을 받고 무엇을 하고 그래 놓아서

오냐, 음패라능그시 이따글드라. 이거시 음패가 머 하이튼 내 몸 성킨대
라 홍깨 내 몸 성킬 때만 아:서 수머이짜 글고는 인자
　― 어:디 인자 요로캐 쪼그만헌 어더바기라도38) 머 인자 뚜기라도 이쓰
먼 거가서 인자 이리건 인자 대가리 처바꼬 인자 업쩔꼬39) 근디.
　― 거가서 안 인능거시 사흘 나흘 나흐링가 다쌩가 이써써요.
　애.
　― 그렁깨 인자 그때 인자 머:이라 흐냐먼 상부애서 내로기를 공:겨기
라 글대요.
　― 그래서 인자 이노무 공:겨기랑그시 머:싱고 지:길허껀40) 따:라간대로
가자 글고 인자 이쓩깨
　(웃음)
　― 바:매 인자 거 차말로 인자 행동을 헝거시애요. 막 자 사느로 올라
강거시애요.
　― 그래서는 사내가서 인자 턱 가서 주저안자 모두 부처가서 인자 업쩌
가꼬 인는디
　― 여그서보토믄 인자 그 소:대장이란 사:라미 글대요. "분대장이랑 소:
대장이랑 여그서보터믄 느그드리 죽뜨~이 살:든지 공:격 명령이 떠러지
머는 공:겨글 해야쓴다."
　― "마:나개 그르치앙코 후:퇴를 허그나 도망얼 가그나 근노믄 총살시
캐불랑깨 그리 아라라."
　― 거 엄:포소리를 허드만 단다니 해:자치대요.
　― 허 주거. 그릉깨 인자 아 인자 이거 사:라미 막 기양 머 거 힐쑤웁씨
거가 업쩌따가 인자 공:격 명령이 떠러저서 인자 공:겨글 허라홍깨 인자
올라간디
　― 머 산 중트바기도 모까서 다 주거부러요 머. 구닌드리.
　아, 위:애서 총을

오냐, 은폐라는 것이 있다고 그러더라. 이것이 은폐가 뭐 하여튼 내 몸 숨기는 데라 하니까 내 몸 숨길 데만 숨어 있자 그리고는 이제

— 어디 이제 이렇게 조그마한 언덕이라도 뭐 이제 둑이라도 있으면 거기 가서 이제 이리 이제 대가리 쳐 박고 이제 엎드려 있고 그런데.

— 거기 가서 있는 것이 사흘 나흘 나흘인가 닷새인가 있었어요.

예.

— 그러니까 이제 그때 이제 뭐라 하느냐면 상부에서 내려오기를 공격이라 그러데요.

— 그래서 이제 이놈의 공격이란 것이 무엇인고 제길할 것 따라가는 대로 가자 그리고 이제 있으니까

(웃음)

— 밤에 이제 그 참말로 이제 행동을 하는 것이에요. 막 이제 산으로 올라가는 것이에요.

— 그래서는 산에 가서 이제 턱 가서 주저앉아 모두 붙어 가서 이제 엎드리고 있는데

— 여기서부터는 이제 그 소대장이란 사람이 그러데요. "분대장이랑 소대장이랑 여기서부터는 너희들은 죽든지 살든지 공격 명령이 떨어지면은 공격을 해야 된다."

— "만약에 그렇지 않고 후퇴를 하거나 도망을 가거나 그런 놈은 총살시켜 버릴 테니까 그리 알아라."

— 그 엄포 소리를 하더니마는 단단히 해 젖히데요.

— 어, 죽어. 그러니까 이제 아 이제 이것 사람이 막 그냥 뭐 그 할 수 없이 거기에 엎드려 있다가 이제 공격 명령이 떨어져서 이제 공격을 하라고 하니까 이제 올라가는데

— 뭐 산 중턱에도 못 가고 다 죽어 버려요, 뭐 군인들이.

아, 위에서 총을

- 애, 우:개서 막 기양 수류탄 떤지재 총 쏘:재 포:탄 실탄 날라오재 머 정시니 한나도 업써 머.

- 금방 여가 이따 거그 보믄 사:람 주거불고 오:꼬 금방 요:리 보면 사:람 주거불고 으꼬, 이누무건 이리 똘랑41) 저리 똘랑 해도 나호자만42) 덜렁허니 이꼬

오.

- 아, 인자 이거 멀 머 쪼차올라가자니 올라갈쑤도 업:꼬. 올라가면 주거요.

- 그래인자 이 돌파구43) 미태 이른디가서 콱:: 꿩: 새끼마니로 처배캐 가꼬 이따가는

- 나:중파내 허다허다 몯:헝깨 인자 후:퇴허라고 인자 그런 인자 머 마:리 디키대요.44)

- 아, 그러다가 그 후:퇴해서 내로다가 지:가 그르캐 돌파구애서 떠러 저써요.

아.

- 그래가지곤 여그 다치고 요론 디 다치고 그래가꼬 봉깨 이노무거시 인자 머 총도 인자 들고오도 몯:흐고 인자 어깨애다 민:둥만:둥 거리 살라 고 헝깨 주그나 사나 도망해: 와야지요 인자.

- 그래서 인자 도:로 인자 주장사니라고 인자 거 우리가 이써뜬 자리 그 자리 옹깨 인자

- 모도 인자 분대장이나 소:대장이나 보고는 "너 병:워내 가서 치료해 야쓰거따. 가 치료허고 나오거나"

- 그래선 인자 나가가꼬 인자 차로 인자 실:코 가서 인자 치료를 바꼬

- 아, 인자 거그 나:둘쭝앙깨45) 무슨 쇠양읍써요 기양 머 붕:대로 기양 막 휘휘 가바서 쨈:미가꼬 요론디 쨈:미고 머: 저 앙까징낑가46) 머 거 삘: 긍거 쫌 이:리저리 볼라주먼 도로 가라고 쪼차붕거애요.

- 예, 위에서 막 그냥 수류탄 던지지, 총 쏘지, 포탄 실탄 날아오지, 뭐 정신이 하나도 없어 뭐.

- 금방 여기 있다 거기 보면 사람 죽어 버리고 없고 금방 이리 보면 사람 죽어 버리고 없고, 이놈의 것, 이리 두리번 저리 두리번 해도 나 혼자만 덜렁 있고

오.

- 아, 이제 이것 뭐 뭐 쫓아 올라가자니 올라갈 수도 없고. 올라가면 죽어요.

- 그래 이제 이 커다란 돌 밑에 이런 데 가서 콱 꿩 새끼처럼 처박혀 가지고 있다가는

- 나중에 하다하다 못하니까 이제 후퇴하라고 이제 그런 이제 뭐 말이 들리데요.

- 아, 그러다가 그 후퇴해서 내려오다가 제가 그렇게 커다란 돌에서 떨어졌어요.

아.

- 그래 가지고는 여기 다치고 이런 데 다치고 그래 가지고 보니까 이놈의 것이 이제 뭐 총도 이제 들고 오지도 못하고, 이제 어깨에다 메는 둥 마는 둥 그리 살려고 하니까 죽으나 사나 도망해 와야지요, 이제.

- 그래서 이제 도로 이제 주전선이라고 이제 그 우리가 있었던 자리 그 자리 오니까 이제

- 모두 이제 분대장이나 소대장이나 보고는 "너 병원에 가서 치료해야 되겠다. 가서 치료하고 나오거라."

- 그래서는 이제 나가 가지고 이제 차로 이제 싣고 가서 이제 치료를 받고

- 아, 이제 거기 놔둘 줄 알았더니 무슨 소용 없어요. 그냥 뭐 붕대로 그냥 막 휘휘 감아서 잡아매고 이런 데 잡아매고 뭐 저 요오드팅크인가 뭐 거 빨간 것 좀 이리저리 발라 주면서 도로 가라고 쫓아 버린 것이에요.

허허.

— 주거도 점방애가서 주그라고 여그서 주그먼 안된다고 가라고 그래.

— 그:즈 가쪼 가서 인자 소:대장이 "웬 그새[47] 와부런냐"

— "아, 이래저래해서 헙띠따", "그래 음 너 아라써. 쩌:가서 자빠저써."

— 그래가꼬 인자 거 처룬 여기 이써요.

애

— 여개가먼 인자 고빼 차가 인자 거양 막 부래 타지고 막 무:더고 해:가꼬 총을 마이꼬 거식헌 노미 인자 거 쇠 덤버짐만[48] 인자 거가 이써요.

— 거가 이쓰라 그르내요. 거가 이쓰먼 안시미 된다고. 실탄도 덜:마꼬 근다고.

— 아 그래서 인자 거가서 안 이써쓰니까? 그러다가 인자

— 사무 안되거때요. 인자 이거 인자 영나급씨 인자 주깬 주꺼써.

— 그:서는자 헐:쑤읍씨 모냐 인자 말:씀디래쓰니다마는 ○○○이라근 사라미 그거시 인자 가:치 이따가는 대대 본부 중대 본부 행정바느로 떠러저가꼬 그노미 거가 인자 가:치 훌:런바든노미 이써요.

— 그래서는 기해를 바:가꼬 인자 그 쪼차가서는 인자 그사람한태 이얘기를 해써요.

— 도:저이 내가 소총소대애 가서 이쓰먼 내가 주꺼따.

— 그러니 나:를 어:찌개 조깐 딴:대로 보내도라.

— 보내줄쑤 엄:냐 긍깨 "아이 가마써바."

— 요:요 "대대봄부중대 봄부 칠씨보미리 무반동총 인는디 너 사격 잘해고 그래쓰깨 너 그:리 보내줄꺼잉깨 거가 쪼끔만 기다려바:라 이~." 그래.

— 아, 그래서 이틀 이쓰깨 그:리 오라고 소시기 와때요.

음.

— 그래선 거:리 앙가쓰니까?

허허.

- 죽어도 전방에 가서 죽으라고 여기서 죽으면 안 된다고 가라고 그래.

- 그 저 갔지요. 가서 이제 소대장이 "왜 벌써 와 버렸느냐?"

- "아, 이러저러해서 합디다.", "그래 음 너 알았어. 저기에 자빠져 있어."

- 그래 가지고 이제 거 철원역이 있어요.

예.

- 역에 가면 이제 화차가 이제 그냥 막 불에 타고 막 뭐 하고 해 가지고 총을 맞고 뭐한 것이 이제 그 쇠 덩어리만 이제 거기에 있어요.

- 거기에 있으라 그러네요. 거기에 있으면 안심이 된다고. 실탄도 덜 맞고 그런다고.

- 아, 그래서 이제 거기 가서 있었잖습니까? 그러다가 이제

- 사뭇 안 되겠데요. 이제 이것 이제 영락없이 이제 죽겠어.

- 그래서는 이제 할 수 없이 먼저 이제 말씀드렸습니다마는 ○○○이라고 하는 사람이 그것이 이제 같이 있다가는 대대 본부 중대 본부 행정반으로 떨어져 가지고 그 녀석이 거기에 이제 같이 훈련 받은 녀석이 있어요

- 그래서는 기회를 봐 가지고 이제 그 쫓아 가서는 이제 그 사람에게 이야기를 했어요.

- 도저히 내가 소총 소대에 가서 있으면 내가 죽겠다.

- 그러니 나를 어떻게 조금 딴 데로 보내 달라.

- 보내 줄 수 없느냐 그러니까, "아니 가만 있어 봐."

- "이이 대대 본부중대 본부 75밀리 무반동총 있는 곳, 너 사격 잘 하고 그랬으니까 너 그리 보내 줄 테니까 거기에 조금만 기다려 봐라." 그래.

- 아, 그래서 이틀 있으니까 그리 오라고 소식이 왔데요.

음.

- 그래서는 그리 갔잖습니까?

- 거:리가농깨 새:상애 점방애 안나가서 조:코 직쩍 총 쏘:고 저놈드라
고 안 싸웅깨 조:코

- 그래가꼬 지:가 사라나씀니다요.

아.

- 애 그래가꼬 재대헐 때까지 자우지가내 대대 봄부중대 봄부가 이
써써요.

아.

- 그래가꼬 인자 일뜽중사 개:끕짱을 딱 당깨

- ○○○ ○○○이란 사:라미 글대요. "니가 여가 이쓰먼 인사개도 모:
더고 소님하사도 모:더고 니가 무시기라 모:덩깨 중대로 나가서 너 가서
소님하사 근무라도 허고 이쓸래?" 그래.

- 그래야 재대를 허꺼이다. "애일, 나 앙가. 자 소:총소:대 아주 몸썰낭
깨⁴⁹⁾ 앙가."

- "그문 무:덜래?" 해서 하다모태 추사바내라도⁵⁰⁾ 보내도라 긍깨

- "그면 거:리 갈래?" 그래.

- 보내주면 갈란다 긍깨, 그면 가마이써 중대장보고 이얘:기해가꼬 추
사반 반자 추사반장이라도 니:가 허:거쿠롬 내가 보내주깨 가마이끄라.

- 아, 그래서는 추사바느로 가서 인자 추사반장을 허고 이씅깨 그르캐
도 또 팬허요 인자 이노무 거:시

(웃음)

- 앙:끄또 허:그덥씨 인자 밥 헌디 댈 실:실 도라댕임시로 감:시나 허고

- 귀:경이나 허고 댕기고 이:리저리 도라댕기고

- 아 긍깨 새:상종거슬 요 닌:자 그래가꼬 재:가 인자 일:뜽중사 개:급
짱을 한 일련 이상 달:고

- 그거시 무식해농깨 인자 거 더 이상 올려주도 안허고 그대로 기양
그란해쓰면 지:가 인자 중사라도 상사라도 되야쓰꺼인디 안 되대요.

― 그리 가 놓으니까 세상에 전방에 안 나가서 좋고 직접 총 쏘고 저놈들하고 안 싸우니까 좋고

― 그래 가지고 제가 살아 났습니다.

아.

― 예, 그래 가지고 제대할 때까지 좌우지간에 대대 본부 중대 본부에 있었어요.

아.

― 그래 가지고 이제 일등중사 계급장을 딱 다니까

― ○○○ ○○○이란 사람이 그러데요. "네가 여기에 있으면 인사계도 못하고 선임하사도 못하고 네가 무식이라 못하니까 중대로 나가서 너 가서 선임하사 근무라도 하고 있을래?" 그래.

― 그래야 제대를 할 것이다. "에이, 나 안 가. 이제 소총 소대 아주 몸서리 치니까 안 가."

― "그러면 뭐 할래?" 해서 하다못해 취사반에라도 보내 달라 그러니까

― "그러면 그리 갈래?" 그래.

― 보내 주면 가겠다 그러니까 "그러면 가만 있어 중대장보고 이야기해 가지고 취사반 반장 취사반장이라도 네가 하게끔 내가 보내 줄게 가만 있어라."

― 아, 그래서는 취사반으로 가서 이제 취사반장을 하고 있으니까 그렇게도 또 편해요. 이제 이놈의 것이.

(웃음)

― 아무 것도 하는 것 없이 이제 밥 하는데 슬슬 돌아다니면서 감시나 하고

― 구경이나 하고 다니고 이리저리 돌아다니고

― 아, 그러니까 세상 좋은 것을 이 넨장 그래 가지고 제가 이제 일등중사 계급장을 한 일 년 이상 달고

― 그것이 무식해 놓으니까 이제 그 더 이상 올려주지도 않고 그대로 그냥 그렇지 않았으면 제가 이제 중사라도 상사라도 됐을 것인데 안 되데요.

— 그래서 기양 애:기[51] 일뜽중사도 고맙따 지:기헐로무 건 흐흠.

— 그래가꼬 거가 이따가 인자 재:가 재대를 해:가꼬 오늘날까지 이르캐 살:고 이써써요.

아. 얘요. 애.

전투론 누굴래 함번 함번 겨끄셔꾸마뇨?

— 애, 인자 그 그렁깨 그 전:투가 한 일려니상 그릉깨 인자 지:가 전:초 인자 점방애만 안나가따 뿌니재 주장선까지는 개:속 나댕깅깨요.

아.

— 왜그냐그면 그 칠씨보미리 무반동총이 그거 꼭 주장서내 고:찌마동 올라가서 거그다가 채래가꼬 그 목표무를 파:괴를 시켜야 쓱깨요.

— 그릉깨 인자 그거슨 인자 가꼬갈라면 그거 인자 다릉거슨 고생이 아닌디 잴:로 올라가따 그러문 괜차는디 이동헐 때가 잴: 골통 아풍거시 거:애요.

— 왜 그냐그면 칠씨보미리 무반동총이 이 암녀기 발 총을 쏘:면 이 암녁 뒤:로 나간 암녀기나 아푸로 가는 암녀기나 치치 칠씨보 오파운트라 그래요.

음.

— 긍깨 기양 뒤애 선는 사람 마즈면 대:번 주거부러요 강 그 암녀개 마즈면.

— 그 아:패는 인자 머 칠타니 나강깨 마:럴끄또 업꼬.

음.

— 그래가꼬 그노무헌디 질: 산몬댕이가튼디[52] 올라갈때 무구와가꼬[53] 그 고통이랑거시 이루마럴쑤읍씨 고통시롭때요.

음.

— 애.

— 그래가지고 재:가 참 안주꼬 사라나써요. 전:장은 또 한 이 함번 두:버닝까 해보고는

― 그래서 그냥 에끼 일등중사도 고맙다 제기랄할 놈의 것 흠흠.

― 그래 가지고 거기에 있다가 이제 제가 제대를 해 가지고 오늘날까지 이렇게 살고 있었어요.

아. 예. 예.

전투는 한 번 한 번 겪으셨구먼요?

― 예, 이제 그 그러니까 그 전투가 한 일 년 이상 그러니까 이제 제가 전초 이제 전방에만 나가지 않았다뿐이지 주전선까지는 계속 나다니까요.

아.

― 왜 그러냐면 그 75 밀리 무반동총이 그것 꼭 주전선에 고지마다 올라가서 거기다가 차려 가지고 그 목표물을 파괴를 시켜야 되니까요.

― 그러니까 이제 그것은 이제 가지고 가려면 그것 이제 다른 것은 고생이 아닌데 제일 올라갔다 그러면 괜찮은데 이동할 때가 제일 골통 아픈 것이에요.

― 왜 그러냐 그러면 75 밀리 무반동총이 이 압력이 총을 쏘면 이 압력 뒤로 나가는 압력이나 앞으로 가는 압력이나 75 파운드라 그래요.

음.

― 그러니까 그냥 뒤에 서 있는 사람 맞으면 대번 죽어 버려요. 그냥 그 압력에 맞으면.

― 그 앞에는 이제 뭐 실탄이 나가니까 말할 것도 없고.

음.

― 그래 가지고 그 놈 하는 데 제일 산꼭대기 같은 곳 올라갈 때 무거워 가지고 그 고통이란 것이 이루 말할 수 없이 고통스럽데요.

음.

― 예.

― 그래 가지고 제가 참 안 죽고 살아났어요. 전쟁은 또 한 이 한 번 두 번인가 해 보고는

(웃음)

― 직쩍저그로 전:장은 그때 마슬 보고는 아이고 이노무건.

내.

아, 그래서써요.

― 애, 그래가꼬 뱅마사내서 주끼를 아조 산때쓰러지대끼 쓰러저따꼬 거 무슨 강이라글등만 외:금강? 외:금강잉가 그거시 아조 중공군들또 주꼬 우리 항:국꾼도 주꼬 그래가꼬이~ 무리랑거시 아주 순전 뻘:거니 황토물가치 핌무리 내래와써요.

음.

― 그르캐 고야개쓴 논

― 몬댕이로 올라강깨 자우지가내 여그 산 저저 오금쟁이까지54) 바리 풍풍 빠저요 사니. 그 깡깡헌55) 사니.

― 막 포:탄칠 쩌 마저가꼬 퍽썩퍽썩해:가꼬

아.

― 땅을 뒤저붕깨

아.

― 아이고, 아조 마:럴쑤도 읍써요. 그래야꼬

― 주장서내 올라가가꼬 호:를 인자 이녀기 인자 수머이쓸라고 호:를 파머느뇨

― 거그서 기양 머 사:람 뺍따구가 개양 머 어:디 똥 막까지56) 뿌러지대끼 야:전꼬갱이로 콱콱 찌그머는 기양 툭툭 뿐지러저가꼬57) 망 나오재

― 써근 물 나오재, 냄:새 고야거재, 보:급 전달 잘 안되재,

― 참:: 배고푼 새:상도 마:니 살고 골탕 골치도 마:니 알:코

(웃음)

― 기가 매켜써요. 거그서 머 마:러자그머는 이 마:를 다 헐라먼 한나시서부터58) 열까지를 다 허자그머는

(웃음)

– 직접적으로 전쟁은 그때 맛을 보고는 아이고 이 놈의 것

예.

아, 그러셨어요?

– 예, 그래 가지고 백마산에서 죽기를 아주 산대 쓰러지듯이 쓰러졌다고 그 무슨 강이라 그러더구먼 외금강? 외금강인가 그것이 아주 중공군들도 죽고 우리 한국군도 죽고 그래 가지고 물이란 것이 아주 순전 빨갛게 황토물같이 핏물이 내려왔어요.

음.

– 그렇게 고약하게

– 꼭대기로 올라가니까 좌우지간에 산 저저 오금까지 발이 풍풍 빠져요 산이. 그 단단한 산이.

– 막 포탄칠 저 맞아 가지고 푸석푸석해 가지고

아.

– 땅을 뒤져 버리니까

아.

– 아이고, 아주 말할 수도 없어요. 그래 가지고

– 주전선에 올라가 가지고 호를 이제 자기가 이제 숨어 있으려고 호를 파면요

– 거기서 그냥 뭐 사람 뼈따귀가 그냥 뭐 어디 꼭 막대기 부러지듯이 야전 곡괭이로 콱콱 찍으면은 그냥 툭툭 부러져 가지고 막 나오지

– 썩은 물 나오지, 냄새 고약하지, 보급 전달 잘 안 되지,

– 참 배고픈 세상도 많이 살고 골탕 골치도 많이 앓고

(웃음)

– 기가 막혔어요. 거기서 뭐 말하자면은 이 말을 다 하려면 하나부터 열까지를 다 하자 그러면은

그러지요.

− 애 다 허도 모:대요.

애. 아이.

수고하셔써요. (웃음) 애, 아이 수고하셔씀다. 쫌 쉬여따 하셔야 되개써요.
너무 마:니 하셔써요.

그러지요.

— 예 다 하지도 못해요.

예. 아이.

수고하셨어요. (웃음) 예, 아이 수고하셨습니다. 좀 쉬었다 하셔야 되겠어요. 너무 많이 하셨어요.

1) '심지다'는 '힘지다'의 방언형이나 여기서는 '힘이 되다', '믿음직스럽다'의 뜻이다.
2) '곳배차'는 '화차(貨車)'의 방언형. '차'가 없는 '곳배'로도 쓰인다. 한자어 庫와 '배' (舟), '차'가 합성된 말이다.
3) '하빡'은 '가득'의 뜻. 지역에 따라 '하뿍'으로도 쓰인다.
4) '내류'는 영어 rail의 일본식 발음.
5) '들고'는 '냅다'의 뜻으로서 몹시 빠르고 세찬 모양을 나타낸다.
6) '신등'은 '흰 등'으로 보이며, 흰 옷을 입은 시체들이 쌓인 모습이 마치 자그마한 산을 이룬 것과 같다는 뜻으로 추정된다. 여기서 '등'은 '고개나 나지막한 산'의 뜻으로서 전남방언에는 같은 뜻으로 '잔등'이란 말도 쓰인다.
7) '마동'은 '마다'의 방언형.
8) '-디야'는 '-더냐'의 방언형. 그리고 '-을라'는 '-으려고'의 방언형이므로 '올라더냐'는 '오려더냐'로 번역된다.
9) '왠'은 '다른'의 뜻. 원래 '외다'는 '그르다'의 뜻으로서 '왼손'이나 '왼쪽'의 '왼'이 본래의 뜻을 간직하고 있는 낱말이다. 여기서 '왼 디'는 '다른 곳'이라는 의미인데, 아마도 '그르다'의 의미가 확대되어 쓰인 것이 아닌가 한다.
10) '몰살지경'은 沒殺之境이다.
11) '낫우다'는 '낫다'의 사동형으로서 '낫게하다', '고치다'의 뜻.
12) '욍기다'는 '옮기다'의 방언형.
13) '땀'은 '담'의 방언형. 특히 전남 안에서도 보성 지역에서 이러한 된소리로 바뀐 낱말이 쓰인다.
14) '널봅다'는 '넓다'의 방언형. 전남은 '널룹다'가 일반적인데 '널봅다'는 아마도 '널룹다'와 '넓다'의 혼태형으로 보인다.
15) '한나썩'은 '하나씩'의 방언형. 전남방언에서 '하나'는 '한나'라 하고 '씩'은 '썩'이라 한다.
16) '한피짝'은 '한쪽'의 방언형. '한'의 옛말 '훈'과 '쪽'의 옛말 '뽁'이 합성된 '훈뽁'에서 생겨난 말이다. '뽁'의 겹자음 /ᄡ/ 사이에 /ㅣ/가 삽입된 변화가 일어났다.
17) '그륵'은 '그릇'의 방언형.
18) '떠꺼리'는 '덮개'의 뜻. 전남 방언에서는 '덮개'라는 말 대신 '뚜경'이나 '뚜벙' 등이 일반적으로 쓰인다.
19) '수재'는 '수저'의 방언형. '수저'는 우리말 '술'과 한자어 '저(箸)'가 합성된 말인데 보성 지역어에서 '저'가 '재'로 변이되어 쓰인다.
20) '군번'은 여기서 군번이 새겨진 '인식표'를 가리킨다.
21) '활짝활짝'은 '홀짝홀짝'의 방언형.

22) '-다도'는 '-다가도'의 '가'가 탈락된 형이다. '-다가'는 수의적으로 '-다'로 혼용되어 쓰이지만 여기에 다른 조사가 붙은 결합형의 경우 '가'의 탈락이 잘 일어나지 않는 데, 여기서는 '가'가 탈락되었다.

23) '가시내'는 '계집애'의 방언형.

24) '-을씨구나'는 '-다구나'와 같은 뜻이다.

25) '누내피'는 '눈병'이나 '눈앓이'의 방언형. '눈애피'는 '눈'에 '애피'가 결합된 합성어 이다. '애피'는 형용사 '아프다'에 접미사 '-이'가 결합한 '아피'가 움라우트를 겪어 생긴 형으로서 표준어 '앓이'에 대응하는 방언형이다. 그래서 전남방언에서 '가슴앓 이'는 '가심애피', '배앓이'는 '배애피'로 쓰인다.

26) '이질배피'는 '이질 배앓이'의 뜻.

27) '행이라도'는 '행여나'의 방언형.

28) '수입(手入)'은 '손질'의 일본식 표현.

29) '수'가 '줄'의 뜻으로 잘못 사용되었다.

30) '곳배에차'는 '화차'의 방언형. '곳배', 또는 '곳배차'라고도 한다.

31) '새중간'은 '새'와 '중간'의 합성어로서 '사이'의 뜻.

32) '아칙'은 '아침'의 방언형.

33) '-으깨미'는 '-을까 봐'의 뜻.

34) '틈새기'는 '틈'의 방언형.

35) '문압'은 '문앞'의 방언형. '부엌'의 옛말 '브섭'으로부터 '부엌'이 이화되는 것과 같 은 현상이다.

36) '따라지다'는 '퍼붓다'의 뜻으로서 비가 세차게 쏟아지는 경우를 가리킨다.

37) '방구다'는 '겨누다' 또는 '가늠하다'의 뜻.

38) '어더박'은 '언덕'의 방언형.

39) '업지다'는 '엎드리다'의 방언형.

40) '지길'은 '제기랄'의 방언형. 따라서 '지길헐 것'은 '제기랄 할 것'인데 여기서는 단 순히 '제기랄'과 같은 뜻으로 쓰였다.

41) '똘랑'은 '두리번'의 뜻.

42) '호자'는 '혼자'의 방언형. 옛말 'ᄒᆞ오ᅀᅡ'와 그 축약형 '호ᅀᅡ'로부터 발달한 말로서 / ㄴ/이 첨가되기 이전의 형태를 보여 준다.

43) '돌파구'는 '커다란 돌'의 뜻으로서 '돌'(石)과 '바구'(岩)의 합성어이다. '돌'의 옛말 이 '돓'이었으므로 '돓'과 '바구'가 합해져서 '돌파구'가 되었다.

44) '디키다'는 '들리다'의 방언형.

45) '중'은 '줄'의 방언형. '뇌둘 중 앙깨'는 '뇌둘 줄 알았더니'의 뜻으로서 여기서 '-응 께'는 '-었더니'로 해석된다.

46) '앙까징끼'는 '요오드팅크'의 일본식 번역어. '빨갛다'를 뜻하는 일본말 '아까이'(あ かい)와 '팅크'의 일본식 발음인 '징끼'가 합성된 말이다.

47) '그새'는 여기서 '금방'이나 '벌써'의 뜻으로 쓰였다.

48) '덤버짐'은 '덩어리'의 뜻.

49) '몸썰 나다'는 '몸서리 치다'의 방언형.

50) '추사반'은 '취사반'의 방언형.

51) '에기'는 '에끼'의 방언형.

52) '산몬댕이'는 '산꼭대기'의 뜻.

53) '무굽다'는 '무겁다'의 방언형.

54) '오금쟁이'는 '오금'의 방언형. 신체의 부분 명칭에 '-쟁이', '-댕이', '-아지' 등의 접미사를 붙여 낮춰 말하는 것이 전남방언의 특징이다. '팔목'에 대한 방언형 '폴목댕이', '폴목아지'가 그런 예이다.

55) '깡깡허다'는 '단단하다'의 방언형.

56) '막가지'는 '막대기'의 방언형. '막대기'와 '가지(枝)'의 혼태형으로 보인다.

57) '뿐지러지다'는 '부러지다'의 방언형. '부러뜨리다'는 전남 방언에서 '뿐질다'로 쓰인다. 따라서 '뿐지러지다'는 '뿐질다'의 피동형이다.

58) '한낫'은 '하나'의 방언형.

■ 참고문헌

강영봉(1994), 『제주의 언어(1)』. 제주문화.

강영봉(1997), 『제주의 언어(2)』. 제주문화.

국립국어원(2007), 『방언 이야기』. 태학사.

김규남(2007), 『눈 오는 날 싸박싸박, 비 오는 날 장감장감』. 문학동네.

박경래・이기갑・강영봉(2008), 새로 발굴한 어휘(1). 방언학 7. 한국방언학회.

박경래・곽충구・이기갑・강영봉(2010), 새로 발굴한 어휘(6). 방언학 12. 한국방언학회.

박경래・곽충구・이기갑・강영봉(2012a), 새로 발굴한 어휘(9). 방언학 15. 한국방언학회.

박경래・곽충구・이기갑・강영봉(2012b), 새로 발굴한 어휘(10). 방언학 16. 한국방언학회.

박경래・곽충구・이기갑・강영봉(2013a), 새로 발굴한 어휘(11). 방언학 17. 한국방언학회.

박경래・곽충구・이기갑・강영봉(2013b), 새로 발굴한 어휘(12). 방언학 18. 한국방언학회.

백두현(2006), 『국수는 밀가루로 만들고, 국시는 밀가리로 맹근다』. 커뮤니케이션북스.

오홍일(2005), 『전남 무안 지방의 방언사전』. 무안문화원.

왕한석(2010), 『한국의 언어민속지 2-전라남북도 편』. 서울대출판부.

이기갑(1978), 우리말 상대높임 등급 체계의 변천 연구. 서울대 언어학과 석사논문.

이기갑(1981), 씨끝 '-아'와 '-고'의 역사적 교체. 『어학연구』 17.2. 서울대학교 어학연구소.

이기갑(1982a), 「전남 북부 방언의 상대높임법」. 『언어학』 5. 한국언어학회.

이기갑(1983a), 「유추와 의미」. 『한글』 180. 한글학회.

이기갑(1983b), 전남 방언의 매인이름씨. 『언어학』 6. 한국언어학회.

이기갑(1985), 현실법 표지 '-느-'의 변천-중앙어와 전남방언에서. 『역사언어학』(김방한 선생 회갑기념논문집). 전예원.

이기갑(1986a), 『전라남도의 언어지리』. 탑출판사.

이기갑(1986b), 물음말 '어느'의 빈자리 메우기-전남방언에서. 『국어학신연구』(김민수교 수 회갑기념논문집). 탑출판사.

이기갑(1987a), 미정의 씨끝 '-으리-'와 '-겠-'의 역사적 교체. 『말』 12. 연세대 한국어학당.

이기갑(1987b), 의도 구문의 인칭 제약. 『한글』 196. 한글학회.

이기갑(1987c), 「전남 방언의 토씨 체계」. 『국어국문학연구』(장태진교수 회갑기념논문 집). 삼영사.

이기갑(1989), 전남 방언의 간접인용문 축약 현상. 『이정 정연찬교수 회갑기념논문집』.

탑출판사.

이기갑(1990a), 김명환 노인의 곡성말. 『민중자서전』 11. 뿌리깊은나무사.

이기갑(1990b), 이봉원 노인의 벌교말. 『민중자서전』 12. 뿌리깊은나무사.

이기갑(1990c), 함동정월 부인의 강진말. 『민중자서전』 15. 뿌리깊은나무사.

이기갑(1991), 국어의 경어법-표준어와 서남방언. 『새국어생활』 1.1. 국어연구원.

이기갑(1997), 한국어 방언들 사이의 상대높임법 비교 연구. 『언어학』 21. 한국언어학회.

이기갑(1998a), '-어/어서'의 공시태에 대한 역사적 설명. 『담화와 인지』 5.2. 담화인지언어학회.

이기갑(1998b), 전남방언의 상대높임법. 『한글』 240. 한글학회.

이기갑(1999), 국어 방언의 시상 체계-그 분화의 역사. 『언어학』 25. 한국언어학회.

이기갑(2000a), 포도시 밥 묵고 사요. 웹진 전라도닷컴 (2000-10-27).

이기갑(2000b), 오색 무지개. 웹진 전라도닷컴 (2000-11-03).

이기갑(2000c), 얼매나 맞았는고 사방 간디가 시푿시풀허요. 웹진 전라도닷컴(2000-11 -11).

이기갑(2000d), 군지 타먼 겁나게 호수와도. 웹진 전라도닷컴 (2000-11-17).

이기갑(2000e), 되대허니 자떼바떼허니 앙겄구만. 웹진 전라도닷컴 (2000-11-25).

이기갑(2000f), 뿔받침, 양철 필갑, 그리고 때끼. 웹진 전라도닷컴 (2000-12-08).

이기갑(2000g), 저릅대. 웹진 전라도닷컴 (2000-12-22).

이기갑(2000h), 살강 욱에 밥그럭이 요년허니 엉거 있네. 웹진 전라도닷컴 (2000-12-23).

이기갑(2000i), 망치로 구멍 뚫고 톱으로 썰고-대사리와 밥칙. 웹진 전라도닷컴(2000-12-29).

이기갑(2000j), 국어 방언의 조사 체계. 『언어학』 27. 한국언어학회.

이기갑(2001a), 끼릿끼릿헌 애기들이 셋이나 있는디 멋이 무섭겄소 웹진 전라도닷컴(2001-01-05).

이기갑(2001b), '시렁가래'와 '살강'. 웹진 전라도닷컴 (2001-01-13).

이기갑(2001c), 일은 안 허고 뺀나 모실만 댕이냐? 웹진 전라도닷컴 (2001-01-22).

이기갑(2001d), 배추갑이 겁나게 싸드라. 웹진 전라도닷컴 (2001-01-28).

이기갑(2001e), 통 애기들을 멋이락 안 헝께 버르젱이가 한나도 없당께. 웹진 전라도닷컴(2001-02-10).

이기갑(2001f), 한 볼테기 얼어 묵을라고 몬네몬네허고 있다가. 웹진 전라도닷컴(2001-02-17).

이기갑(2001g), 부지땅, 비땅, 부작때기. 웹진 전라도닷컴 (2001-02-24).

이기갑(2001h), 정제, 정지, 정게. 웹진 전라도닷컴 (2001-03-03).

이기갑(2001i), 일은 허천나게 많은디 헐 사람이 없네. 웹진 전라도닷컴 (2001-03-18).

이기갑(2001j), 멋을 혼차 돌라 묵었가니 포각질허냐? 웹진 전라도닷컴 (2001-04-02).

이기갑(2001k), 장개가 갖고 금방 제금내 노먼 쓰가니? 웹진 전라도닷컴 (2001-04-10).

이기갑(2001l), 지 혼차서 짓국부텀 마시고 있네. 웹진 전라도닷컴 (2001-04-15).

이기갑(2001m), 쪼놈의 달구새끼, 넘새밭 다 쪼사 묵네. 웹진 전라도닷컴 (2001-04-22).

이기갑(2001n), 되야지, 외양간, 마구. 웹진 전라도닷컴 (2001-04-30).

이기갑(2001o), 코묵은 소리. 웹진 전라도닷컴 (2001-05-07).

이기갑(2001p), 질 싼 놈으로 주씨요. 웹진 전라도닷컴 (2001-05-15).

이기갑(2001q), 밥-깡보리밥 서숙밥 쑤시밥 무시밥 찰밥 꼬두밥. 웹진 전라도닷컴(2001-05-22).

이기갑(2001r), 싸가지 없는 놈. 웹진 전라도닷컴 (2001-06-15).

이기갑(2001s), 아까맨치로만 허먼 쓰겄다. 웹진 전라도닷컴 (2001-06-15).

이기갑(2001t), 비나 겁나게 쏟어져서 저수지가 방방허니 차먼 쓰겄다. 웹진 전라도닷컴
　　　　(2001-06-20).

이기갑(2001u), 대큰 묶어 봉께 맛은 있습디다. 웹진 전라도닷컴 (2001-06-29).

이기갑(2001v), 몸할라 안 좋은디 먼 술을 고롱게 묵고 댕이나? 웹진 전라도닷컴(2001-07-10).

이기갑(2001w), 육지대 가먼 요런 것은 못 보제라우. 웹진 전라도닷컴 (2001-07-16).

이기갑(2001x), 말해이지 말고 한피짝에가 앙거 있그라. 웹진 전라도닷컴 (2001-07-24).

이기갑(2001y), 우리는 그들을 이렇게 불렀다. 웹진 전라도닷컴 (2001-08-02).

이기갑(2001z), 잘헌다 잘헌다 헝께 늑삼내 갖고 더 잘해야. 웹진 전라도닷컴(2001-08-09).

이기갑(2001ㅏ), 쩌놈은 똘것인 모냥이여. 웹진 전라도닷컴 (2001-08-22).

이기갑(2001ㅑ), 택호. 웹진 전라도닷컴 (2001-08-29).

이기갑(2001ㅓ), 쩌그 곳간에 있는 쉬엉병에다 시구 좀 담아 오니라. 웹진 전라도닷컴(2001-09-05).

이기갑(2001ㅕ), 애기가 원체 재앙시로웅께 낯부닥이 온통 숭개 투성이여. 웹진 전라도닷컴(2001-09-12).

이기갑(2001ㅛ), 요놈이먼 우리집 니 식구 허뿍 묵고도 남응께. 웹진 전라도닷컴(2001-10-05).

이기갑(2001ㅜ), 들깡달깡, 방애야방애야. 웹진 전라도닷컴 (2001-10-18).

이기갑(2001ㅠ), 쥐나개나 무스탕이시. 웹진 전라도닷컴 (2001-10-29).

이기갑(2001ㅡ), 대사 치니라고 자네가 질 욕봤네. 웹진 전라도닷컴 (2001-11-16).

이기갑(2001ㅣ), 나가서는 말 한자리도 못 헌 것이. 웹진 전라도닷컴 (2001-12-17).

이기갑(2001ㅖ), 요것이 누 야나? 웹진 전라도닷컴 (2001-12-26).

이기갑(2001ㅐ), 사태의 연속성을 강조하는 '는'과 '을랑'. 『국어학』 37. 국어학회.

이기갑(2002a), '당골'과 '당골네'. 웹진 전라도닷컴 (2002-01-03).

이기갑(2002b), 외약사내키. 웹진 전라도닷컴 (2002-01-21).

이기갑(2002c), 쩌그 쪼께 갔다 오요. 웹진 전라도닷컴 (2002-01-28).

이기갑(2002d), 위매, 징헝거. 『전라도닷컴』 2002년 3월호(창간호).

이기갑(2002e), 조오런의 '그버니'. 『전라도닷컴』 2002년 4월호.

이기갑(2002f), 하도 달랑달랑헝께 즈그 아부지도 두 손 들었당만. 『전라도닷컴』 2002년 5월호.

이기갑(2002g), 아심찬허니 뭘 이런 것을? 『전라도닷컴』 2002년 6월호.

이기갑(2002h), 써까리, 가랑이, 뚜니. 『전라도닷컴』 2002년 8월호.

이기갑(2002i), 아따 꾸꿈시롭게 먼 이런 것을 인데까지 챙게 뒤겠소? 『전라도닷컴』
　　　　2002년 9월호.

이기갑(2002j), 요참에 짠 찬지름은 징허니 꼬수와도. 『전라도닷컴』 2002년 10월호.

이기갑(2002k), 배가 꼴찍헌 년에 밥을 한 그럭 묵었드니. 『전라도닷컴』 2002년 11월호.

이기갑(2002l), '웅구락지국'과 '추어탕'. 『전라도닷컴』 2002년 12월호.

이기갑(2002m), 폴써게 했구만 당아 안 했닥 허네. 웹진 전라도닷컴 (2002-12-16).

이기갑(2003a), 까치설날. 깐치동저구리. 『전라도닷컴』 2003년 1월호.

이기갑(2003b), '모지리'와 '모질헌 놈'. 웹진 전라도닷컴 (2003-01-13).

이기갑(2003c), 차가 하도 씨금써금해도 달린 디는 지장이 없어. 『전라도닷컴』 2003년 2월호.

이기갑(2003d), 살양발 신고 삐딱구두 신고 엉바지 흔들고 가는 꼴 좀 보소. 『전라도닷 컴』 2003년 3월호.

이기갑(2003e), 삐뺏헌 것이 키만 껀정해 갖고 어디 쓰겄디야? 『전라도닷컴』 2003년 4월호.

이기갑(2003f), 먼 시상이 이렇게 시끌시끌허다요? 『전라도닷컴』 2003년 5월호.

이기갑(2003g), 행감치고 에헴허고 점잔빼고 앙거 있기만 허먼 다가냐? 『전라도닷컴』 2003년 6월호.

이기갑(2003h), 물만 찌클지 말고 때도 좀 빗게야. 웹진 전라도닷컴 (2003-06-19).

이기갑(2003i), 낯박살을 주다. 『전라도닷컴』 2003년 7월호.

이기갑(2003j), 바가치시얌, 두룸박시얌, 짝두시얌. 『전라도닷컴』 2003년 8월호.

이기갑(2003k), '싸게싸게'와 '싸목싸목'. 『전라도닷컴』 2003년 9월호.

이기갑(2003l), '형님'과 '성남'. 『전라도닷컴』 2003년 10월호.

이기갑(2003m), '여보씨요!'. 『전라도닷컴』 2003년 11월호.

이기갑(2003n), '거시기'와 '머시기'. 『전라도닷컴』 2003년 12월호.

이기갑(2003o), 사투리와 일본말. 전라도닷컴. 웹진 전라도닷컴 (2003-12-03).

이기갑(2003p), 말로써 풀어 본 한국인의 먹는 문화. 『언어와 문화』 17집. 목포대학교 어학원.

이기갑(2003q), 『국어 방언 문법』. 태학사.

이기갑(2004a), 죄로 가다. 살로 가다. 『전라도닷컴』 2004년 1월호.

이기갑(2004b), 배추 끌텅. 『전라도닷컴』 2004년 2월호.

이기갑(2004c), 요놈은 팬찮은디 쩌놈은 어쩐가 몰르겄소. 『전라도닷컴』 2004년 3월호.

이기갑(2004d), 카만 있는 사람을 맬겁시 건드네. 『전라도닷컴』 2004년 4월호.

이기갑(2004e), 내동 아까침에 말헝께는. 『전라도닷컴』 2004년 5월호.

이기갑(2004f), 내가 안, 내일 안, 항꾸네 안, 장보로 가자고 안, 글던가 안? 『전라도닷컴』 2004년 6월호

이기갑(2004g), 너도 나도 헐 것 없이 우허니 했제. 『전라도닷컴』 2004년 7월호.

이기갑(2004h), 군지 타먼 겁나게 호수와도. 『전라도닷컴』 2004년 8월호.

이기갑(2004i), 어서 방구 냄시가 솔레솔레 난다냐? 『전라도닷컴』 2004년 9월호.

이기갑(2004j), 느자구 없는 놈. 『전라도닷컴』 2004년 10월호.

이기갑(2004k), 숭게 질라 차꼬 긁지 마라. 『전라도닷컴』 2004년 11월호.

이기갑(2004l), '태죽'과 '자죽'. 『전라도닷컴』 2004년 12월호.

이기갑(2005a), 첨에는 쌩쌩허드니 쪼까 쓴께 금방 날개날개해져 불어라우. 『전라도닷컴』 2005년 1월호.

이기갑(2005b), 기영치다.『전라도닷컴』2005년 3월호.

이기갑(2005c), 남봉났다.『전라도닷컴』2005년 4월호.

이기갑(2005d), 똠방치매.『전라도닷컴』2005년 5월호.

이기갑(2005e), 칭칭다리, 뽕뽕다리.『전라도닷컴』2005년 6월호.

이기갑(2005f), 이씩허먼 때릴라고 그래.『전라도닷컴』2005년 7월호.

이기갑(2005g), 가심애피.『전라도닷컴』2005년 8월호.

이기갑(2005h), 녹이 텍텍 쪄서 못 쓰겄다.『전라도닷컴』2005년 9월호.

이기갑(2005i), 생키지 말고 패맡아야.『전라도닷컴』2005년 10월호.

이기갑(2005j), 싸게싸게, 싸목싸목, 느시렁느시렁. 웹진 전라도닷컴 (2005-11-09).

이기갑(2006a), 옴막.『전라도닷컴』2006년 3월호.

이기갑(2006b), '마리'와 '물리'.『전라도닷컴』2006년 5월호.

이기갑(2006c), 아이를 부르는 말.『광주은행 사보』2006. 봄호.

이기갑(2006d), 호랭이 장개가네.『광주은행 사보』2006. 여름호.

이기갑(2006e), 아시타다.『광주은행 사보』2006. 가을호.

이기갑(2006f), '불붙이다', '수붙이다', '갓붙이다'.『광주은행 사보』2006. 겨울호.

이기갑(2007a), '곰배'와 '곰배팔이'.『광주 MBC 저널』2007년 1월호

이기갑(2007b), 포도와 석류.『광주 MBC 저널』2007년 2월호

이기갑(2007c), '박'과 '바가치'.『광주은행 사보』2007년 봄호.

이기갑(2007d), 고려말과 러시아말.『광주 MBC 저널』2007년 3월호

이기갑(2007e), 동숭에지섬.『전라도닷컴』2007년 3월호.

이기갑(2007f), 지명.『광주 MBC 저널』2007년 4월호

이기갑(2007g), 마을 안길.『광주 MBC 저널』2007년 5월호

이기갑(2007h), 시상 베렀다.『전라도닷컴』2007년 6월호.

이기갑(2007i), 소나무.『광주 MBC 저널』2007년 6월호

이기갑(2007j), '고뿔차리'도 들지 마시고 영치지도 마시고.『전라도닷컴』2007년 7월호.

이기갑(2007k), 아짐씨.『광주 MBC 저널』2007년 7월호

이기갑(2007l), 찝어까다. 웹진 전라도닷컴 (2007-07-18).

이기갑(2007m), 개떡, 찐빵, 빵떡, 호떡.『전라도닷컴』2007년 8월호.

이기갑(2007n), 박강윤.『광주 MBC 저널』2007년 8월호

이기갑(2007o), 와가리 울고 개똥불 날던 날의 기억.『전라도닷컴』2007년 9월호.

이기갑(2007p), 꾀복쟁이.『광주 MBC 저널』2007년 9월호

이기갑(2007q), '하리거리'에 걸리면 '소망'을 할타야 되야.『산재의료관리 사보』2007. 8. 20

이기갑(2007r), 호주머니에 넣어 두고 꼭꼭 씹어 즐겼던 고소한 '군임석'-올베쌀, 올게
　　　　　　쌀, 올기쌀.『전라도닷컴』2007년 10월호.

이기갑(2007s), 미영.『광주 MBC 저널』2007년 10월호

이기갑(2007t), 사라진 옛글자 쌍히읗.『전라도닷컴』 2007년 11월호.

이기갑(2007u), 머심둘레.『목포대 신문』 2007. 11.

이기갑(2007v), 나락.『광주 MBC 저널』 2007년 11월호

이기갑(2007w) 낙자는 콱콱 조사서 묵어야 맛있어.『광주은행 사보』 2007년 겨울호.

이기갑(2007x),『전남 곡성 지역의 언어와 생활』. 태학사.

이기갑(2008a), '붉다'와 '묽다'.『전라도닷컴』 2008년 1월호.

이기갑(2008b), 홀태.『광주 MBC 저널』 2008년 1월호.

이기갑(2008c), 바시르르니 모까 갖고는 막 비베.『전라도닷컴』 2008년 2월호.

이기갑(2008d), 지지리, 내동, 내나.『전라도닷컴』 2008년 4월호.

이기갑(2008e), '사치스럽다' 대신 '럭셔리하다'? 웹진 전라도닷컴 (2008-04-23).

이기갑(2008f), 전라도말에 '망'과 '앙'이 붙으면.『전라도닷컴』 2008년 5월호.

이기갑(2008g), 똥 뀐 놈이 됩대로 썽낸다.『전라도닷컴』 2008년 6월호.

이기갑(2008h), '돈'의 뿌리를 찾아서.『전라도닷컴』 2008년 7월호.

이기갑(2008i), 도사리, 호무질, 만도리.『전라도닷컴』 2008년 9월호.

이기갑(2008j), 불소, 불암소, 이레소, 이레쟁이, 이레돗.『전라도닷컴』 2008년 11월호.

이기갑(2009a), 질다, 질우다.『전라도닷컴』 2009년 1월호.

이기갑(2009b), 부지땅 맞은 소『전라도닷컴』 2009년 3월호.

이기갑(2009c), '떼루다'와 '찰찰이'.『전라도닷컴』 2009년 5월호.

이기갑(2009d), 나물 담는 망태기 '삿구덕'.『전라도닷컴』 2009년 7월호.

이기갑(2009e),『전남 진도 지역의 언어와 생활』. 태학사.

이기갑(2011a), 시치다, 씨끄다.『전라도닷컴』 2011년 10월호.

이기갑(2011b), 하의면의 방언 문화. 도서문화유적 지표조사 및 자원화 연구 9. 도서문화연구원.

이기갑(2011c), 신의면의 방언 문화. 도서문화유적 지표조사 및 자원화 연구 10. 도서문화연구원.

이기갑(2011d),『전남 영광 지역의 언어와 생활』. 태학사.

이기갑(2013a), 암태도의 방언 문화. 도서문화유적 지표조사 및 자원화 연구 11. 도서문화연구원.

이기갑(2013b),『전라도의 말과 문화』. 지식과 교양.

이기갑(2015),『전라도말 산책』. 새문사.

이기갑·고광모·기세관·정제문·송하진(1998),『전남방언사전』. 태학사.

이기갑·김주원·최동주·연규동·이헌종(2000), 중앙아시아 한인들의 한국어 연구.『한글』
　　　　247. 한글학회.

이기갑·유영대·이종주(1998),『호남의 언어와 문화』. 백산서당.

이대흠(2007),『이름만 이뻐먼 머한다요』. 문학동네.

이진숙(2012),『진도 지역의 언어와 문화』. 지식과 교양.

이태영(2000),『전라도 방언과 문화이야기』. 신아출판사.

홍윤표(2009),『살아있는 우리말의 역사』. 태학사.